中国石化管理现代化创新成果案例

中国石化企改和法律部　组织编写

中国石化出版社

内 容 提 要

本书优选近三年来中国石化上中下游企业 49 项管理创新成果，进行了广泛的剖析和研究，涵盖了中国石化企业管理的各个方面。具体内容涉及提质增效与转型升级、“抗疫复产”与“百日攻坚创效”行动、战略转型与管理变革、精益管理与标准化建设、安全生产与绿色发展、资本运作与财务转型、制度建设与依法治企、风险管理与内部控制、“智能+”与数字化发展、党建与人力资源管理、品牌建设与社会责任履行等 11 个方面，这些创新成果与集团公司重点工作结合紧密，贴近生产经营实际，具有很好的示范性和可推广性。

图书在版编目(CIP)数据

中国石化管理现代化创新成果案例 / 中国石化企改和法律部组织编写. —北京：中国石化出版社，2021.9(2021.12 重印)
ISBN 978-7-5114-6433-0

Ⅰ. ①中… Ⅱ. ①中… Ⅲ. ①石油化工企业-工业企业管理-中国-文集 Ⅳ. ①F426.22-53

中国版本图书馆 CIP 数据核字(2021)第 174768 号

中国石化出版社出版发行
地址：北京市东城区安定门外大街 58 号
邮编：100011 电话：(010)57512500
发行部电话：(010)57512575
http://www.sinopec-press.com
E-mail：press@sinopec.com
北京富泰印刷有限责任公司印刷
全国各地新华书店经销
*
787×1092 毫米 16 开本 17 印张 353 千字
2021 年 9 月第 1 版 2021 年 12 月第 2 次印刷
定价：79.00 元

《中国石化管理现代化创新成果案例》编写委员会

序言

光景不待人，须臾谱新篇。

中国石化管理现代化创新成果已成功举办三十届。

创新是一个民族进步的灵魂，是一个国家兴旺发达的不竭动力，也是一个政党永葆生机的源泉。

管理创新工作是现代化管理工作的延伸与发展，是在理论创新的基础上对现有机制进行创新，对管理制度进行改造，对管理措施进行改进，是一个单位综合管理工作的反映。

管理案例是对一个企业、一个单位、一个班组真实情景的描述，具有总结归纳、推广示范、创新推动等作用。对创新成果优中选优，汇编形成管理案例，让先进的管理方法、管理经验、管理机制走出“高阁”、走进基层，形成示范效应、群雁效应和推广效应，是集团公司管理创新、经验借鉴和成果推广的一项有效措施。

《中国石化管理现代化创新成果案例》共汇集了49篇优秀案例。每一项案例都是一笔宝贵的财富，每一项案例都是可以学习借鉴的“口袋书”，每一项案例都能成为管理上的“指明灯”。

胜利油田作为中国石化上游最大企业，践行新发展理念，遵循市场经济规律和石油行业发展规律，推进以“五个坚持、五个破除、构建五大体系”为主线的“去行政化”变革，重构与现代企业制度建设相适应的市场化运营新体系，解决了制约高质量发展的体制机制障碍和深层次矛盾，发展动力活力效率效能全面提升，核心竞争力和发展引领力不断增强。镇海炼化以解决“保姆式”“强势”安全监管等老大难问题为目标，培植树立“甲方乙方都是一方，你们我们都是我们”等先进前沿的承包商管理理念，坚持眼睛向内、刀刃向内，注重过程管控，向项目管理人员传递安全管理压力，完善实施“从严管理、双向管理、自主管理”三个层级的承包商管理机制，承包商安全管理实现升级和明显成效。茂名石化以对标世界一流企业，提升管理质量和效率为目标，对业务进行端到端梳理，打通业务流和信息流，构建系统集成、协同运作、角色执行、绩效导向为特征的业务流程管理体系，实现了流程与制度、风险与控制的高度融合，公司现代化管理体系和机制日臻科学完善。北京石油探索式地把中医经络原理与财务价值管理有机结合，上报的《推动经络化价值管理提升创效水平》案例，通过打通“任督二脉”(即商品供应链和管理供应链)，将业务量、工作量目标转化为价值量指标，将工作任务转化为具体落地措施，统筹长短期效益，塑造了有质量、高收益的全环节价值链。广东石油因地制宜，与时俱进，创新提出“新零售、新智慧”理念，深入探索集智慧导航、智慧识别、智慧营销、智慧支付、智慧服务、智慧管理六大板块于一体的智慧加油站体系，创造了客户价值，挖掘了大数据潜力，高效防控了风险，整体提升了企业综合竞争力，《智慧加油站系统在销售企业的应用》值得学习与借鉴。

博观而约取，厚积而薄发。

希望更多的优秀管理现代化创新成果百花齐放，更多的优秀管理案例百舸争流，为全方位推进高质量发展，奋力打造世界领先洁净能源化工公司做出新的更大贡献。

目
contents
录

第一章
战略转型与管理变革

案例一　国有特大型企业推进现代企业制度建设的“去行政化”管理变革

内容提要：胜利油田把握全面深化改革的时代要求，遵循市场经济规律和企业发展规律，聚焦破解制约高质量发展的体制机制障碍和深层次矛盾，厘清国企“去行政化”内涵，提出“五个坚持、五个破除、构建五大体系”的“去行政化”路径方法，构建与市场化相适应的运营体系，推进企业管理体系和管理能力现代化，全面激发了油田发展活力，企业核心竞争力和发展引领力不断提升。

一、需要解决的主要问题

1. 传统行政化管理、科层制组织模式，导致管理层级多、链条长、效率低，资源不优化、大而全小而全，机关管治思维、权责不匹配，责任不明确等问题突出。

2. 传统行政管理体制、行政指令生产模式、内部市场封闭运行体系，市场压力传递不到位，效益意识、市场意识、竞争意识不强。

3. 传统行政人事管理模式，导致人才成长发展空间窄、仕途思维重，薪酬分配体系滞后，人才流动不畅，人才创新活力不足。

二、解决问题的主要措施

1. 坚持国企改革方向，破除传统行政组织模式，构建符合市场化方向、支撑高质量发展的组织架构体系。

围绕做强油藏经营主业，深化油公司体制机制建设。剥离开发单位作业等辅助业务，压扁管理层级，将 484 个采油矿、队优化调整为 117 个采油管理区，机构减少 75.8%，2000 余名管理人员充实到生产一线，管理区管理干部比矿、队两级干部减少 23.7%；配套油田层面六项机制、采油厂“七大体系”、管理区“五项机制”，推动各级责权归位、油藏经营管理责任落实；以勘探高质量、开发高效益、专业化服务高效率、财务经营高水平为导向，明晰油公司经营业务主体责任，构建油藏经营管理为核心的油公司组织体系和运营机制。

整合分散同质化业务，打造专业化发展优势。剥离开发单位非注采输核心业务，组建电力等15个专业化单位，由垂直管理、行政指挥变为甲乙方市场关系，建立“管理中心+技术服务项目部”管理体制，推行业务大包、区域合作等服务模式，由“保障型”向“经营型”转变，提升保障支撑油气主业和技术服务创效能力。

分离移交办社会职能，回归企业属性。坚持“交得出、接得住、可持续、更美好”，完成家属区“四供一业”及市政学前医疗等职能移交和资产划转，纳入政府管理大体系，融入社会发展大环境，推动油田瘦身健体、更好发展油气主业。

2. 坚持基层经营责任主体地位，破除惯性行政管控模式，构建界面清晰、充满活力的权责匹配体系。

树立服务生产一线导向，推进经营管理部门职能优化。变革具有浓厚行政管理色彩的处、科机构名称，按照业务流、管理流、监督流，优化管理部门职能，精简业务流程，推动管理向服务转变、检查向指导转变、评比向督导转变。围绕“引领统筹、指导服务、监督监控”职能定位，构建党群管理、综合管理、经营管理、业务管理4大系统，推行大部室制，油田机关和内设机构分别压减26%、54%。

加强责任落实，做实经营管理主体。把管理区作为油藏经营独立核算单元，下放“七项经营优化权”，让管理区真正成为油气生产存量业务的经营管理者；强化权责匹配，制定经营管理部门权责清单，坚持权责对等，推动权责归位，着力把采油管理区和专业化项目部打造成经营管理主体，推动生产一线由“执行操作”向“经营管理”转变。

优化人才资源配置，提升油藏经营能力。优化基层班子结构，明确正职高学历、专业化、年轻化任职资格要求，选优配强班子，优化班子分工，培育懂专业、善经营、会管理的油藏经营管理团队；在新型采油管理区和专业化单位区域项目部层面设置副总师、专家，引导优秀干部向油藏经营管理主体和市场主体流动，保障经营管理主体责任落实。

图1为采油管理区体制建设框图。

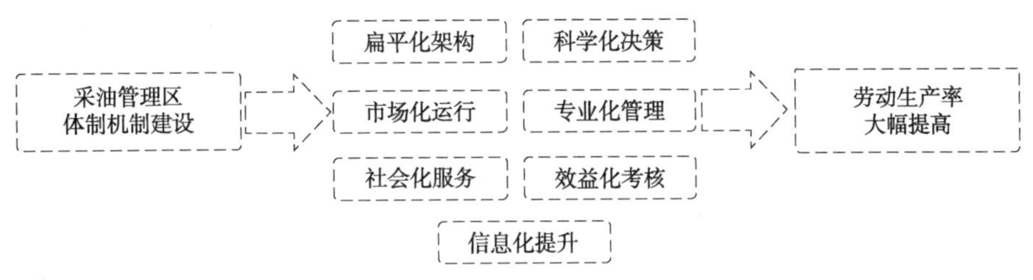

图1　采油管理区体制机制建设

3. 坚持资源要素市场化配置，破除行政指挥运行模式，构建价值引领、合作开放的市场化运营体系。

强化价值引领考核，激发全员创效活力。建立“经营绩效+管理绩效+党建质量”考核机制，构建“1+2+2”绩效考核体系（图2），全面向生产一线贯穿延伸，划小核算单元，考核激励到班站、到岗位、到个人，完成基本目标保基本薪酬、多创效益挣绩效工资，让每个单位都成为利润中心、每个班组都成为创效单元、每名员工都能创造价值。

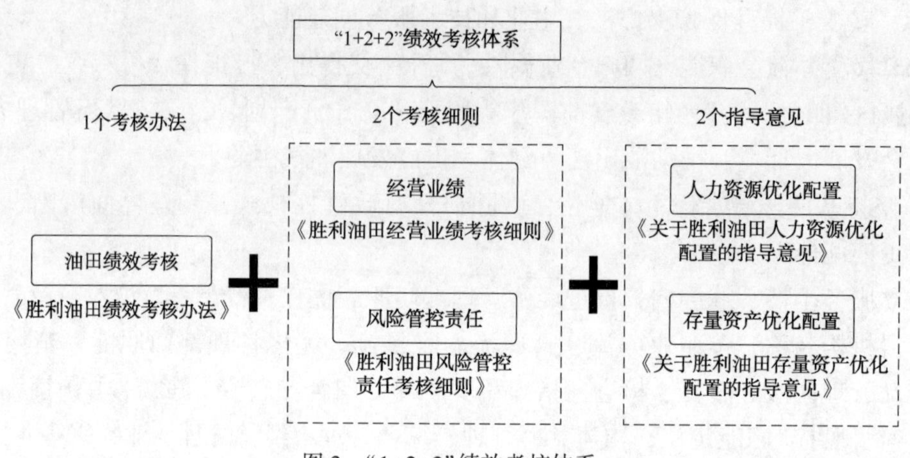

图 2 “1+2+2”绩效考核体系

完善市场运营机制，促进开放合作共赢。建立以合同协议为基础的内部市场管理体系，实行市场化运营、效益化考核，变行政命令为经济契约关系，促进资源共享、风险共担、合作双赢；建立以招投标、竞价谈判为主体的外部市场管理体系，以经济合同为纽带，以优质优价为标准，以价值考核为抓手，构建规范有序的市场化运行格局；建立竞争比选、优胜劣汰的市场化运营管理平台，专业化动态评价排名，推动质量进步标准提升。

盘活优化资源资产，提高价值创造能力。推进人力资源优化配置，用薪酬分配市场化撬动劳动用工市场化，消除内部行政壁垒，完善激励政策开拓外部市场，将 1.5 万人纳入人力资源中心集中管理，形成“动起来、走出去、强起来”长效机制。树立“经营资产”理念，推进“轻资产、轻量化”运营，建立资产减量化轻量化制度；建立完善资产共享优化平台，盘活闲置有效资产，退出低效无效资产，促进资产高效流动、合理配置、创造价值。

4. 坚持深化干部人事制度改革，破除行政化人事管理模式，构建支撑战略、服务发展的现代人力资源管理体系。

打通人才成长通道，拓宽职业发展空间。健全完善职位序列，科学设置三支队伍职位领域、层级和数量，畅通贯通成长通道，拓宽专业通道，油田机关 566 名科级干部转聘专业技术职位；规范管理和专业技术职位选聘、兼聘标准程序，严控转聘专家比例，努力使人才队伍具有深厚技术底蕴和专家色彩。

消除职级行政色彩，推动干部能上能下。深化干部人事制度改革，消除职级行政色彩，建立与市场相匹配的管理人员职位体系，聚焦破解“下”的难题，配套制定领导人员能上能下实施细则，加强绩效考核，考核结果与履职待遇和职位聘任挂钩，让“进退”和“上下”化作常态。

强化创新创效激励，促进人才价值与市场接轨。建立创新转化与成果分享激励机制，落实《科技成果转化激励管理办法》等制度，对生产经营、科研攻关、市场开拓等突出贡献人才给予重奖；建立“菜单式”福利制度，推行“综合福利包”，实行定制化、自助式福利方案，采取多种方式激励人才，持续激发创新创效潜能。

5. 坚持转变观念更新理念，破除陈旧行政管理思维，构建凝心聚力、服务基层的企业文化保障体系。

创新党建运行机制，把政治优势转化为发展优势。把不同层级、领域、部门的责任主体和党建任务串联起来，建立“统筹谋划、系统推进、督导检查、考核评价”四项机制，对接高效勘探、效益开发、经营管理等重点工作，发挥合力“动车效应”；把支部建在生产经营管理基本单元上，形成管理区、技术服务部等6类设置模式，确保组织架构与管理体系匹配、党建与生产经营深度融合，2600多个党支部成为改革发展的引领者、推动者。

强化思想文化引领，推动观念理念深刻转变。深化“转勇创”和“三转三创”，弘扬石油精神，传承石化传统，强化敢为人先、创新突破意识，打破传统束缚，跳出“路径依赖”；强化经营意识，推动经营自主权下放，做实基层经营管理主体；强化市场意识、竞争意识，增强生存发展能力；强化开放发展、合作双赢意识，在服务区域发展中履行央企责任，引领管理方式的变革重塑。

推进基层减负工作，优化干事创业环境。整治形式主义官僚主义突出问题，大力精文简会，公文减少38%，简报减少50%，会议减少41%；精简基层资料，突出工作实绩，减少过度“留痕”，基层资料精简60%，深受基层欢迎。

三、实施效果

1. 促进提升了油田发展质量效益。2019年实现营业收入769亿元、增利56.5亿元、利润3.5亿元、税费141亿元，盈亏平衡点从74.3美元/桶下降至61.1美元/桶，扭转了低油价以来成本上升、经济可采储量下降的局面，连续3年年产原油2340万吨以上，为保障国家能源安全、带动区域经济发展作出重要贡献。

2. 构建了与市场化相适应的运营体系。深刻变革传统经营理念、生产运行方式、组织管理模式，从以往上级对下级大调度大统筹，变成市场化的运行机制，对内促进高效流动、对外加强市场合作，让一切生产活动、一切要素配置、一切资源优化用市场化机制承载，资源资产配置效率、全要素生产率、价值创造能力显著增强。

3. 激发了人才队伍创新创效活力。传统官本位和行政仕途思维有效破除，人才成长空间进一步拓宽，市场化配置人才资源机制基本形成，重视基层的选人用人导向进一步强化，带动形成了人才向生产科研一线和市场前沿流动的新局面，为推动高质量发展提供了有力支撑。2019年被国资委评为首批“深化人才发展体制机制改革示范企业”。

原创单位感悟体会

胜利油田作为集团公司上游最大企业，贯彻落实集团公司党组决策部署，践行新发展理念，遵循市场经济规律和石油行业发展规律，推进以“五个坚持、五个破除、构建五大体系”为主线的“去行政化”变革，重构与现代企业制度建设相适应的市场化运营新体系，解决了制约高质量发展的体制机制障碍和深层次矛盾，发展动力活力效率效能全面提升，核心竞争力和发展引领力不断增强，同时为我国大型能源企业建立现代企业制度提供了理论和实践借鉴。

专家点评

推进现代企业制度建设的“去行政化”管理变革，是全面贯彻国企改革顶层设计“1+*N*”政策的必然要求。本篇成果坚持问题导向和市场化改革方向，以创新性的举措，通过“五坚持、五破除、五构建”，充分发挥党建政治优势，搭建市场化运营平台，建立现代人力资源管理体系，推行符合市场经营要求的油公司组织架构和运营机制，实现了价值创造力和核心竞争能力持续增强，做到了方向明、措施清、效果好，为老油田建立现代企业制度积累了丰富的管理经验。

案例二　大型国有上市公司投资者关系管理的实践与创新

内容提要：坚持大型国有上市公司定位，瞄准规范化、市场化、国际化方向，在实践中综合运用管理学、经济学、心理学和法学等多学科理论方法，建立包含“一个定位、两项制度、三类机制、四大目标、五问分析法”为主要内容的投资者关系管理模式，有力促进了公司与资本市场的良性互动和价值认同，为中国石化维护公平价值、保护投资者权益、实施重大资本资金运作、支撑战略决策发挥了重要作用。上述模式为系统内上市公司提供了范本，填补了我国大型国有上市公司在该领域的理论空白，丰富了实践经验，有助于解决国内上市公司投资者关系管理中普遍存在的定位不准、目标模糊、工作效果难以量化等问题，为大型国有上市公司构建现代化治理体系，提升治理能力贡献了“石化智慧”。

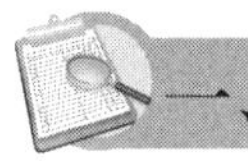

一、需要解决的主要问题

问题一：当前国有上市公司投资者关系需要进一步创新和完善

十九届四中全会明确指出要推进国家治理体系和治理能力现代化。公司治理现代化是国家治理体系和治理能力现代化在经济领域中的重要体现。投资者关系管理是现代公司自主性治理的重要组成部分，是公司治理现代化的重要内容。投资者关系管理是公司与资本市场搭建沟通的桥梁，在助力公司适应资本市场、利用资本市场支撑其改革发展，提升公司价值方面发挥着重要作用。创新和完善投资者关系管理是新时代大型国有上市公司深化市场化改革的必然要求，也是其建设世界领先企业的必然需要。

问题二：国有上市公司投资者关系工作中定位不准、制度不全、目标模糊等问题亟待解决

投资者关系管理的理论起源于欧美等发达国家资本市场，与欧美发达国家完善的资本市场体系和成熟的投资者关系管理体制相比，我国目前仍处于快速发展阶段，因此在投资者关系管理上存在着一定的差距。目前国内上市公司投资者关系管理普遍存在定位不准、制度不全、目标模糊、方法简单、工作效果难以量化等问题，制约了公司治理现代化的推进。

二、解决问题的主要措施

措施一：创新投资者关系管理模式，提升公司治理水平

建立健全相关制度和保障机制，探索创新了以“一个定位、两项制度、三类机制、四大目标、五问分析法”为主要内容的现代化投资者关系管理新模式，并基于该模式创新形成了投资者关系工作量化评价体系、双向沟通策略、PDCA 工作机制、投资者画像、三角金融营销等实操性强的工作方法。

措施二：确立四大目标，找准工作发力点

以公司自身、股东、资本市场对投资者关系工作的需求为导向，从客观实际出发，构建了投资者关系工作四大目标：一是维护公司公平价值，使公司的市场价值与其内在的价值相匹配；二是保护投资者权益，坚持以人民为中心的发展思想，确保投资者享有各项合法权益；三是助力公司资本资金运作，综合运用金融营销等手段，助力公司高质量完成资本资金运作；四是支撑战略决策，充分发挥资本市场优势，为公司生产经营和战略出谋划策。

措施三：构建量化评价体系，提升工作成效

制订了中国石化投资者关系工作量化评价体系，分为披露指标、沟通指标、管理指标和水平指标四类(表 1)，并赋予不同权重对工作完成质量进行量化评价，为投资者关系工作确定了标准，有效提升了工作的预见性、主动性和创造性。

表 1　中国石化投资者关系管理量化评价体系(百分制)

指标分类	量化权重	分解指标	指标说明
法定信息披露指标（25）	完整性（20%）	财务指标	公司财务信息是否满足资本市场需求
		非财务指标	公司生产经营、环境、治理和社会责任等非财务信息是否满足资本市场需求
	真实性（30%）	按内控程序完成信息收集	公司是否按规定执行披露信息内控程序
	准确性（30%）	是否出具更新公告或报告	公司披露的信息是否准确
		前后一致情况	公司信息披露是否前后一致
	及时性（20%）	境内外上市地同步披露	公司在信息披露方面是否公平对待境内外投资者
		定期报告、公告是否在规定时间内披露	公司是否及时让投资者掌握当前真实有效信息

续表

指标分类	量化权重	分解指标	指标说明
沟通质量指标（25）	沟通渠道易达性（15%）	是否容易获取电话、邮箱、网站等联系方式	公司是否为所有投资者提供便利的沟通方式
		是否容易与投资者关系工作人员会面	公司与投资者面对面沟通的方便程度
		股东大会的易达性	公司是否为投资者提供参与股东大会的便利
	响应速度（15%）	对投资者热线的响应	通过电话对投资者问询的响应速度
		对邮件的响应	通过邮件对投资者问询的响应速度
		对网上沟通、微信等的响应	通过网上沟通对投资者问询的响应速度
	沟通主动性（20%）	公司是否积极参与资本市场会议	通过参加资本市场会议与投资者交流的情况
		公司是否经常组织路演，与投资者面对面沟通	通过路演与投资者交流的情况
		公司是否组织反向路演	通过反向路演邀请投资者到现场交流的情况
		公示是否在股东大会安排与投资者充分交流的环节	通过股东大会与投资者交流的情况
		是否主动接待来访	衡量公司与投资者交流积极性和主动性
	互动质量（30%）	是否流利运用中英双语与境内外投资者交流	与投资者沟通的顺畅程度
		是否能对投资者问题充分解答	与投资者沟通的满足程度
		股东大会上对股东问询的态度和反馈效果	与股东的沟通效果
		通过沟通有效引导市场预期	是否充分发挥了预期引导的作用
		是否及时向管理层反馈资本市场信息	借助资本市场支撑公司改革发展的有效性
		是否能通过沟通助力资本资金运作	投资者关系对公司资本资金运作的整体贡献
	提高沟通水平（20%）	是否通过投资者调查问卷的方式提升沟通水平	公司投资者关系是否具备自我完善的功能
管理质量指标（20）	人员素质（30%）	投资者关系工作人员业务能力和培训情况	衡量投资者关系工作人员素质
	信息收集（20%）	投资者关系部门在内部收集所需信息的制度设计和执行情况	公司提供投资者所需信息的质量
	管理层参与（50%）	管理层参与投资者关系的程度	管理层对投资者关系管理的重视程度
水平指标（30）	市场表现（80%）	股价是否处于合理估值区	投资者关系对公平价值维护的效果
		长期股东稳定性	投资者关系工作对长期股东关系维护的效果
		危机处理时分析师报告态度取向和数量	投资者关系工作在危机处理时的表现
		关联交易议案通过情况	投资者关系工作在助力大股东发展和取得中小股东支持方面的效果
	市场关注度（20%）	分析师报告数量	衡量公司市场关注度

措施四：运用五问分析法，实现精准沟通

运用“五问分析法”(WHO——谁来沟通，WHAT——沟通什么，WHOM——沟通对象是谁，WHEN——沟通时机，HOW——沟通方式)，根据不同选项组合(表2)，制订精准沟通策略。

表2 “五问分析法”选项组合

项目	选项
沟通人员	董事长、总裁、高级副总裁、财务总监、董事会秘书、部门负责人、投资者关系工作人员等
沟通内容	公司战略、行业趋势、行业政策、生产经营、财务状况、公司治理、环境保护、社会责任、资本市场动态等
沟通对象	投资者(包括在册股东和潜在投资者)、分析师(包括买方、卖方分析员)、评级机构、市场第三方组织等
沟通时机	日常沟通、业绩发布期、资本运作项目实施前后
沟通方式	路演、反向路演、电话会议、网络会议、一对一会议、小组会议、热线电话、邮件和网络互动平台等

措施五：建立危机处理机制，防范资本市场风险

建立资本市场危机处理机制，牢牢把握资本市场沟通的主动权。发生危机时，以及时准确传递信息和重建市场信心作为资本市场危机处理的抓手，有策略、有步骤地引导资本市场。在规范合规、风险可控的情况下，迅速主动向资本市场传递有关信息，阐明事件真相，展现主动负责的态度，减少市场恐慌，重建信心。

措施六：借助资本市场优势，有力支撑战略决策

建立资本市场信息双向闭式传递机制，为公司谋划长远发展战略、支撑内部生产经营和应对外部环境变化提供有力支撑。一是及时了解分析最新的投资理念、投资趋势、融资工具等，研究公司在资本市场的发展策略。二是运用资本市场思维“去伪存真、去粗取精”，为解决生产经营发展中的难题提出有益思路。三是及时掌握宏观形势、行业趋势、监管动态等外部环境变化，为公司快速应对提供有力支撑。

三、实施效果

效果一：建立了投资者关系管理的新模式

探索建立了投资者关系管理的新模式(图1)，并基于该模式创新工作方法，为系统内上市公司提供了范本，填补了我国大型国有上市公司在该领域的理论空白并丰富了实践经验，为大型国有上市公司构建现代化治理体系，提升治理能力贡献了“石化智慧”。

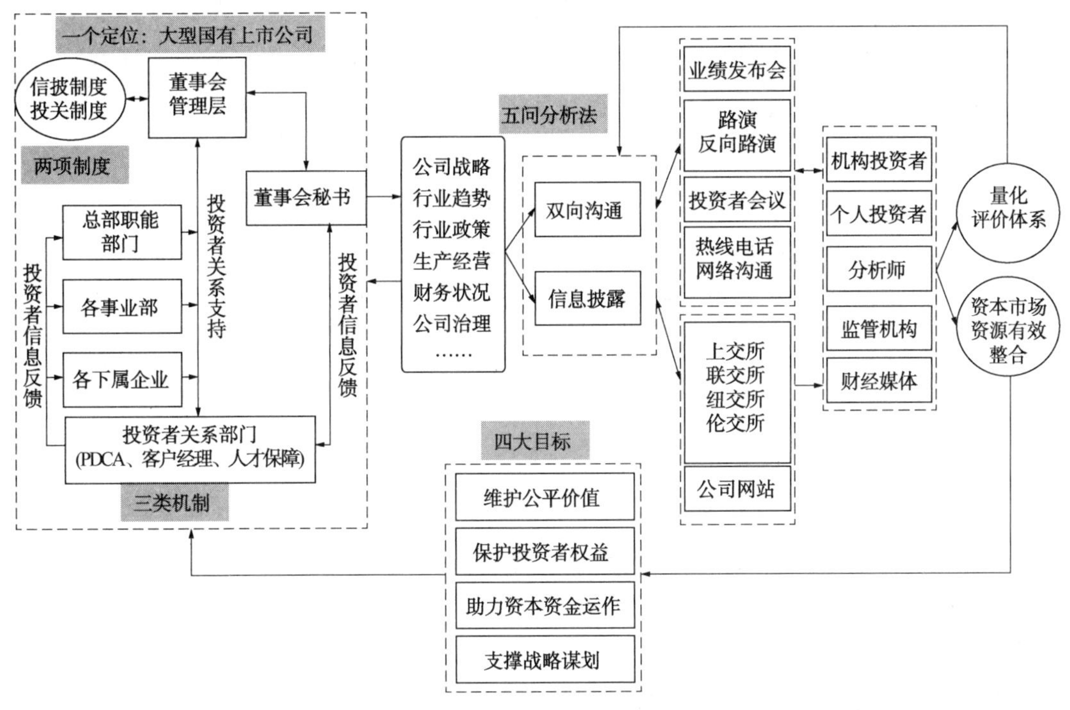

图 1　中国石化投资者关系管理模式

效果二：维护了公司的公平价值

通过数据统计与分析，近 10 年来，中国石化股票价格位于合理估值区间的比例为 81. 8%，远高于国内同行公司(中国石油 18. 2%，中国海油 36. 4%)，展现了中国石化投资者关系管理模式的有效性和先进性。

效果三：切实保护了投资者合法权益

构建中小股东和控股股东的利益共同体，得到了股东、监管机构和社会各界的充分肯定，有效维护了投资者的知情权、参与权、收益权等合法权益。公司、管理层和投资者关系团队荣获了多项国际重量级奖项，提升了公司资本市场美誉度。

效果四：助力公司资本运作和市场稳定

有力促进了公司治理能力提升，助力公司实现多个高估值股权融资(约 1620 亿元)、低成本债权融资(约 1700 亿元)和重大资本运作(20 余项)，特别是 H 股增发项目实现公司资产增值 5. 23 亿美元。同时，在重大敏感时间节点和公司危机事件中，有力维护了资本市场稳定、化解资本市场风险，切实履行了国有企业的政治责任和社会责任。

原创单位感悟体会

中国石化上市以来，在投资者关系管理领域持续探索“实践–创新–再实践–再创新”，综合运用管理学、心理学和市场营销学等多学科理论方法，逐步形成了包含投资者保护、公平价值维护、战略决策支撑以及现代化金融营销等要素的创新型投资者关系管理模式，扩大了传统投资者关系管理的范畴，丰富了国有上市公司投资者关系管理的理论和实践。实践过程中，在健全投资者关系管理组织体系、完善制度和工作流程、建立运转有效工作机制和保障机制等方面形成了独特的做法(如：四大工作目标、五问分析法、投资者关系工作量化评价体系、PDCA 工作机制等)，提高了管理的精细化和工作的精准化水平，实现了公司与资本市场的良性互动和价值认同，为中国石化在资本市场低成本融资、维护市场声誉、关键议案审批、公司战略谋划等方面提供了有力支撑，为大型国有上市公司构建现代化治理体系，提升治理能力贡献了“石化智慧”。

专家点评

此案例针对国有上市公司投资者关系管理中存在的普遍问题，综合运用多学科理论，探索建立了创新型投资者关系管理模式。在理论上具有开创性意义，在实践中形成了独特的做法，尤其是量化评价体系的建立以及“5W”分析法的应用对投资者关系管理形成了理论支撑，在国有上市公司中具有推广价值。

案例三　特大型国有企业完善法人治理结构的探索与实践

内容提要：中国石化集团公司对完善公司法人治理结构积极探索与实践，逐步明确了出资人、党组、董事会和经理层等各治理主体职责权限；确立了公司集体决策模式，规范了各决策主体职权和工作机制；积极探索实践了董事会规范建设。经过多年实践，建立起权责法定、权责透明、协调运转、有效制衡的公司法人治理机制，形成了具有自身特色的公司治理文化和运行模式。

一、需要解决的主要问题

问题一：公司治理主体权责不够清晰

中国石化集团公司虽然初步构建起较为规范的公司法人治理结构，但在实践推进中，仍存在一些较难厘清的问题，比如出资人作为国有资产监管管理机构，管控过严过细，党组与董事会、经理层等治理主体职责关系不够清晰，决策层与执行层还未做到有效分离等。公司治理主体权责需要进一步明晰。

问题二：公司决策制度不够健全

中国石化集团公司结合实际不断完善公司决策制度体系和运行机制，但在决策主体履职行权、决策程序、决策事项界定等方面还存在不够规范、不够清晰的问题，需要通过进一步健全完善决策制度加以解决。

问题三：董事会职能作用未能充分发挥

经过十余年发展，中国石化集团公司董事会建设取得较好成效，被国资委评为优秀董事会。但从实际运行看，董事会规范运行还有提升空间，授权机制还需进一步完善，为董事会和董事决策提供的支持和服务还需加强，董事会职能作用有待充分发挥。

二、解决问题的主要措施

措施一：完善公司法人治理架构，规范治理主体权责

1. 修订公司章程，确立公司治理运行机制。

公司章程是企业的运行基础，中国石化集团公司围绕完善公司法人治理结构先后对

《公司章程》进行了三次重大修订。通过修订完善公司章程，明确了出资人、党组、董事会和经理层等治理主体的法定地位、职责权限及其运行规则。

2. 完善公司法人治理模式，明确治理主体关系。

进一步明确各治理主体之间的关系。国资委与董事会之间是“委托-代理、选派-负责”关系，党组与董事会、经理层之间是“前置审议-决策、支持-维护”关系，公司治理主体各司其职、各负其责、协调运转，较好地发挥了决策、执行、监督作用。见图1。

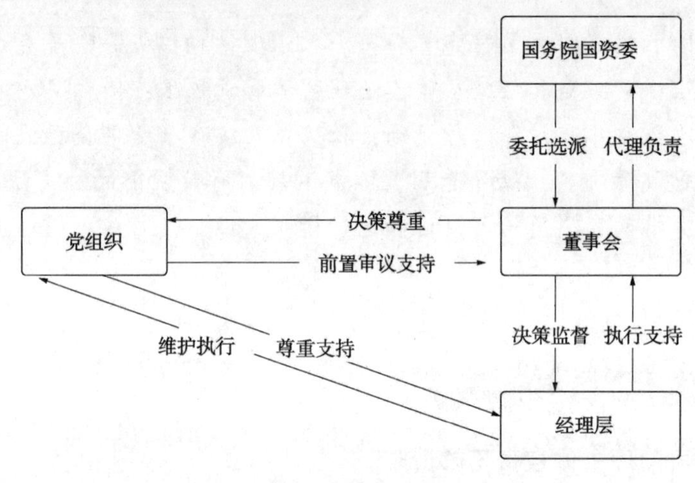

图1 中国石化法人治理模式示意图

3. 规范治理主体职责权限，明确权责边界。

中国石化集团公司规范完善了公司各治理主体职责权限，明确了权责边界。国资委作为出资人代表，代表国务院对公司履行出资人职责。党组(党委)是党的组织体系重要组成部分，发挥把方向、管大局、促落实的领导作用。董事会是公司决策机构，发挥定战略、做决策、防风险职能作用。经理层是公司执行机构，对董事会负责，发挥谋发展、抓落实、强管理职能作用。

措施二：建立健全公司决策制度，完善公司决策运行机制

1. 完善公司决策制度，规范决策主体职权和决策行为。

健全完善了《“三重一大”决策制度实施办法》《党组工作规则》《董事会议事规则》《总经理工作规则》《党组前置研究讨论重大生产经营事项清单》《董事会授权管理办法》《董事长办公会制度》《总经理办公会制度》等决策运行制度，进一步健全了决策制度，完善了决策机制，规范约束了决策主体职权和决策行为。

2. 确立公司集体决策模式，完善决策工作机制。

随着公司法人治理结构的完善，进一步明确了党组、董事会、董事长办公会、总经理办公会等四种集体决策模式，完善了工作机制，建立起科学、民主、高效的重大事项决策机制。同时，把加强党的领导融入公司决策运行制度之中，发挥党组领导作用，确保习近平总书记重要指示批示和党中央决策部署在中国石化贯彻落实。

3. 建立健全公司授权机制，提高公司运行效率。

健全完善公司授权机制。根据实际情况，董事会对董事长和总经理的授权进行动态调整，既做到审慎与效率兼顾，又做到监督与管理并重，确保授权有度、用权规范、运行高效。见图2。

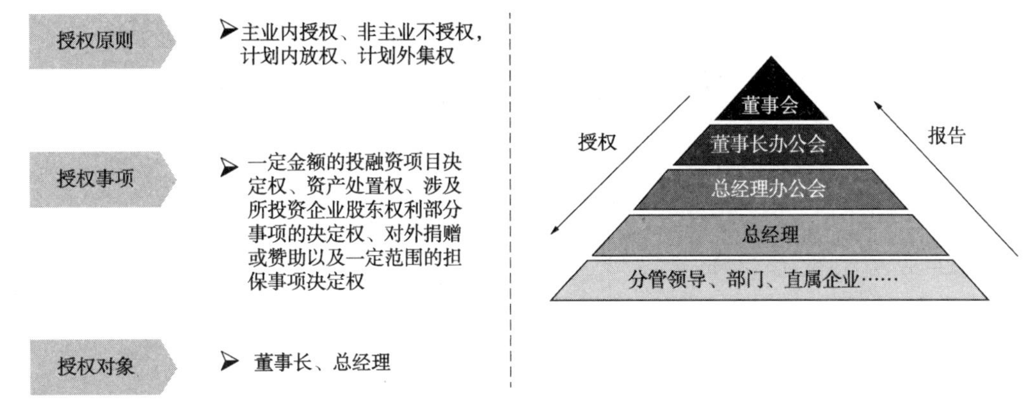

图2　集团公司董事会授权示意图

措施三：公司治理主体各负其责、规范运行和相互衔接

党组按《党章》等党内法规认真履责、规范运行。党组实行集体领导，坚持民主集中制，讨论审议重大问题时，与公司法、企业国有资产法等法律法规相一致，与公司章程相衔接，严格执行“三重一大”决策制度实施办法。董事会和经理层按《公司法》等法律法规认真履职、规范运行。董事会以维护出资人利益、实现国有资产保值增值为宗旨，注重发挥战略规划、重大事项决策、风险管控和经理层监督管理等方面职能，重点围绕《公司章程》赋予的职权开展工作、实施决策。经理层负责日常生产经营、组织实施董事会决议。

完善和落实“双向进入、交叉任职”领导体制。党组成员按照法定程序进入董事会、经营层担任相应职务，董事会、经营层中的党员负责人，按照有关规定进入党组。董事会、经理层发挥领导作用，将党组前置审议意见作为审议决策的重要参考；党组尊重和支持董事会、经理层依法行使职权，董事会充分发挥经理层在执行中的作用，支持经理层放手开展工作。

措施四：加强董事会建设，落实董事会职权

1. 持续完善董事会组织机构和运行制度。

中国石化集团公司董事会由9名董事构成，其中4名内部董事(董事长、总经理、党组副书记、1名职工董事)、5名国资委选派的外部董事。董事会下设战略与投资委员会、审计与风险委员会、提名委员会、薪酬与考核委员会、社会责任委员会5个专门委员会。为促进董事会规范有效运行，持续建章立制，明确了董事会和专门委员会的运行规则，优化了决策流程，规范了工作程序，为董事会规范有效运作提供良好组织和制度保证。见图3。

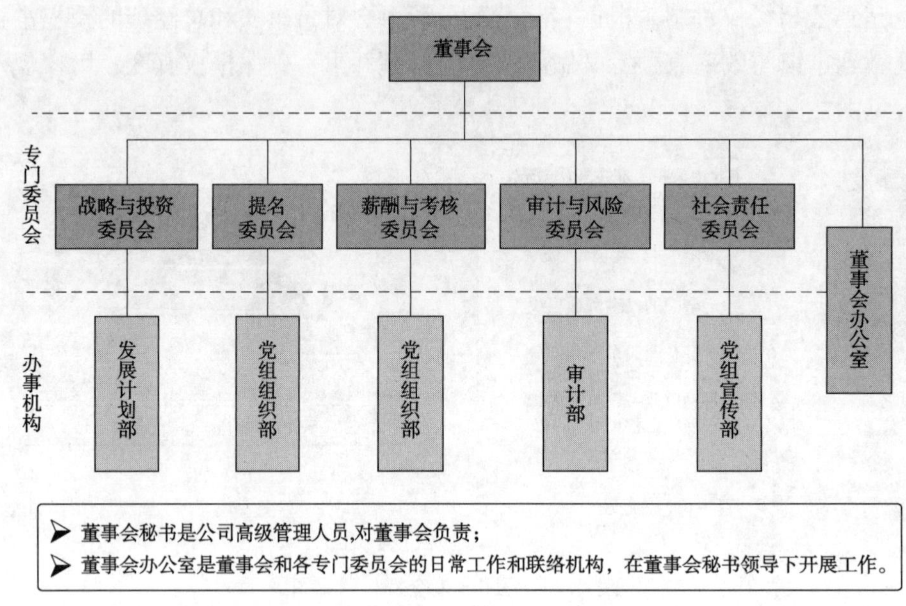

图 3　集团公司董事会组织机构图

2. 加大董事会对重大事项决策力度和风险防控。

进一步加大对重大决策事项的提前研究论证和后续跟踪检查力度，确保重大决策事项实现预期目标；更加注重研判大势、源头防控、健全机制，统筹推进公司全面风险管控体系、合规管理体系和信息化管控技术提升，提高公司风险防控能力和水平；在重大事项决策前，要向外部董事提前沟通汇报，让外部董事充分了解情况、发表意见，特别是安排对项目的风险预判与分析、投资收益与回报、审批程序合法合规等方面审核把关，有效发挥外部董事作用，有力推动了董事会科学决策和风险把控。

3. 探索推进董事会对高管人员绩效考核。

积极探索董事会对经理层的选聘权、绩效考核权和薪酬管理权的落实。年初，由董事会确定每名班子成员的经营业绩目标，编制考核责任书；年末，根据目标任务完成情况逐项打分，考核结果与年终奖金挂钩兑现。考核目标突出重点和难点工作，考核结果体现客观实际和绩效优先，推动公司目标任务高质高效完成。

4. 加大外部董事支持和服务力度。

外部董事作用的发挥是董事会建设关键。公司始终为外部董事履职创造条件，推动各层面与外部董事沟通，提供专业支持和信息服务，尊重并积极落实外部董事提出的意见建议，积极调动其履职积极性，发挥了决策把关、风险防控和专家咨询作用。

三、实施效果

效果一：建立起规范的公司法人治理结构

中国石化通过在完善公司法人治理结构中加强党的领导，强化董事会规范建设，完善治理运行制度，明确治理主体职责权限，规范治理主体工作规则，强化治理主体履职行为管理，妥善处理治理主体之间的关系，积极推动公司决策权、执行权、监督权既有效分离又相互制衡，建立起决策执行监督权责法定、权责透明、协调运转、有效制衡的公司法人治理结构，为提升公司治理水平、促进公司高质量发展发挥了重要作用。

效果二：提高了公司重大事项决策和风险防控能力

清晰界定公司重大事项决策权。每年对“三重一大”决策制度实施办法进行制订，重点对“三重一大”决策事项范围与职权、决策程序进行调整完善，明确重大事项决策主体和决策内容，强化集体决策，规范决策程序。在对重大事项的决策中，严格执行制度、规范履行程序，提高董事会决策的科学性和风险防控能力。

效果三：董事会运行规范，形成自我特色

中国石化不断推进董事会规范建设，为提高公司决策水平、完善公司法人治理结构进行了有益探索和实践，形成了董事会规范运作的制度体系，强化了以重大决策和风险控制为核心的董事会功能，建立健全了董事会的组织机构，规范了董事履职行为，促进董事诚信履职和尽职尽责。董事会运行形成自我特色，得到各方面充分肯定，走在了中央企业前列。

原创单位感悟体会

中国石化一直以来致力于完善公司法人治理结构，把加强党的领导与完善公司治理统一起来，积极推进董事会规范建设，强化治理主体规范履职行权，建立起权责法定、权责透明、协调运转、有效制衡的公司治理机制，为促进决策运行效率、防控重大风险、提升治理水平、促进公司全面可持续发展发挥了重要作用；为完善中国特色现代企业制度，推进建设世界一流企业贡献了应有的力量。

专家点评

中国石化积极探索完善公司法人治理结构的实现形式，通过持续完善公司章程、法人治理、职责权限、决策制度、决策机制、领导体制、董事会架构等七个持续完善，形成了权责法定、权责透明、协调运转、有效制衡的公司法人治理机制、治理文化和运行模式，提升了企业治理能力。该创新成果开拓性、创新性强，对于解决公司治理主体权责不清晰、决策制度不健全、董事会职能作用发挥不充分等重大问题，具有重要的借鉴价值。

案例四　践行“走出去”初心和使命的海外油气勘探开发企业体制机制优化创新与实践

内容提要：国勘公司积极面对国际石油市场新变化，创新思维、大胆实践，利用关键五因素模型、组织平衡理论和价值链管理优化等三大管理工具，激发了公司内在潜能，实现了国勘公司体制机制优化，建立了新的精细化管理体系和全生命周期全流程价值链运行机制，为进一步开拓海外市场，践行“走出去、拿资源”的初心和使命奠定了坚实的基础，为持续开展国际化经营积累了可借鉴的宝贵经验。

一、需要解决的主要问题

问题一：现行体制机制难以实现国际化经营可持续发展需要

国勘公司在“走出去”过程中存在界面不清晰、权责不对等、运转不顺畅等难题，技术服务中心职能定位不清，制度执行不到位不严格，海外机构差异化管控不到位、技术支持质量和研究深度有待提升、人才结构性矛盾突出、激励创效动能不足、市场化用人机制不健全等问题。对标国际领先油气公司，国勘公司还有很大差距，必须不断深入开展体制机制优化、提升管理效率、激发员工活力，才能更好实现可持续发展。

问题二：海外投资经营管理体系不够完善灵活高效

国有企业“走出去”面临日益严峻的合规风险，与合作伙伴之间的商事争议和与资源国政府之间的投资争议日益增多，如何建立完善灵活高效的海外投资经营管理体系是“走出去”国企面临的巨大挑战。

二、解决问题的主要措施

措施一：构建关键五因素模型，突破发展障碍，打造体制机制改革新高地

基于国勘公司经营管理特点，构建关键五因素模型（图 1），打造公司体制机制改革新高地。

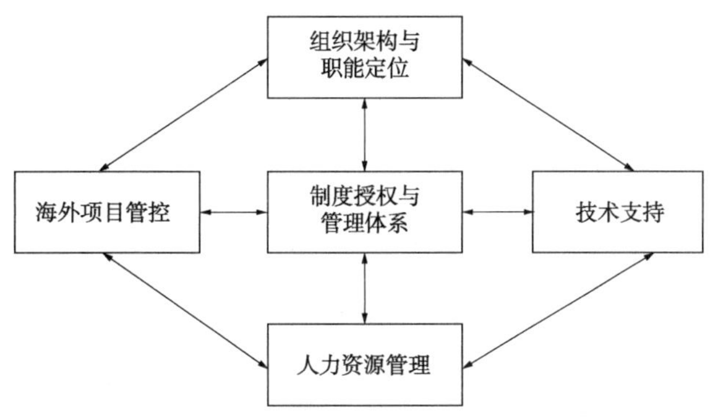

图 1　体制机制优化关键五因素模型

一是优化构建层次分明、路线清晰的授权体系。实现了公司总部和海外项目运营机构之间合理的权责分配，促进了公司整体管控体系高效有序运转。二是优化两级扁平、运转高效的管理架构。实施扁平化两级管理，减少管理层次，增加管理幅度，达到使组织灵活、敏捷，富有柔性、创造性的目的。三是优化海外项目差异化管控策略。实现从粗放式管理到一项一策精细化管理的过渡，强化中方行政管理线和联合公司法人治理线的双线平行式管理，形成以机构分类为基础的差异化资源配置机制，以项目分类为基础的机构设置、人员配置、权限职责、绩效考核、资产管理配套体系。四是优化长期稳定有效的海外项目技术支持体系。对海外项目分类施策、精准支持，建立专门的技术支持团队，聚焦支撑主力作业资产及非作业核心资产，规范技术支撑流程、提升支撑水平。五是优化推动人才核心竞争力转型升级。建立市场化经营机制，加快推进人事、劳动、分配三项制度改革，建立"生、聚、理、用"长效人才发展机制。大胆探索人力资源部、人力资源中心、HRBP（人力资源业务合作伙伴）的"三支柱"创新模式，着力构建具有全球竞争力的人才资源平台，造就一支结构合理、素质优良、精干高效，与国际化经营相匹配的人才队伍。

措施二：运用组织平衡理论，推进界面清晰运转顺畅的管理体制升级和机构调整

一是优化外部组织平衡，保障管理体制优化。

（1）对政府，严格遵守资源国和当地政府法律、法规要求，严格履行企业对政府的承诺，同时对不合理要求实行总部项目联动机制，积极保障我方合法权益。

（2）对平等合作伙伴，在实现互利共赢基础上，改进合作模式、创新合作理念，提升合作层次和质量，推进全方位、宽领域、多层次交流。

（3）对中国石化系统内单位，利用技术服务中心平台统筹技术支持各方力量，借助海外项目公司开展系统内境外业务合作，发挥中国石化一体化优势。

二是优化内部组织平衡，促进管理体制优化。

以简单高效为导向，持续优化内部管理体制，明确各方职能定位，即总部机关聚焦"管理+服务"、海外机构聚焦"执行+创效"、技术服务中心聚焦"支撑+创新"。优化调整后，目前设立14个机关部门、1个技术服务中心、24个海外机构(图2)，组织架构持续动态优化调整。平衡的内部组织使权力和职责分明、事件结果责任到位，公司政策和控制制度有效贯彻执行。

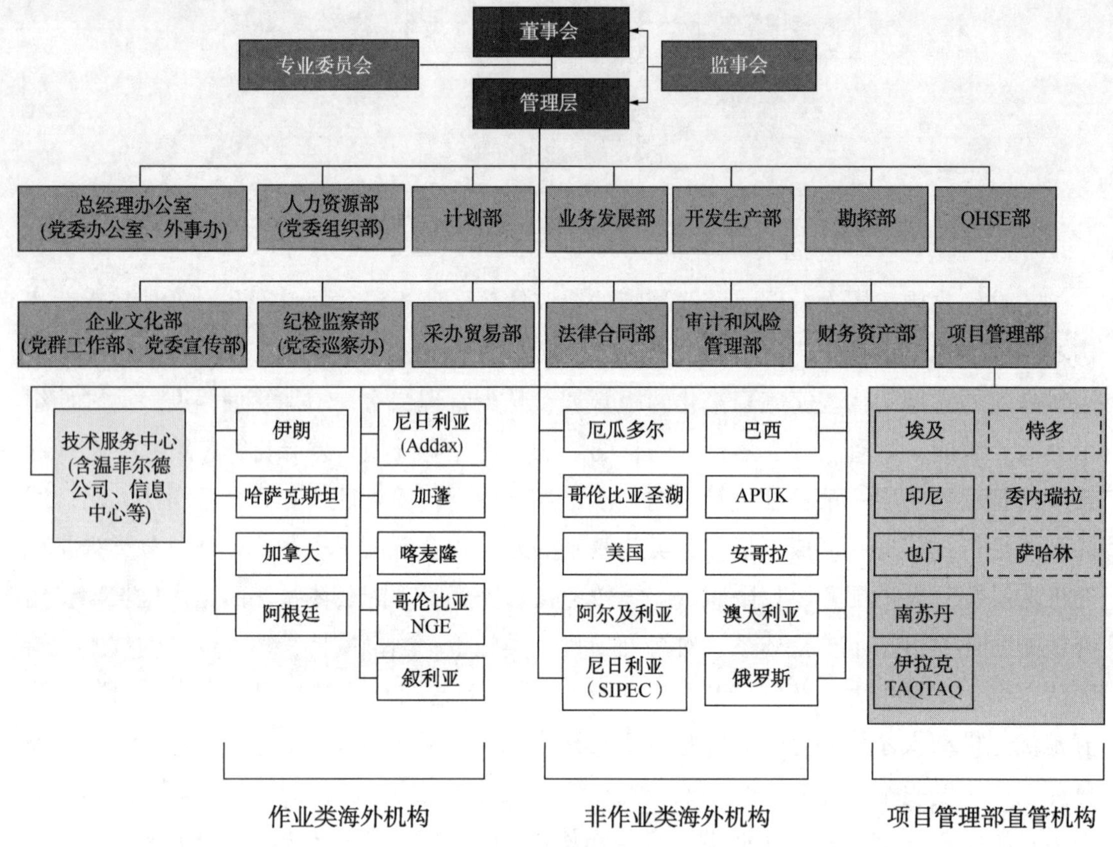

图2　公司组织机构图

措施三：运用价值链管理优化理论，构造权责对等简单高效的运行机制

一是优化价值链分析，识别价值提升和成本管控新方向。公司将传统的基本活动(主营业务)设计为功能性活动，将传统的辅助活动设计为基础性活动和支持性活动。所有管理活动相互衔接连通，构成整体、闭环的管理循环。通过识别分析各项活动的价值提升和成本压降空间体现，以效率提升为中心的价值链流程优化，创新内部价值链，重构企业管理体系，力争实现“三个理顺”(理顺管控模式、理顺职责权限、理顺制度流程)和“三个提升”(提升管理体系，实现简单有效；提升管理价值，削减无效管理；提升执行力度，推进决策落地)。图3为公司价值链优化模型。

二是提升基础性活动，实现经营管理精打细算。通过突出业务规划的引领作用，夯实风险管理的保障作用，发挥绩效管理的指挥棒作用，优先加快对业务规划、风险管控、绩效管理3个基础性管理活动的梳理和完善，有效提升公司管理层对公司的整体管控能力。

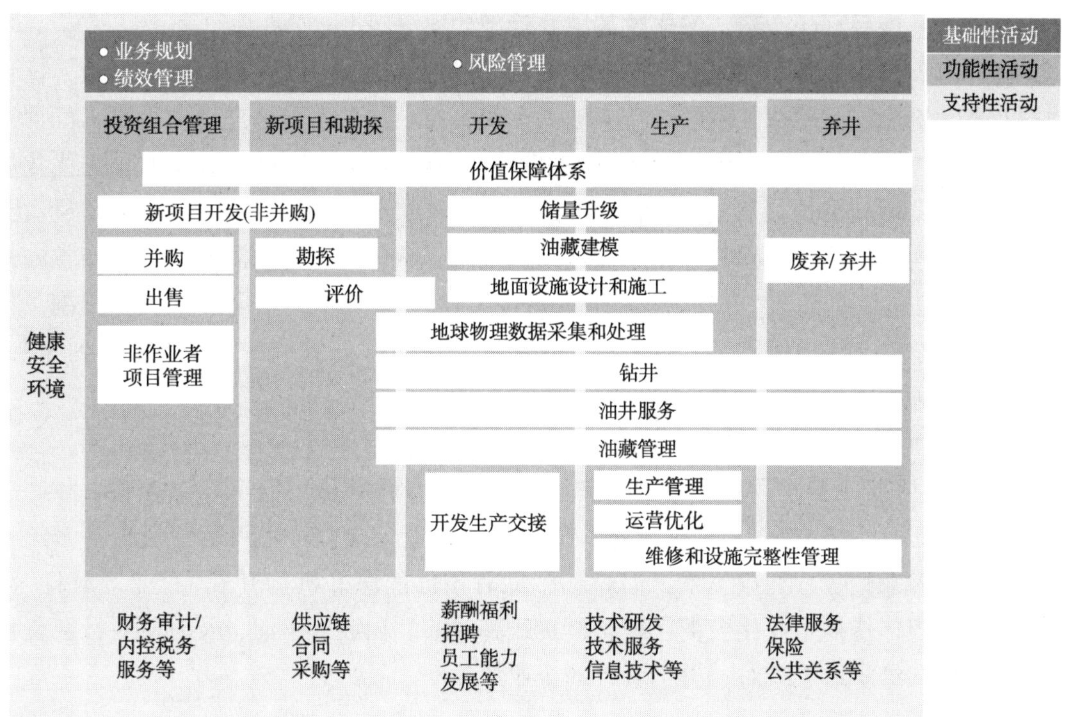

图 3　公司价值链管理优化模型

三是聚焦功能性活动，实现生产运营精耕细作。对作业者项目和非作业项目分类施策。重点开展措施作业、维护维修等优化，联合其他小股东施压作业者降本增效；盯住重点大项目的经济效益账。对超预算项目，剖析成本动因，深挖潜力；以效益为导向，理清固定成本和变动成本，关停无效井、增加高效产量。

四是做实支持性活动，实现保障服务精益求精。积极推进财务创新，引入成本分摊体系，实现总部管理下沉。规范完善供应链和原油销售管理，防范风险，降本增效。构建合规管理体系，依法依规治企。深入解读国际规则、惯例及各类合同协议，树立契约精神，维护合法权益。

三、实施效果

效果一：机构精干高效，创效扭亏凸显经济效益

通过优化管理体制运行机制，国勘公司实现了机构精简、运行高效，在大幅降低管理费用、控制投资规模、减少运营成本的基础上，生产成本得到有效管控，财务成本大幅降低，付现成本、管理费用和负债规模持续下降，生产成本近五年连年下降，平均年下降 6%。通过写实，总部管理费用下沉成本千万美元，降低了总部管理成本。对海外工程服务、物资采购和库存实施强力管控，累积减少海外作业者项目物资采办支出千万美元，累积节约总部采购资金六百余万元人民币。

效果二：流程顺畅完善，深化改革提升管理效率

优化海外非作业者管控模式，梳理海外机构风险清单 308 项并制定应对措施。优化勘探业务关键流程，勘探领域取得新突破。在安哥拉、加拿大地区先后取得重大勘探进展。优化内控流程，提高决策效率，海外报批报备事项从 255 项精简到 156 项。优化海外项目运营，顺利平稳接管 A 项目公司，节约管理成本数亿元。优化压减组织机构，实现管理架构健康检查流程常态化。优化用工机制，队伍活力有效激发。近三年，海外项目中方员工轮岗数百人，75 后中层干部占中层比约为 20%。优化技术支持体制，技术服务中心承接 213 项任务并压减无实际效果的支持任务，技术支持覆盖率达到 80%，同比缩减管理费成本 26.5%。

效果三：优化社会责任履行，合作共赢催生品牌效应

公司关注“推动科学发展、维护投资权益、坚持合作共赢、安全环保运营、悉心关爱员工、热心社会公益”六大重点议题，将社会责任理念全方位融入运营管理各个流程和环节，统筹兼顾各方利益关系，倡导和帮助有条件的海外机构开展“企业开放日”活动，利用新媒体传播企业社会责任理念、实践和成效。积极、正面、及时应对社会责任危机，树立和维护敢于应对、勇于负责的企业形象。

原创单位感悟体会

成功的跨国企业无不以完善的管理体制机制为支撑，这是企业发展的客观规律，更是国际化经营的潮流与趋势。优化管理并非一朝一夕的工作，而是需要持之以恒、持续改进完善的系统工程。国勘公司创新思维、大胆实践，利用关键五因素模型、组织平衡理论和价值链管理优化等三大管理工具，激发了公司内在潜能，实现了国勘公司体制机制优化，建立了新的精细化管理体制和全生命周期全流程价值链运行机制，为进一步开拓海外市场，践行“走出去、拿资源”的初心和使命奠定了坚实的基础。

专家点评

该成果运用“关键五因素模型理论”“组织平衡理论”“价值链管理优化理论”，确立了以制度授权为核心、以组织架构、人力资源管理、海外项目管控、技术支持为抓手的国际标准管理体系，建立了“三大外部”利益关系和“三大内部”纽带关系的平衡优化机制，在全生命周期业务流程链基础上明确了关键节点，对国有企业“走出去”提升管理、合规经营、管控风险具有一定的借鉴意义。

案例五　打造“一体两翼”顺北模式
纵深推进油公司建设

内容提要：西北油田以“聚焦核心、发展市场”为指导思想，以“激发活力、提高效率、提升效益”为建设目标，对标“新区新模式百人百万吨”，深化油公司管理模式改革，形成具有“机构精简、运行高效、效益突出”特色的“一体两翼”顺北模式。体制上采油厂、承包商、专业团队“三位一体”，管理上扁平化、虚拟化、项目化、专业化“四化融合”，机制上决策翼、执行翼“两翼”各有分工，采油厂专注管理和技术，发挥一体化决策，专业团队和区块承包商承揽非核心业务，采取市场化运行。

一、需要解决的主要问题

问题一：提质增效需要深化油公司建设

创造效益是企业的使命。在市场化经济高度发达的社会环境下，采油厂亟须破除产量中心的思维定式，破解规模扩张、投资拉动的路径依赖。产量导向已不适应当前发展要求，以效益导向推动提质增效变得更加迫切。效益管理是一个复杂体系，利润提升需要投入、产出两条线的平衡，传统的强调执行力的计划控制模式逐渐失效，“让听到炮火的人指挥战斗”，基层单位从执行者逐渐变为效益管理者，迫切需要深化油公司建设。

问题二：提升市场化程度需要深化油公司建设

当前采油厂地处偏远、条件艰苦，社会承包商顾虑工作量不饱满、服务能力不能充分释放，造成承包商引进和管理困难。此外，采油厂现场监督人员精干，难以全业务管控，需要适当管放结合。在这种局面下，采油厂需要进一步解放思想，全力升级油公司体制机制，不断扩大市场化范围，优化市场化方式，激发承包商活力。

问题三：推进管理改革需要深化油公司建设

跨入“十四五”，我国经济发展进入速度调整、结构优化、动力转换的新常态，国有企业深化改革加速推进。当前寒冬尚未远去，低油价形势依然严峻，管理架构、业务运行、价值创造等方面的深层次矛盾“水落石出”，深化油公司建设，创新油公司运行模式变得更为必要、更为迫切，成为从体制机制上调结构、转方式的根本性手段。

二、解决问题的主要措施

措施一：明确顺北模式建设思路目标

结合内外部形势，针对油公司建设主要矛盾，采油四厂审时度势、迎难而上，提出了“激发活力、提高效率、提升效益”的建设目标，构建了简政放权，缩短业务链条的建设思路。一是通过组织结构调整与业务流程再造，打破传统的专业化管理和科层制壁垒，探索出一套“任务导向、团队作战、柔性结构、高效运行”的管理方式，加快顺北油气田勘探开发和提高油气生产效率。二是突出效益导向，把效益提升作为工作的出发点和落脚点，破解“油藏经营”和“勘探开发”矛盾，实现油气田全生命周期效益管理，提高创效增效能力。见图 1。

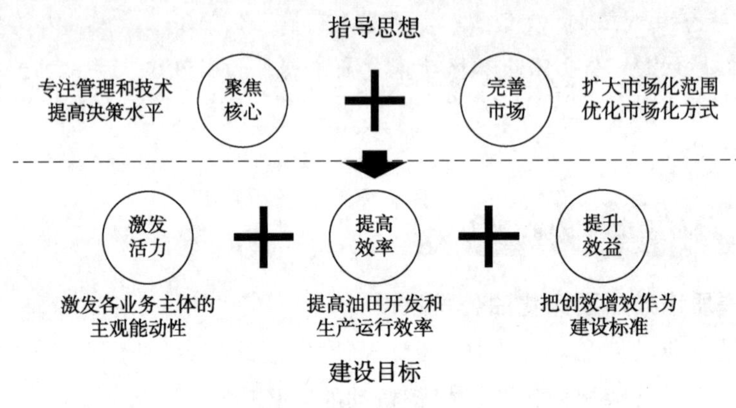

图 1　顺北模式建设思路

措施二：构建“三位一体、四化融合”管理模式

专注核心业务，融合内外资源，秉承开放共享、合作共赢理念，构建“三位一体、四化融合”管理模式。一是构建高效组织架构。采用扁平化、虚拟化“三区三中心”运行模式，厂机关设置三个虚拟中心，去科设岗，三中心内按业务分类设置 10 个岗位，分管领导任业务总监，强化多岗位协同；生产现场组建三个油藏经营管理区，强化生产现场监督与区块承包商融合式管理。二是搭建专业化支撑平台。依托社会资源，打破行业、地域界限，引入专业支撑团队，构建内核、外核、外延三层结构平台。内核团队长期驻扎采油四厂现场，负责综合服务、会计核算、技术服务、党群服务、安全监督等技术支撑，日常管理；外核团队为公司内部专业处室和科研机构，实现职能助力，开发先导；外延团队为高校、科研机构，助力前瞻研究，瓶颈攻关。现有内核团队 6 家，外延团队 2 家，实现人才“不为我有、但为我用”。三是打造项目化运营平台。以区块为单元，将注采输业务整体外包一家区块承包商。根据承包商能力、市场状况，通过业务范围培育、高技能人才培养、绩效考核兑现等方式，逐步扩大总包范围，提升承包商业务承揽能力，实现“承包商尽力、采油厂省心，承包商挣钱、采油厂省钱”的双赢局面。见图 2。

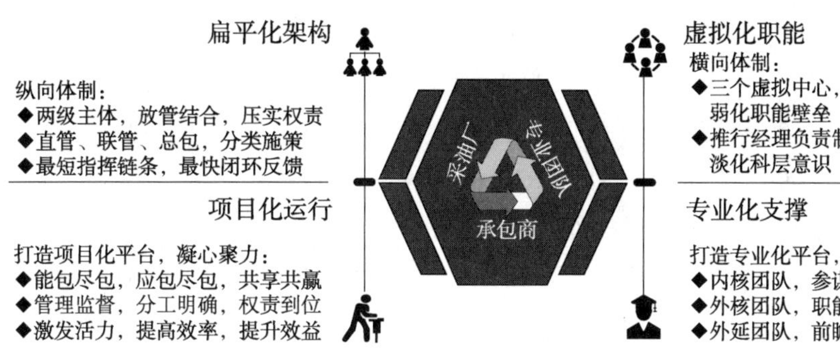

图 2 “三位一体、四化融合”管理模式

措施三：强化“三大机制”运行管理

一是抓实业务运行机制。以效益为导向，以业务为基础，抓好业务外包、业财融合、现场管理，针对直管、联管、总包项目分类施策、放管结合，强化监督，提升效益。二是完善绩效考核机制。按照融合管理、考核联动、激励约束的原则，建立采油厂、专业团队、承包商三方联动考核体系，激发各业务主体的主观能动性，形成责任共担、效益共享、奖罚分明的利益共同体。三是提升风险防控机制。针对业务总包和机构精简特点，以内控为基础，突出现场安全和服务质量评价，形成“内控+HSSE+质量”风险防控机制。见图 3。

图 3 “三大机制”运行管理

三、实施效果

新型油公司模式运用，仅用 70 人职工规模管理采油厂百万吨以上产量，实现了人员精干、运行高效、效益突出，推动了采油四厂高质量跨越式发展。

效果一：顺北油气田开发建设高质高效

近三年，原油产量分别为 65 万吨、97 万吨、123 万吨，产量增幅 92.3%；天然气产量分别为 1.31 亿立方米、1.87 亿立方米、3.51 亿立方米，产量增幅 268%；生产利润分别为 11.2 亿元、29.3 亿元、33.6 亿元，利润增幅 300%；新增经济可采储量分别为 174 万吨、250 万吨、175 万吨，替代率保持 150%以上。横向看，人均产量为上游板块采油厂平均指标 36 倍、人均利润为上游板块采油厂平均指标 170 倍、吨油完全成本为上游板块采油厂平均指标 1/3、用工成本占比为上游板块采油厂平均指标 1/11，四项指标均排上游板块采油厂前列。

效果二：专业团队精益化管理机制落地

管理模式的应用，进一步激活了专业团队建设活力，完善了系统规划升级路径，形成了职责分类化、外包多元化、定价差异化、人才标准化、引才地图化、激励多元化、落地机制化等具体思路，构建了开放的人才市场和任务市场。目前 6 个支撑团队，通过差异化定位，促进了岗团融合协作，加强了工作连续性和现场保障力量，提升了运行效率。基于工作职责的定价区间，实现了一团一价、优质优价，推动形成了人员合理轮换和队伍良性退出机制。

效果三：承包商业务承揽能力大幅提升

按照融合管理、考核联动、激励约束的原则，建立了采油厂、专业团队、承包商责任共担、效益共享、奖罚分明的激励约束体系，大幅提升了承包商管理质量和业务承揽能力。区块总包业务比例从去年的 48%提升到今年 76%。同时，顺北外包定价机制极大地激发了承包商的主观能动性，使管控的重点从专业业务工作量转向了油气资产数量和产量，简化了管理流程，提升了管理工作效率。最终实现生产井开井率保持在 85. 68%以上，高于平均水平 18. 36%，设备完好率保持在 98%以上，设备利用率保持在 96. 42%以上，高于平均水平 11. 42%。

原创单位感悟体会

采油四厂直面油公司“专业化管理、市场化运行”“油藏经营管理”“勘探开发管理”等矛盾问题，大胆尝试，勇于创新，全面深化新型采油厂建设，开创了采油厂体制机制建设方面的新实践。通过“三位一体、四化融合”的管理模式，突出顶层设计和配套措施跟进，聚焦管理体系和运行机制建设，全面优化组织架构，突出采油厂核心职能，实施专业化调整，建立了以业务运行、绩效考核、风险管控为主要内容的三项运行机制，扎实高效推进了新型采油厂建设，对加快油公司改革进程有很好的借鉴意义。

专家点评

顺北模式是上游板块新区油公司建设管理标杆。西北油田对标“新区新模式百人百万吨”，专注核心业务，融合内外部优质资源，通过构建“三位一体、四化融合”管理模式，强化“三大机制”运行管理，形成具有“机构精简、运行高效、效益突出”特色的“一体两翼”顺北模式，实现了油田全生命期效益管理和非核心业务全价值链效益最大化，对探索创新市场化程度极高、管理更为先进的油公司管理模式，具有较好的推广借鉴意义。

案例六　炼化企业以“四化”建设为目标的体制机制改革

内容提要：天津石化通过专业重组、机构改革、瘦身健体、体系整合等具体措施，稳步实施体制机构和管理机制联动优化战略，全方位整合内外部资源，加快推进以“纵向管理专业化、横向管理一体化、内部管理市场化、运行管理信息化”为核心的“四化”建设，提高了管理效率，为把公司打造成环渤海炼化一体化基地提供了有力支撑。

一、需要解决的主要问题

问题一：没能摆脱“老习惯”“旧思维”对体制机制的制约

传统的体制架构与快捷高效的决策反应不相适应。部门多、机构多、人员多，管理链条长，活力不足和效率不高等问题需要进一步解决。各级机构定位不明确，大而不精，责权不匹配，管理关系不顺畅等现象依然存在。

问题二：内部发展不充分、不平衡、不协调

应对市场变化的机制不健全，竞争力上还有短板。在盈利能力、资产质量、劳动效率、安全环保等方面，与先进企业相比仍有差距。

问题三：员工的美好愿景和利益诉求与目标还有差距

员工与企业共发展的美好愿景以及员工自身价值持续提升的利益诉求还有较长的路要走。如何持续提升企业综合实力，为员工实现自身价值提供更为广阔的平台，从根本上不断增强员工的获得感、幸福感，真正让员工共享企业发展成果，是急需解决的问题。

二、解决问题的主要措施

措施一：以重塑“业务为中心”的职能模块为前导，明确体制机制改革方向

以业务为“线”，串联职责、制度、文件等管理机制，形成体制机制联动优化，明确“机关决策、中心支持、基层执行”三级体制机构的功能定位，确定“四册”建设为主的机制建设，为进一步实施专业重组、机构改革、体系整合、瘦身健体等措施指明方向。

1. 对照“三定”标准，建立业务清单。

对业务进行系统梳理、优化，对涉及多个职能部门的复杂业务，按重点控制环节确定业务牵头组织部门并进行模块归类。通过业务梳理，明确公司层面应开展的业务及其主管责任主体，形成基本业务清单 378 项，为公司业务职责界定、流程优化等工作奠定基础。

2. 界定业务职责，建立标准模块。

实施以业务链条为中心的职责界定工作。一是按照业务链条上的关键流程和环节，“横向”落实具体的主管部门职责、分管部门职责，实现业务主控层面的职责横向到边；二是按照专业管理链条，“纵向”落实执行部门职责，实现业务执行层面的职责纵向到底。

3. 打破管理围墙，明确三级定位。

打破原有三级管理架构，按照业务职能，明确“机关决策”“中心支持”“基层执行”新三级体制架构的功能定位。机关决策层的主要职能是管理，通过管理体现服务，寓服务于管理之中；中心支持层的主要职能是服务，寓管理于服务之中；基层执行层的主要任务是执行，抓好安全，带好队伍，管好现场。

措施二：实施“内外统筹、集散结合、上下联动”多套优化重组改革措施，逐步建成“专业化、市场化”体制架构

完善内外统筹、集散结合、上下联动的多套优化重组改革措施，推动公司业务管理专业化、资源利用一体化和经济效益最大化，逐步实现纵向管理专业化和内部管理市场化的建设目标。

1. 实施“内外统筹”精兵简政，加强机关首脑决策功能。

一是统筹内外经营。将紧盯外部环境的市场部和抓实内部生产的计划部进行重组合并，实现内外部市场化管理。二是强化对内的依法合规治企。将法律事务部、内控办公室并入企业管理部。三是全盘规划人员的培养和管理。将负责全员管理的人事部和负责骨干培养的组织部进行合并重组。四是前移效益关口。全面实施财务一体化管理，将企业生产经营策略直接转化为效益。

2. 实施“集散结合”专业重组，打造中心专业化队伍。

一是“正向”开展“集中式”专业化重组改革。将分散在各生产单位的水务、化验、电仪、储运等辅助专业，从生产主体中剥离，建设专业化服务支持中心。二是“反向”开展“分散式”职能剥离改革。对于企业阶段性重点攻关任务，将管理职能自上而下“下沉”，执行层自下而上“上提”，减少中间层级，形成专业化队伍抓专项工作的格局。

3. 实施“上下联动”瘦身健体，强化基层执行能力。

一是机关科级机构整合。按照设置规范、职数规范的原则，因事设岗、因岗定编、因编定员。二是作业部科级机构整合。突出现场装置和生产操作管控，做强生产、技术、安环、设备等专业科室。三是建立新厂新机制。以聚醚整体搬迁为契机，内设机构设置为“5 个管理科室+3 个业务中心”模式，集“经营决策、产品生产、新品研发、市场销售”多功能为一体。

措施三：实施“统领、承接、保障、约束”等方面的“四册”建设，逐步建成“一体化、信息化”管理机制

实施“管理手册、程序文件、业务职责手册、内控风控手册”等“四册”建设；积极推进“两化”融合，建立以制度化、流程化、信息化为核心的系统完备、科学规范、运行有效的管理机制，逐步实现横向管理一体化和运营管理信息化的建设目标。

1. 编制管理手册，解决“做什么”问题。

持续开展管理体系建设工作。整合质量、环境、安全、健康等多方面管理体系，明确提出打造世界一流的管理体系，实现了公司管理活动和过程的全覆盖的工作目标。管理手册成为开展各项管理活动的行动指南。

2. 编制制度程序文件，解决“怎么做”问题。

针对公司重点管理要素，共对 66 个程序文件进行“再造”，将业务管理目标、指标和内控关键风险点植入到程序文件中，通过业务矩阵进一步明晰部门职责、关键过程、输出结果和相关制度承接要求，将 PDCA 方法贯穿运用到每个程序文件的流程图中，实现了目标、职责、过程、结果的高度一致。

3. 编制内控风控手册，解决“能否做”问题。

内控实施细则包括总则、公司层面控制、业务层面控制、权限指引、检查评价与考核办法和附则六个部分。通过季度测试、专项检查、年度检查等方式，督促各专业按照规范开展工作，按权限履行职责。

4. 聚焦智能工厂建设，解决“快速做”问题。

一是立足“采购和销售”信息化建设，向“两头”管理要效益。实施 IC 卡与 ERP、CRM 等多系统集成。建立物资需求全过程信息监控追踪平台，实时优化物资调配。二是立足装置现场的信息化建设，向安稳经济运行要效益。自主开发了环保国控源监控、生产运行监控等移动程序，实现了在线浏览数据报表和曲线图；三是立足新建机构的信息化建设，向新厂新机制要效益。完成新建烷基化装置、化验与计量重组、电气与仪表重组等新建机构的信息化建设工作。

三、实施效果

效果一：体制架构精简高效，改革效力逐渐显现

机关处室设置由原来的 21 个减少到 16 个，更加突出对外经营的快速反应和对内管理的规范统一；中心层面确定 5 个专业化团队，更加突出专业管理与精细管理相结合；基层科室由原来的 354 个减少到 299 个，更加突出对直接作业环节的管控。

效果二：运行机制有效顺畅，管理效率逐步提升

形成以“管理手册为统领，程序文件为承接，制度体系为保证，业务职责界定手册、内控手册为约束”的管理体系架构，实现了公司管理从分散的单项系统运行向全局统筹、系统协调和整体优化的提升转变。

效果三：经济效益连攀新高，基础管理持续夯实

通过体制机制改革措施的联动优化，企业“四化”建设逐步显现出管理红利，“向管理要效益”成为现实。公司跻身集团公司炼化企业前列，实现了“零事故、零污染、零上访”的奋斗目标，连续18年被评为全国“安康杯”竞赛优胜企业，员工收入整体增幅10%左右，员工幸福感和归属感大幅增强。

原创单位感悟体会

天津石化以“先查体，再会诊，后手术，边健体，边瘦身”的改革宗旨，坚持做强两头、弱化中间、稳中求进的工作总基调，通过实施多层次体制机制改革措施，实现了机构设置精简、岗位设置精简、定编定员精简。通过管理体系再造，持续深化“四化”建设，全面实现以最小的投入创造最大价值为核心的精益管理、以全面依法依规治企为核心的规范管理、以尊崇制度奖罚分明为核心的从严管理，为事业发展提供了根本性、全局性、长期性的法规制度保障。

专家点评

该成果以“一本手册”统领公司内部各项管理，纵向管理实现专业化，横向管理实现一体化；坚持以财务管理为中心，内部管理实现市场化；坚持以信息化为手段，运行管理实现信息化。通过专业重组、机构改革、瘦身健体、体系整合等具体措施，全方位整合内外部资源，提高了管理效率和质量，在有效激发经营活力、发展活力、创新活力和队伍活力方面，探索出了一条切实可行的有效途径。

案例七　运用矩阵式管理模式优化整合管理机制的探索与实践

内容提要： 燕山石化结合机构变革，分析管理机制问题，运用矩阵式管理模式优化整合管理机制，厘清业务和专业关系，建立矩阵横纵规则；明确机构职能定位，建立业务链条中主次、上下协同规则；完善工作机制，建立以业务为链条的主干和分支管理制度；运用信息化手段，建立信息支撑平台，实现管理效率、社会形象不断提升，生产经营持续向好。

一、需要解决的主要问题

问题一：机构调整，管理机制受到冲击

根据集团公司统一部署和要求，2018 年，燕山石化对现有组织机构及业务职能进行调整，调整后公司职能部室由 22 个优化为 16 个，二级单位由 11 个缩减为 10 个，业务中心由 21 个缩减为 6 个。机构的变化直接关系到业务开展，关系到职责分工和工作流程的变化，现有的职能划分、制度、流程已不适用，亟待调整。

问题二：人员交替，本位思想突出

社会形态的多样化导致燕山石化职工思想意识也产生多元化。例如，由于部分管理岗位出现多轮人员交替，导致一些管理人员开展工作时关注本专业多，思考问题角度多站在本专业角度等现象，缺乏全面、系统思维，出现碎片式管理。

问题三：管理冗长，效率不高

2018 年，燕山石化公司级制度达到 586 项，平均每个机关部门 37 项制度，平均每个岗位约 1.8 项制度；二级单位制度数量参差不齐，数量最多的达 200 余个，少的 10 余个。由于许多制度篇幅冗长，审批流程跨越时间较长，影响了管理效率。

二、解决问题的主要措施

措施一：明确常与长的关系，构建组织保障机制

管理机制优化整合既是常态又是长期工作，公司明确了党政一把手亲自抓的组织保障机制。一是建立月度汇报机制。利用管理例会通报优化工作，强化工作推进和思想统一。二是建立机构职责调整建议提报审批流程。打通职责沟通日常渠道，对机构职责进行常态化管理，建立“QG15 机构职责调整、鉴定业务流程”。三是建立长期规划优化机制。将重大业务、重要事项管理优化工作列入规划，逐步提升管理效率，实现工作价值最大化。

措施二：厘清主与副的关系，建立矩阵横纵规则

机构职能优化调整，需要有统一的思想，有明确的工作方法。为在最短的时间内有效优化管理机制，公司引入矩阵式管理方法。一是业务切块规则“先大后小”。对业务切大块，明确每个部门管哪些“大”的业务。承担“大”的业务要对这项业务内的各个“事”进行全面统筹管控。作为业务归口管理部门，要明确分项业务的管控模式。二是职能划分让部门“接的合理”。按照“向上找对口、历史找沿革、向下找优势”的方法进行职能划分，确保部门接的合理、干出成效。三是工作交叉“先纵后横”。燕山石化利用矩阵式管理模式进行画图，纵向画业务(事务)、横向画专业，在交叉点上按照“先纵后横”的原则，即：纵向业务为主，负责全链条统筹管控，组织制定标准、工作流程、检查考核等；横向专业为辅，负责专业支持、监督检查等。四是专项分析“图文并茂”。为进一步实现优化工作清晰明了，运用图表形式加以支撑，实现了优化流程“图文并茂”。

措施三：确立总与分的关系，建立业务链条协同关系

公司“三定”工作中明确机关部室主要是管理，强化统筹协调，寓服务于管理之中；二级单位，主要是生产任务执行，抓好安全，带好队伍，管好现场；业务中心，主要是服务支持，从专业角度做好支持。在此基础上，以业务为链条，一是描出树干确定归口管理部门，形成“总管”架构，强化系统管控；二是描出树枝确定业务主管部门，搭建管理分支，强化专业管理意识；三是描出树叶确定具体事项管理部门(单位)，点出管理主体，强化主体管理意识。

措施四：把握量与质的关系，建立业务链条工作机制

确定了“以业务为链条”的制度整合工作思路。一是建立工作方案，明确部门分工。二是逐家对接、逐项攻破，制定制度优化整合计划，全面推动制度整合工作，公司级制度由年初 589 项压减至 412 项，压减率近 30%。三是增加线下预审环节，强化管理沟通。秉承“务实管用”的原则，制度上线前，制度主办部室需召集会签部门及执行单位进行集中讨论进行线下预审，制度主管部门参加，对制度标准化、上位制度承接情况及职能分工等进行把关。四是纵向推进制度建设，开展季度审查。每季度对二级单位进行制度建设情况的检查，检查结果纳入五星级单位创建结果。通过检查，促进了各单位制度制定的规范性、民主性。五是业务流程“先主干后支线”。主线找归属，减少分支消耗，提升流转效率，消除无效支线流程和环节，共清理无效流程 50 个，对 38 个业务流程进行完善和优化整合，保障了流程的有效性。六是制定现场标准化管理样板。为进一步解决工作执行、考核评价标准中管理标准不统一、评价依据不一致、行为操作无指导等问题，按照生产过程及现场管理的可视化、定置化的原则，梳理完成 8 类 195 个事项工作标准。

措施五：拉近线上与线下的关系，建立信息支撑平台

在全面应用中国石化制度管理系统的基础上，建立“三基”工作平台，对问题进行集中管控。借助五星级评价机制，将问题、专项评价等数据进行集成，自动分析基层单位管理水平，形成专项分析报告；搭建检查有效性评价线上平台，运用手机 APP 随时随地反馈检查落实情况和满意度，跟进检查效果，促进管理提升；反向由基层单位借助信息化对检查单位的检查满意度进行评价。

三、实施效果

效果一：管理效率大幅提升

公司制度从 589 项整合为 412 项，审批效率提升 42%，清理无效流程 50 个，消除信息孤岛 37 个，公司会议数量同比降低 16.9%，发文数量同比降低 36.22%，检查考核项数同比降低 83.95%，压减各类报表台账记录 36.95%，装置日均报警率降低 50%以上，关键机组故障率同比降低 0.18%。

效果二：社会形象不断提升

公司获得“全面质量管理推进 40 周年杰出推进单位”称号；2019 年成功举办 6.16 全国安全宣传咨询日活动；2019 年无上报集团公司一般 A 级及以上事故，通过北京市安全生产标准化二级企业评审；参加中国生态文明建设论坛，在人民日报、北京日报等主流媒体树立企业绿色发展的良好形象；完成中国成立 70 周年大阅兵保供任务；实现“10 天交出生产线，半月建成一座厂”，建成国内首个新建熔喷布生产线，兑现燕山石化为打赢疫情阻击战的诺言，社会形象不断提升。

效果三：生产经营优化向好

2019 年加工原油 936.53 万吨，生产成品油 649.9 万吨、乙烯 81.47 万吨、合成树脂 108.38 万吨、合成橡胶 20.65 万吨、有机产品 27.28 万吨，实现销售收入 606.42 亿元，上缴利税 94.12 亿元，合并口径实现盈利 2.28 亿元，13 项技术经济指标在总部排名领先，公司呈现稳中有进、持续向好的发展态势。

原创单位感悟体会

企业的发展就是一个认清自我、对症下药、有的放矢的过程。燕山石化坚持一是处理好重点突破与全面提升的关系，以机制推进作为重点突破，点面结合，以点带面，整体工作上水平。二是处理好治标与治本的关系。在机制优化过程中注重理念优化统一、流程优化高效、组织保障坚实有力，促进了企业的有效发展。三是处理好继承与创新的关系。坚持讲创新不丢掉传统，讲传统不能忘记创新，传统与创新有机结合，运用矩阵式管理模式在优化整合管理机制方面进行了有效探索。

专家点评

该成果通过建立矩阵横纵规则、“画”清业务和专业关系，建立业务链条上下协同规则、“描”清功能定位，建立业务链条管理制度、“填”清工作机制，建立管业务管专业融合机制、“涂”清工作，建立监督检查考核机制、“擦”掉管理问题，建立信息支撑平台、“插”上信息翅膀的六步推进管理体系，优化整合公司管理机制，提升了管理效率和质量，具有较好的借鉴意义。

案例八　“四梁八柱”科技供给侧改革探索与实践

内容提要：坚持问题导向，聚焦一个目标(贯通式创新一体化创效)、围绕两条主线(激发科技人员创新激情、促进创新创效有机融合)，探索“四梁八柱”科技供给侧改革，激发科技创新活力，提升“卡脖子”技术研发实力，推动创新创效。

一、需要解决的主要问题

问题一：创新意识不强

科技领域“放管服”落实还不到位，科研人员创新活力、创新效率还不够高，部分科研人员存在工作浅尝辄止、人云亦云、只愿跟跑不愿领跑等现象。

问题二：创效动力不足

科研生产结合不足，基础研发和成果转化脱节，基础研究周期过长满足不了生产快节奏的需求；质量管理失控等问题依然存在。

问题三：转化能力不够

科研成果转化渠道不畅，内生动力不足，各种创新要素不能高度融合，创新链、产业链、资金链之间没有有效紧密衔接，进而产生管理孤岛、资源孤岛、信息孤岛、技术孤岛，致使技术转移转化效率较低。

二、解决问题的主要措施

坚持问题导向，创新建设“四个模式”“八个体系”科技供给侧改革的“四梁八柱”(图1)。“四梁”是科技供给侧改革的四个工作模式，“八柱”是科技供给侧改革的八个体系。“四梁”与“八柱”环环相扣，有效促进创新创效。

措施一：构建四个工作模式

1. 科研模式。贯通式创新，打通创新链，统一考虑前方与后方、冷线与热线、科研与生产、基础与应用的贯通。一体化创效，统筹勘探与开发、国外与国内、地面与地下的协同，打好“组合拳”，提供综合性支撑。差异化发展，坚持有所为有所不为，培育特有技术和业务，引领未来技术研究。

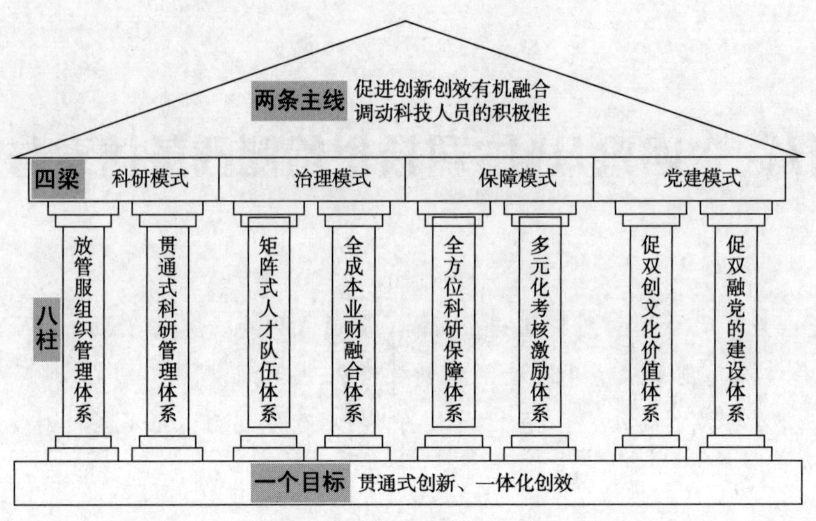

图1　科技供给侧改革“四梁八柱”示意图

2. 治理模式。统筹化管控，多维一体，抓好成果、市场、队伍、软硬件的统筹，破除壁垒、整体算账，实现全院一盘棋。专业化运行，推进科研、管理、服务的专业化，让专业的人做专业的事。规范化管理，全面依法依规治企，让执行意识、责任意识、精益意识、风险意识成为常态。

3. 保障模式。依靠人才，加快实现从重视物质资源积累向重视人才资源积累的转变。发展信息，加强信息资源集中集成，构建跨区域、跨专业、跨部门一体化协同工作平台。筑牢基础，加强基本流程、基本标准、基本规范建设。

4. 党建模式。融入中心，推动党建工作与业务工作同频共振，使党的政治优势真正转化为发展优势。下移重心，将全面从严治党向基层延伸，强化基层党组织基层治理能力。凝聚人心，加强人文关怀和心理疏导，把握意识形态工作主动权，守住人心阵地，维护稳定大局。

措施二：配套“放管服”组织管理体系

1. 前店后院组织机构。成立3个靠前支撑中心，及时掌握油田企业的技术难点和需求，后方团队及时推广应用科研成果和新技术，实现科研与生产、基础与应用的有效贯通。

2.“1+5”委员会运行模式。成立1个委员会，下设5个专业分委会。让科学家审议院发展规划、改革方案、重点项目、重点成果、重大技术培育等重大事项。

3. 嵌入式内控监督。加大扁平化管理，压缩冗余层级，精简管理流程；对科研成果核实核查，严查无实质学术贡献者“挂空名”；建立诚信数据库，对失信行为“零容忍”。

措施三：构建“贯通式”科技管理体系

创新平台示意图见图2。

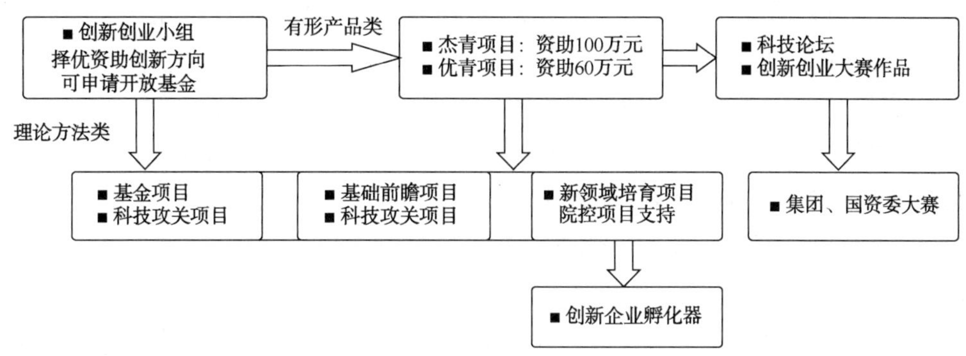

图 2　创新平台示意图

1. 全链条科技创新。做优国家级重点实验室，做实公共检测实验室，做强学科研发实验室；组建创新创业小组，每年提供 5 万元活动经费，培育创新火花；设立杰青、优青项目，每年资助 60~100 万元，提升原始创新能力。

2. 一体化协同创效。前线和后方团队一体联动，以集体智慧创新创效。对跨区域、跨部门、跨学科的项目，以“任务单”的形式约定内容、指标，并对经费给予上浮 50% 的激励。

3. 关键点质量管理。实行生产类、科研类课题分级分类管理；重点项目揭榜挂帅，实施项目长负责制；建立动态评审专家库，设立督导专家；开题立项“三优先九不立”，结题验收“三不过一不续”。

措施四：完善“矩阵式”人才队伍体系

1. 配置三支队伍。稳定基础研究队伍，经费上有持续，收入上有保证，成长上有通道，转化上有渠道；激活技术开发队伍，市场化考核，推动知识技术化、技术产品化、产品产业化；精选现场支撑队伍，需求导向、问题导向，及时解决生产问题。

2. 打造两类专家。培养科学型和生产型两类专家，纵向上有梯队规划、横向上有专业布局。建立以院士为龙头、高层次技术专家为主体、复合型科研骨干为后备力量的技术团队。

3. 培养“三苗”人才。新员工开展“师带徒”幼苗培养，油田一年实习锻炼，补足现场经验短板；骨干人才开展“复合型”青苗培养，进行人才培训、后备人才培养、挂职锻炼、轮岗交流，提升综合素质；干部专家开展“学练赛”壮苗培养，与油田企业开展双向挂职交流，培育领军人才。

措施五：构建“全成本”业财融合体系

以 ERP 为核心，建设全成本核算管理系统。建立订单、WBS、成本中心全成本模型，推动业财融合“四个转型”。

1. 财务控制向服务科研转型。财务人员下沉到科研部门担当科研项目财务助理，在预算制定、变更、报销、经济分析等方面提供专业化服务。

2. 财务会计向管理会计转型。全员、全面、全程、全口径预算管理，指标预算及执行情况监管细化到月；精准分摊间接费用，按月全成本核算。

3. 资产管理向资本运营转型。处置无效资产，盘活低效资产，完善公共设施使用收费机制，提高共享利用效率和资产创效能力。

4. 财务管理向价值引领转型。挖掘国家对科研企业税后优惠政策“富集区”，找出符合政策“甜点”，开发适应政策“有利方案”，提高政策使用“采收率”。

措施六：配套“全方位”科研保障体系

1. 便捷式信息共享平台。建设数据云中心，实现跨区域、跨单位、跨专业的工作协同。建设软硬件云平台，动态化分配数据资源。建设工作云桌面，全球范围内无障碍办公。

2. 集约式物资采购系统。采购环节全生命周期管理，管理与服务向需求端和供应端延伸，信息化调集资源，制度化覆盖全链条，在易派客创建科研采购专区，提供最快2h供货机制，解决科研低值易耗品采购效率低的业务痛点。

3. 立体式安全保障体系。强化警示教育、安全公示、示范引领，“点”上提意识让“我要安全”深入人心。持续培训、持续治理，“线”上预防让安全隐患“无处藏身”。一本安全册、一页明白纸、一张放心卡，“面”上管控让安全管理“落地生根”。

措施七：配套“多元化”考核激励体系

1. 三结合激励机制。当期激励与中长期激励相结合，基础激励与弹性激励相结合，物质激励与精神激励相结合。将专家职位固定高技术津贴转变为项目长奖励，年度考核细化为季度考核，为业绩突出者发放激励性企业年金。

2. 三突出考核体系。突出创新创效、分层分类和深度融合，提升科研生产质量考核比重至50%，纵横向项目计提比例由8%提高到25%。不同考核主体实行分层分类差异化考核，目标集成、利益捆绑，形成行动共同体、考核共同体。

措施八：培育“促双创”文化价值体系

1. 培育双“创价”值观。宣传“诚信、协作、创新、执行”的企业文化和“人才为本、创新为魂、技术立院、业绩立位”的理念，让核心价值观念深入人心。

2. 传唱“双创”主旋律。传承石油精神、弘扬石化优良传统，从红色基因中汲取强大信仰力量。

3. 选树“双创”好榜样。弘扬科学家精神、劳模精神，组织劳模事迹报告会，探索建立先锋岗、突击队机制，用身边典型教育广大员工。

措施九：构建“促双融”党的建设体系

1. 开展“两个教育”。主题教育和形势任务教育相结合，院领导和机关处长宣贯当前形势和改革思路，领导与员工面对面座谈交流，推动学习贯彻习近平新时代中国特色社会主义思想走深走“心”走“实”。

2. 落实“四个同步”。支部建设与机构改革同步谋划，党支部及科研部门同步设置，支部书记及党务工作人员同步配备，党的工作与业务工作同步开展。

3. 强化“三个协同”。规范支部主题党日活动，强化基层组织生活与业务工作协同促进；开展经理党务能力培训，强化书记与经理的协同；围绕“两个功能”“五项任务”，探索基层“党、政、工、团”一体化协同机制。

三、实施效果

效果一：干事创业的活力有效提升

申报国家自然科学基金项目增加 12 项，院杰青优青项目增加 18 项。青年骨干承担重大项目增幅 8%；新增“百千万人才工程国家级人选”1 名，“科学探索奖”1 名，“中国石化科技功勋奖”1 名，“中国石化突出贡献专家”1 名。

效果二：科技创新创历年最好业绩

获得国家科技进步二等奖 1 项、中国石化科技成果奖 11 项，申请国家重点研发计划 4 项，申报专利 236 件、授权 109 件。

效果三：科技成果助油田增储创效

发布技术产品 26 项，油田立项 187 项，合同额 3.1 亿元，同比增长 50%。牵头 2 口风险探井通过总部审查，科技成果在油田增储创效中有力发挥助推剂作用。

原创单位感悟体会

创新是活力之源，创效是永恒主题。石勘院作为中国石化上游研究总院，坚守科技创新初心，牢记生产创效使命，开展了创新创效一体化的科技供给侧改革，着力反科研“四风”，坚决摒弃不求创新和生产实效的科研形式主义、脱离需求不接“地气”的科研官僚主义、不愿坐冷板凳不敢攻坚克难的科研享乐主义、低效重复不考虑投入产出的科研奢靡之风。在目标定位上对标对表，在思路举措上突破创新，在体制机制上先行先试，顶层设计和基层探索相结合，蓝图规划和落地行动相结合，探索出一条体制改革激发创新动力、贴近生产打通创效堵点的有效路径，推动了科技成果从“实验室”走向“油气田”迈向“市场化”。

专家点评

本案例紧扣时代主题，聚焦科技创新“一个目标”、围绕激发科技人员创新激情、促进创新创效有机融合“两条主线”，结合企业实际构建了以“四个模式”“八个体系”为主要内容的“四梁八柱”，形成了科技供给侧改革的有机整体，有效促进了上游企业创新创效，对集团公司直属研究院推进科研机制改革具有很好的借鉴意义。

第二章

转型升级与提质增效

案例一　基于高质量发展的老油田精益管理

内容提要：管理是企业发展的永恒主题，能够为企业发展创造更持久的驱动力和竞争优势。经过60年发展，胜利油田积淀形成了厚实的资源、技术、人才等发展优势，但在发展中也存在一些与高质量发展不相适应的短板和问题，油田以变革性思维推出一系列精益管理创新举措，在解决深层次矛盾和持续发展根本性问题上进行深入探索实践，着力转变管理方式、搞活运行机制、创新管理举措，全面激发了老油田发展活力。

一、需要解决的主要问题

问题一：打起打造世界领先企业的胜利担当需要精益管理

截至2020年底，油田累计生产原油12.5亿吨，目前年产原油保持2340万吨，巨大体量和重要地位，在上游板块具有重大影响；推进精益管理，提升质量效益，对于集团公司打造世界领先洁净能源化工公司、加快构建“一基两翼三新”产业格局具有十分重要的支撑保障作用。

问题二：促进企业管理体系管理能力现代化需要精益管理

当前企业所面临的宏观环境、市场需求、技术条件等发生了深刻变化，国有企业沿建立现代企业制度方向不断深化改革，与不适应、不符合的诸多管理问题亟待解决。

问题三：推进实现油田可持续高质量发展需要精益管理

胜利油田作为东部老油田，目前资源接替不足、原油稳产难度大、开发成本结构不合理等方面的矛盾日益凸显，亟须推进精益管理创新实践，全面提升发展质量、经营效益。

二、解决问题的主要措施

措施一：坚持目标导向，统筹谋划油田高质量发展战略布局

1. 坚定不移实施“五大战略”“三大目标”。深化实施价值引领、创新驱动、资源优化、绿色低碳、合作双赢“五大战略”，努力推动实现“三大目标”：一是实现油田较长时间内持续稳产2340万吨、盈亏平衡点持续下降；二是构建老油田科学高效的现代化运营管理模式；三是形成风清气正、合规经营、风险受控的企业政治生态和管理生态。

2. 全方位加快思想观念转变。组织开展“三转三创”主题活动，梳理出55条旧观念和105条新理念，以及机关职能优化76条新要求，引导油田上下转观念、转方式、转作风。

措施二：优化组织运营模式，搭建科学高效的体制架构

1. 构建油公司管理体制。一是扁平化架构。精干油田组织架构，明晰各级职能定位，推进以信息化为支撑、市场体系完善、油藏经营管理责任落实的新型采油管理区建设。二是专业化发展。围绕核心业务突出、辅助业务专业化、组织运行市场化，剥离非注采输核心业务，推进油田层面专业化整合。三是市场化运营。由上级对下级大调度大统筹，变成市场化的调配，建立更加广泛的内外部、甲乙方市场化运行体系。

2. 剥离企业办社会职能。全面完成“四供一业”及其他办社会职能分离移交，推动油田“瘦身健体”、更好地发展油气主业。

措施三：突出创新驱动，激发资源要素创效活力

1. 优化资源资产配置。一是推动人力资源由“管控”向“激活”转变，实施鼓励一线员工流动、开展内外部业务承揽，以及实施提前退休、短期离岗等措施。二是树立“经营资产”的理念，推进“轻资产、轻量化”运营。三是坚持“自己的活自己干”，最大限度增加内部供给、激活内部市场。

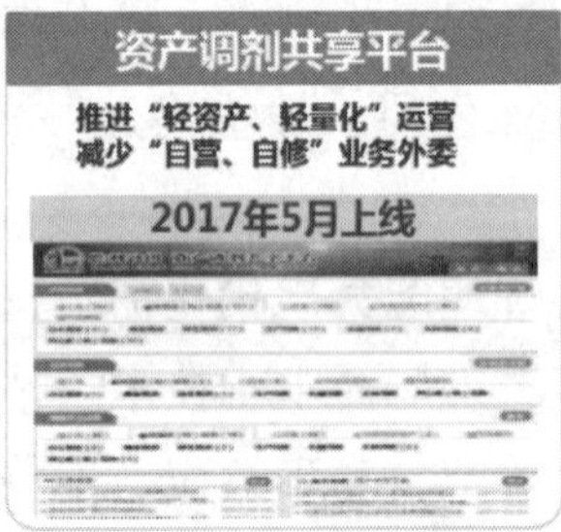

2. 发挥绩效考核导向作用。完善落实“经营绩效+管理绩效+党建质量”考核引领机制，配套构建“1+2+2”绩效考核体系，打破“人均奖励”的概念，变指标控制型为经营目标型，变花钱机制为挣钱机制，充分调动了全员创新创效的热情和干劲。

3. 强化科技创新支撑。一是创新勘探开发组织运行和科技攻关方式。成立8个勘探攻关项目组和7个开发工程项目组，扎实推进技术攻关、成果转化、项目考核。二是完善科技创新机制。修订科技奖励办法，增设岗位津贴，提高绩效额度，充分激发科技人员和技能人才的创新创造活力。

措施四：实施业务流程再造，提升经营管理运行效能

1. 推进局处两级机关职能优化调整。按照业务流、管理流、监督流，全面优化机构设置，建立了精干高效、协同提效、与油藏经营管理相适应的机关职能体系。

2. 梳理优化业务权责。一是明确主责。对于职责存在交叉的业务明确主责部门，对于主责不确定的业务指定主责部门负责。二是审批担责。确定唯一审批部门，“谁审批、谁担责”。三是管服分开。具有共性的事项集中提供服务，其余事项原则下放二级单位，形成《油田机关部门权限清单》。

3. 全面业务流程再造。以油藏经营管理为核心，充分考虑当前油田业务流、管理流、监督流，应用价值链理论进行再造，围绕油气主业搭建全新的流程架构。

措施五：推动全价值链精打细算，全力提升经营创效能力

1. 改善强化经营管理。一是加强投资优化。完善落实按项目回报排队比选的投资管理机制，强化投资项目效益管理，提高投资效能和价值回报。二是调整预算管控办法。坚持“事前算赢”，推进生产、投资、财务三大计划深度融合，实现预算、核算、分析、评价、考核“五统一”。三是强化降本减费。推进全员全过程全要素降本提效，以低成本应对低油价。

2. 创新应用“三线四区”经济运行模型。变革以产量为中心的生产运行方式，以月度弹性预算为枢纽，创新实施“三线四区”经济运行模型，有效指导效益开发。

3. 推行“3+4”经营核算管理。调整优化预算管理，统一预算口径、分摊标准和考核政策，完善落实“3+4”经营核算体系，对全部单位实行利润考核，激发经营创效活力。

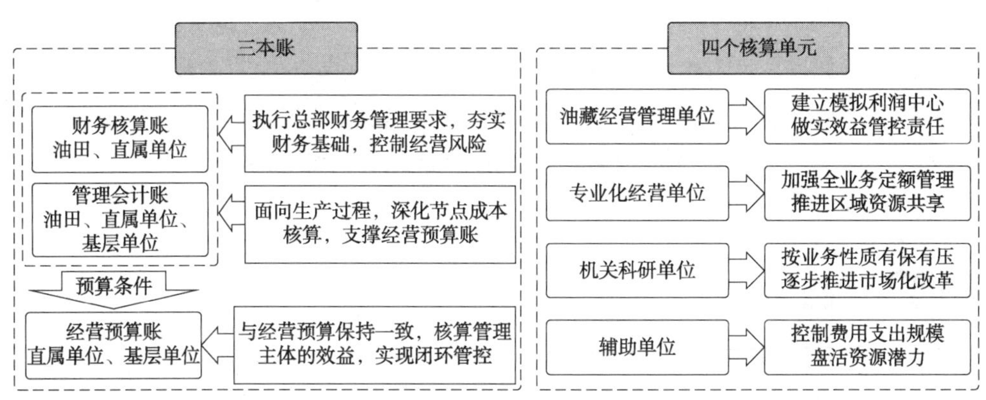

措施六：全面深化两化融合，提升信息化智能化水平

视频集成应用平台

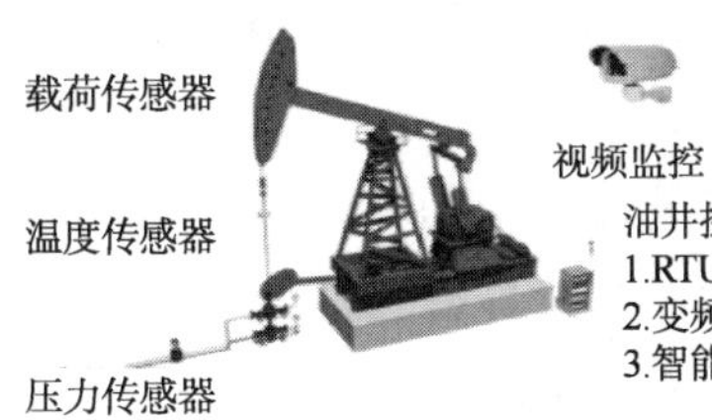

新型采油管理区

- 督查发现违章事件
- 协助侦破各类案件
- 为油田海上应急演练提供支撑

- 提升采油时率
- 提升机采系统效率
- 提升平衡合格率

1. 以两化深度融合改造传统产业。充分利用信息化技术发展成果，对老油田进行信息化、自动化、智能化改造提升，改变传统的生产运行管理模式，劳动生产效率大大提高。

2. 以两化深度融合提升决策水平。打造云服务体系，持续加快大数据应用、大平台建设、“互联网+”应用，全面提升勘探开发效率、质量和效益。

3. 以两化深度融合推进安全绿色生产。建立了覆盖安全生产、环境保护各环节的 HSE 信息管理系统，有效提升了安全绿色信息化管理水平。

措施七：强化风险管控，做实精益管理的支撑保障

1. 推进安全清洁生产。一是确保各级责任落实到位。设立 10 个专业委员会，建立了管理、监督、督查、考核“四大体系”并向基层推进延伸，构建起覆盖各层级、简洁高效的 QHSSE 分级管理体系和工作机制。二是推进安全绿色发展。抓实风险分级管控和隐患排查治理双重预防机制建设，全面推进绿色企业建设，推进“气、水、土”环保隐患治理，持续降低排放强度和能耗总量。

2. 推动质量进步、标准提升。一是完善质量风险管控体系。加强油气勘探开发全过程、技术服务各专业质量管控，抓好原油、天然气等专项质量提升。二是分专业建立标准体系。制定实施 137 项标准提升计划，实现油田全产业链、全流程质量进步。

3. 严控经营风险。严格招标合同管理，优化调整招投标管理制度和业务流程，规范落实党委常委会议事决策规则、“三重一大”决策制度，加大审计、专项治理、内控、财务稽核、法律合同“五位一体”监督力度，有效管控各类经营风险。

三、实施效果

效果一：有力保障了国家能源安全

“十三五”以来取得 8 个千万吨级规模商业发现和 4 个油气新突破，探井成功率由 42. 5%提高到 48%，资源基础更加夯实。产能建设质量持续提升，新建产能从 2016 年的 57. 5 万吨增加到 151 万吨；老区开发管理精细有效，稀油自然递减率由 14. 21%降至 9%以内，储量替代率由负转正，原油持续稳产 2340 万吨/年。

效果二：有效促进了国有资产保值增值

油田经营效益持续提升，油气单位完全成本从 2017 年的 2986. 55 元/吨降至目前的 2542 元/吨，油气单位完全成本和盈亏平衡点持续下降，扭转了低油价以来成本上升、经济可采储量下降的势头，初步形成了效益稳产、成本竞争优势。

效果三：完善构建了现代企业管理体系

以油藏经营管理为核心的油公司组织体系和运营机制基本构建，以提升保障支撑主业和技术服务创效能力为核心的专业化发展、市场化运营机制基本构建，从严管理、规范管理、精细管理扎实有效，本质安全环保水平持续提升，经营管理风险得到有效控制，初步形成与高质量发展相适应的现代企业管理制度和科学高效的管理模式，油田发展呈现出更加旺盛的生机活力。

原创单位感悟体会

精益管理具有全员性、全面性和全过程性，体现在发展质量和效率效益上。胜利油田积极探索实践精益管理的有效路径举措，全面构建现代企业管理体系，在解决实际问题中提升管理绩效，在守正出新中强化从严底色、提升精细特色、铸就精益成色，让一切工作向价值创造聚焦、一切资源向价值创造流动，从而加快运行时效、降低产出成本、提高质量效益、放大资本收益，真正由规模扩张型向价值引领型转变、由外延式发展向内涵式发展转变、由松散型向集约型转变，不断增强企业活力、市场竞争力和发展引领力，实现了更有效益、更有质量、更可持续发展。

专家点评

本篇成果围绕老油田的高质量发展提出了一系列精益管理创新举措。坚持问题导向、目标导向，准确分析了老油田面临的形势和不足，以变革性思维推出一系列精益管理创新举措，在解决深层次矛盾和持续发展根本性问题上进行深入探索实践。通过推进组织架构、运行流程、管理方式等全过程集约高效，投资预算、成本管控、生产现场等全链条精细低耗，技术支撑、机制配套、风险防控等全方位保障到位，努力使生产资料与生产力相匹配，全面激发老油田发展活力，为实现企业管理体系和管理能力现代化作了很好的探索研究。

案例二　难动用石油储量合作开发项目一体化管理

内容提要：胜利油田难动用储量合作开发项目转变难动用储量"不敢动、不能动"旧观念，发展和贯彻创新思维，突破油田壁垒森严、分灶逐利、制度僵化等禁锢，在机制、技术、管理等方面建立全新良性生态系统；坚定"一切运行节点均是效益增长点"的效益理念，探索实践了逆向多维油藏研究方法、工程地质、压裂地质、管理运行等一体化降本增效核心途径，打造了难动用储量合作开发全产业链一体化高效开发模式，使难动用储量"化蛹成蝶"，较好地实现资源阵地结构性拓展，为胜利油田的增能稳产和百年胜利目标贡献了力量。

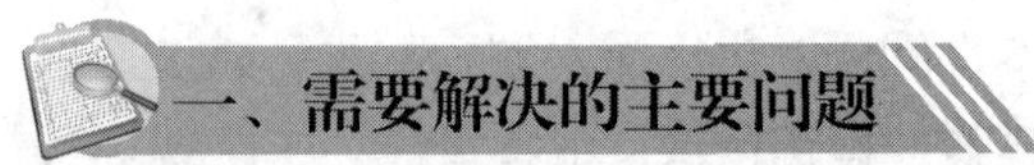

一、需要解决的主要问题

问题一：胜利油田挖潜上产遭遇巨大压力

胜利油田相对利于勘探开发的资源量越来越少，且中老油田开发含水率持续上升，甚者高达98%，挖潜上产遭遇巨大压力。

问题二：低油价形势下要求降低开发成本

胜利油田的经济开发平衡油价远超国际平衡油价水平，生产形势和经济效益面临严峻挑战，难动用石油储量更是归于沉寂，降低开发成本势在必行。

问题三：实现集团公司上游高端战略规划

实现中国石化集团总部提出将难动用石油储量"管起来、动起来、活起来"的可持续发展战略。

二、解决问题的主要措施

措施一：机制创新，建立风险共担合作共赢利益共同体

难动用储量开发是甲乙双方的共同需求，必须转变观念，深入合作，建立全新机制。一方面保证采油厂资源的效益动用，缓解产能压力，另一方面鼓励工程公司自发为工程质量和效率考虑，全盘调动主观能动积极性，实现合作共赢目标。

创新合作开发机制。难动用储量区块合作开发建立开发单位承包和工程公司承包制度。由采油厂和工程公司共同优化方案设计，经济评估在规定平衡油价下，内部收益率满足8%释放投资，无论甲方主导或者工程公司承保建产，建产后超产部分两年内按4∶6分成，打破以往油田分公司风险独担、效益独享开发模式。

改革工程公司内部分配机制。项目部代表工程公司与分公司签订总承包合同，并与施工单位签订分包合同，将服务收入与工程质量、区块产量及项目贡献挂钩，测算总额和奖励金额，激发工程公司内生动力，保障项目宏观统筹和整体优化。

制定市场开放机制：采购市场化。发挥项目部内部分包议价灵活机动优势，加大自主采购力度，降低工程材料费用。科研社会化。列举分类科研项目，面向社会科研机构、高等院校公开招标，能者委任。优胜劣汰制。开放钻头、螺杆、提速工具等市场平台，广纳社会高新科技产品同台竞技，刺激技术、产品更新换代。

措施二：技术集成，坚持油藏地质工程一体化理念

为保障难动用石油储量合作开发项目多学科交叉融合、综合运用的高效性，项目部推行油藏研究逆向思维，钻井技术的创新、优化和集成，以及完井改造新技术的引进运用。通过工程地质、压裂地质等多元化融合，促进钻井提速提效提质提产。

低品位油藏条件下找“甜点”。项目部在难动用石油储量合作开发中运用逆向思维，从区块试油试采特征逆向分析产能控制因素，工程上并行开展钻、完井工程、储层改造研究，明确工艺技术进步蕴含的增产空间，以此为基，优选地质—工程甜点，进行油藏方案制定，评价经济效益，满足经济效益要求则立即动用，反之则转入攻关研究。同时采取多维度逆向思维的研究方法，解决储量品位低的症结。

地质工程一体化提速提质。地质工程一体化解决方案是实现效益开发低品位储量的必经之路。落实设计源头、技术优化、增产方案3个一体化，油藏地质研究及设计贯穿井位部署、钻井完井及投产整个流程，并根据工程、工艺反馈动态迭代优化。

突出精细储层改造提产能。充分认识到做大产能是合作双方的共赢基础，单纯一味降本没有出路，优选“甜点”，摒弃以往大规模笼统压裂做法，采用“抑近扩远”体积压裂方式，优选低成本清洁压裂液，配合缝间缝内暂堵转向技术，大大提高改造规模和精度，解决递减快、累产低的难题。

措施三：管理革命，挖潜一切生产运行流程节点创效益

牢固树立“一切施工环节都是效益增长点”的理念，挖掘研究资源力量、投资配置优化、科学运行衔接潜能，实现高质高效、快捷低成本战略目标。

甲乙方互助建立资源共享：

(1) 引入顶层设计建立人才资源库，用好“三大团队”。发挥工程公司全产业链设计与施工优势，统筹做好开发方案优化与技术集成；发挥油田分公司数据资料优势，力争资源共享，协同研究；发挥国内外科研院所理论研究优势，借鉴先进理念，突破认知瓶颈。

(2) 创新生产运行模式。生产运行模式由“串联”变为“并联”，即方案编制完成后，施行可行性研究上报、单井设计、安环评、协调工农关系、启动合同流程“五同时”，运行时效从串联至少耗半年，缩短至3~4个月。

(3) 共享甲方管理平台。油田分公司主动开放共享其专属管理平台，一是合作开发单井设计，由甲方审批变为乙方自行设计、审批，上报油气开发管理中心备案，二是开放生产数据源头，基本实现信息共享、按期标定、分成结算。

优化运行实现无缝隙衔接。在市场运行机制的全力配套和队伍素质的基本保证下，发挥工程公司的经验优势，统筹工程公司钻、测、录、试等内部资源，争取最大限度的施工自主把控权，争取成本可控。具体如下：

(1) 多方参与方案设计。从难动用石油储量区块“四配套”方案编制，到单井地质、工程设计，项目部集合钻、测、录、固、试等专家从源头上参与，让其在施工流程中所处的节点，提前成立管理小组，准备相应的供应物资，建立流畅的沟通机制，实现工序无缝衔接，避免停待，造成周期浪费。

(2) 优化施工过程监管。取消双方联合验收和固井协作会，充分发挥钻井公司主观能动性，由钻井公司自行组织开展开钻验收和召开固井协作会，开发单位和石油工程质量监督中心采取抽查或巡查的方式，督查施工资质、施工进度和施工质量，进行通报和考核，解决非生产停待问题。同时，工程公司技术部门将规范开钻验收、固井施工流程，加强指导和检查，确保施工质量符合标准要求。

(3) 全面减少工程成本。通过部门融合实现工程资源整合，去掉冗余设备以节省搬安中的浪费、减少征地费用；精挑实干型队伍，避免队伍不进取、不作为、拖拉畏缩造成工期延长，节省周期成本；加大资金、技术人员投入，精修设备，杜绝设备误工。

三、实施效果

效果一：开创胜利难动用储量效益动用新局面

截至 2020 年 11 月，难动用储量动用 8560 万吨，占胜利油田难动用储量 13%，新建产能 114.5 万吨；测算实际经济平衡油价由 78 $/bbl 降至 45 $/bbl。

效果二：打造石油工程高端发展新模式

凭借以石油工程为核心、多专业综合的技术优势，打造了油藏地质工程一体化平台，建立了以优化提速、降本增产为宗旨的技术系列。

效果三：为中国石化打造世界领先能源企业起到示范引领作用

油藏地质工程一体化解决方案不仅在难动用储量合作开发项目取得突破性进展，2020 年被扩大引用至常规区块，实现平均提速 24.3%，同时被彭州项目、西部工区等广泛借鉴，提速增效效果显著，示范效果逐渐显现。

原创单位感悟体会

难动用储量合作开发一体化管理是胜利油田针对 6.6 亿吨难动用储量基础，践行创新为企业再生动能的根本思路，为推动难动用储量规模效益开发，建立的区块整体承包开发模式，是油田分公司和工程公司秉承“合作方能聚力，互惠即为共赢”理念，进行的一次重大探索实践，主要包含四个方面的内容：第一，实现分配机制变革。打破传统单纯降低开发成本为手段的难动用储量开发格局，大大激发内生动力。第二，进行先进技术集成。坚持油藏地质工程一体化，实现多学科融合，引进和集成多元化有利于降本增效的专门技术。第三，再造运行节点流程。对传统管理运行节点进行梳理和重构，大幅缩短运行周期、加强节点衔接，实现高效开发。第四，团队管理核心培养。做好顶层设计，综合利用各专业顶尖人才，培养管理核心，改变合作双方综合型人才匮乏现状。四年来，难动用储量合作开发实践为国内非常规油气资源开发提供了一种综合管理出效益的新途径。

专家点评

难动用石油储量合作开发是胜利油田打破思想观念牢笼，突破体制机制禁锢，破解经济技术困境，实现资源阵地结构拓展，推动油田高质量发展的重大举措。新思想引领新发展，开发经营权流转和“项目化管理、市场化运营”催生了机制创新、技术创新和管理创新，开创了难动用储量效益开发新局面，对其他油田企业难动用储量效益开发具有重要的指导和借鉴意义。

案例三　国际油气资产投资组合优化管理创新与实践

内容提要：国勘公司以剔除低效无效投资和实现精准价值管理为导向，创造性地建立了一套投资组合优化管理体系。该体系按照公司战略规划指导，细分六级投资单元，改进现代投资组合理论进行，采用风险量化识别、综合指标评价和投资单元排队比选等手段，精准剔除低效无效投资，砂中取金，金中去砂，完成年度投资优化；计划下达后，定期开展投资效果回顾，动态调整投资预算，将年度预算执行情况反馈改善下一轮的投资组合优化，形成投资组合优化管理体系与时俱进，不断动态更新完善的闭环管理。通过实践投资组合优化管理体系，大幅精准压减低效无效投资，提升了国勘公司投资决策管理水平，有效化解投资风险，显著改善公司现金流，有力提升了公司效益。

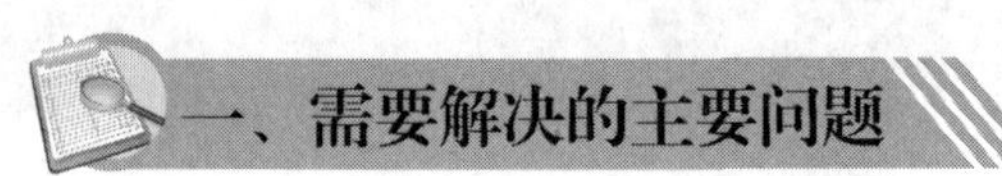

一、需要解决的主要问题

问题一：在国际市场中如何提升国际竞争力

海外油气项目经营环境复杂，主要体现在投资区域范围广、资源类型多、合作模式多(作业者项目、联合作业项目、非作业者项目等)、合同类型多(产品分成、矿税制、风险服务等)。不同项目对投资管理的要求及侧重点各不相同，各资源国财税政策多变，统一管理与个性化要求的矛盾尤为突出。为满足境外油气项目投资管理的高要求，国际知名石油公司将投资组合理论引入石油行业，并以此为基础不断创新，形成了较强的国际市场竞争力。在投资管理方面，国勘公司自成立以来立足国际市场，通过充分调研并借鉴国际一流石油公司在国际油气资产投资管理的成功经验，以建设成具有国际竞争力的石油公司为发展目标，对标国际一流石油公司不断提升经营管理水平，并结合国勘公司实际情况建立一套有特色的投资组合优化管理体系，方可满足国勘公司提升国际竞争力的需求。

问题二：在国际市场中如何实现效益经营

在境外油气资产管理中，通常将并购进来的整个项目或其下级合同区划分为投资单元。这种粗放式的管理很难实现精准投资，比如资源潜力好的油田里面存在较差的投资单元，如果不加以剔除，势必侵蚀油田整体效益；而资源潜力不好的油田中通过不同区域划分，可以识别出较优的投资机会，从而创造局部投资效益高点。随着国际原油价格的下跌，石油企业资金普遍紧张，对油田投资单元进一步精准靶向管理，建立一套能够提升资产价值及投资效率的投资组合优化管理方法显得尤为迫切。

问题三：在国际市场中如何防控化解投资风险

境外油气资产分布在不同国家地区，境外投资在防控内部生产经营风险、确保投资收益的基础上，更需要防控资源国政治经济、法律环保及国家油气价格剧烈波动的外部风险。随着集团海外油气投资规模不断增长，内外部风险防控都对公司的投资管理提出了更为严峻的挑战，我们需要一种有效手段来防控化解投资风险。

二、解决问题的主要措施

措施一：接轨国际管理理念，严格规范投资行为

围绕“一六八”投资组合优化管理体系，国勘公司相继出台了国际化的投资管理体系（BPMS）及一系列专项规章制度（图 1），如《投资决策管理规定》《年度投资计划管理细则》等，详细规定了工作流程、职能分配、审批权限等，严格规范投资行为，保障该体系的落地实施和常态化运转。

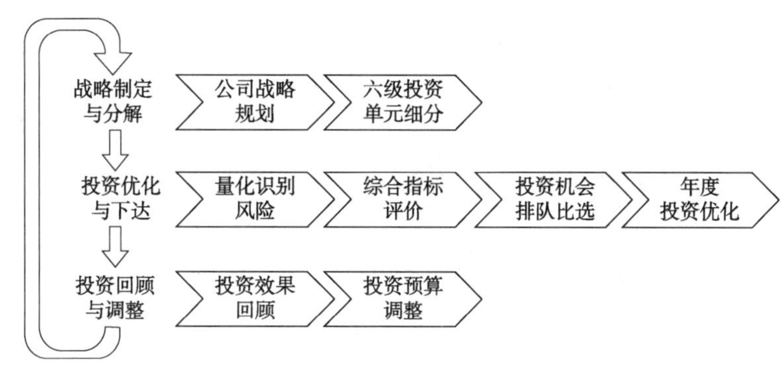

图 1　BPMS 投资管理体系

措施二：创新投资单元细化，提升效益评价手段

创造性引入六层级投资单元，并对每个投资单元进行统一参数下的增量法经济评价，然后利用经济评价结果分类进行投资组合优化，实现了在投资规模约束下的投资回报最大化，可以对油气资源投资机会实现靶向识别和精准投资。如国勘公司 M 分公司 S 项目拥有 P、M、D、O、T 等区块，P 区块下有 T 砂岩、M 页岩、N 页岩等油藏单元。其中，根据 T 砂岩的有效厚度、砂体分布、含水饱和度、储层净含油厚度和气油比等分析结果，结合实际产能，又可以将其精细划分为 9 个不同投资单元。而后对每个投资单元分别建立典型曲线，并估算典型曲线的经济性（表 1），精准识别投资机会，为实现效益开发打下了坚实基础。

表 1　M 分公司 P 区块 T 致密砂岩投资单元技术经济参数表

层级 1	层级 2	层级 3	层级 4	层级 5	层级 6	最终技术可采		2P 储量			内部	投资	净现值	盈亏
公司总部	海外机构	项目公司	区块	油田/油藏	投资单元	原油	天然气	原油	天然气液	销售气	收益率	回收期	@10	平衡油价
						mbbl	mmcf	mbbl	mbbl	mmcf	%	年	百万美元	美元/桶
公司总部	M 公司	S 项目	P 区块	T 砂岩	1. Turner Central	857	4879	809	456	4565	349	0. 5	22701	16
					2. Transition	733	2694	675	239	2391	179	0. 7	14171	22
					3. Turner North	823	1068	755	97	968	133	0. 9	12711	24
					4. Turner South	529	3776	474	335	3348	118	0. 9	10908	26
					5. House Creek	215	7765	200	715	7146	62	1. 7	11320	32
					6. Updip	484	1130	442	101	1012	32	2. 6	4430	40
					7. Mid Dip	329	671	292	53	603	0	5. 3	173	57
					8. Frontier	310	811	270	68	683	8	6. 2	−320	60
					9. NML	227	1120	195	86	970	<0	—	−1754	73

措施三：量化分析内外结合，多维识别防控风险

海外油气投资外部风险包括地缘政治不稳定、国际原油市场波动、汇率变化、安全环保要求等，内部风险因素包括储量、产量、投资、成本等，按照标准统一、可量化的原则，从其中优选出政局风险、油价风险和储量风险为主要风险，增加独立的风险评价目标函数，对此三方面风险进行定量化综合评价。

措施四：分类排队综合比选，聚焦效益精准投资

建立能够对投资单元进行快速分类排队比选的投资组合模型，具有以下特点：

(1) 可将公司整体战略从公司顶层逐步下达分解到投资单元层面的多层级架构基础。

(2) 在贴现现金流法基础上，根据影响价值的关键因素，对投资单元分类型综合考虑单桶现金流、单桶净现值、单通成本、投资利润率、风险等指标进行多目标综合指标评价。

(3) 根据投资单元分类排队结果，进行多约束条件筛选，如投资上限、产量要求、现金流为正等，结合方案可靠性、风险可控性、项目实际执行能力等因素进行人工干预，高效比选出最佳投资单元组合(图 2)。

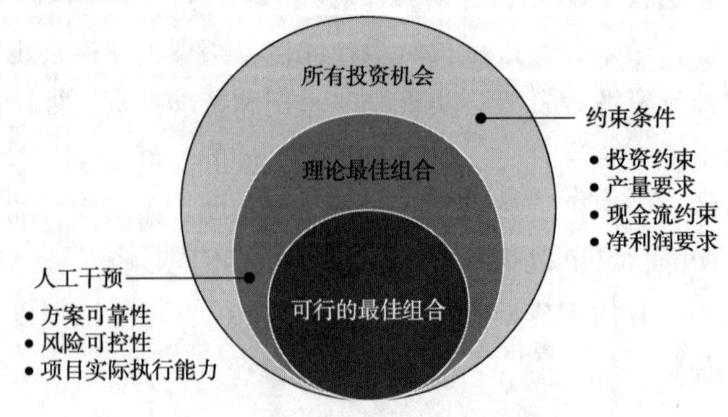

图 2　最佳投资组合筛选示意图

措施五：投资回顾跟踪分析，动态调整与时俱进

通过投资效果回顾及后评价对项目投资预算执行情况进行跟踪分析、动态调整，并根据执行情况反馈改善下一轮的投资组合优化。

三、实施效果

效果一：提高投资效率，助力效益经营

2018~2020 年国勘公司应用投资组合优化管理体系，在维持稳定产量的前提下持续优化投资，积极压减风险大、收益率低、综合指标评分靠后的投资单元，三年来累计压减总额达 157 亿元，年平均压减比例由实施前 9%提高至 28%。大幅降低了无效低效投资的支出，有力提高了投资使用效率。

效果二：聚焦重点区域，优化资产结构

国勘公司运用该投资组合优化管理体系，采用突出效益、规模发展的统一指标体系对资产进行分类并制定相应发展策略，确定了各资产近期和长期发展思路和重点，为资产结构的优化调整奠定了基础。如：缺乏投资机会的负效资产尽快止损、有价值提升空间的负效资产择机处置、发展潜力较低的正效资产维持运营、投资效益较好的正效资产加大投入等，加强在产项目投资优化。

效果三：多维量化识别，分散投资风险

对政局、油价、储量等多种内外部投资风险进行量化识别，在精细评价投资单元价值的基础上，结合识别出的风险因素，同时将平衡油价、投资回收期等能反映资产抗风险能力的指标列入综合评分指标体系进行投资组合，通过多样化投资分散风险，整体平衡风险和收益，对于高风险项目，即使具备经济效益也必须谨慎投资，严控投资风险，确保实现投资效益。

效果四：提升管理水平，社会效益良好

通过对标接轨国际大型知名油公司如壳牌的经营理念，全方位开展理念创新、制度创新、管理创新，统筹调配各方力量，形成了具有中国石化特色的国际油公司投资经营管理模式，实现了海外油气资产投资的精细化管理，为公司短期内提升效益，长期建设具有国际竞争力的油气勘探开发公司提供了扎实有力的支持，取得了良好的经济效益和社会效益，对中国企业走出国门，提升国际化经营管理水平，增强海外市场竞争力具有一定的借鉴意义。

原创单位感悟体会

国际石油勘探开发有限公司对标接轨国际大型知名油公司经营理念，全方位开展理念创新、制度创新、管理创新，统筹调配各方力量，经过几年摸索和不断完善，已逐步形成了注重未来价值管理、投资单元精细识别投资机会、各项经济指标综合考量、投资回顾不断完善动态改进，形成了具有中国石化特色的国际油公司投资经营管理模式，实现了从粗放式管理到精细化管理的过渡，为公司短期内提升效益，长期建设具有国际竞争力的油气勘探开发公司提供了扎实有力的支持，对中国企业走出国门，提升国际化经营管理水平，增强海外市场竞争力具有一定的借鉴意义。

专家点评

该成果紧紧围绕打造多维立体式海外油气资产投资组合优化管理体系，对标国际一流、结合中国石化实际，全方位开展系统创新，形成了较为完善的国际油公司投资经营闭环管理体系和特色经营管理模式。尤其是通过创新细分六层级投资单元，靶向识别投资机会，实现了更精准、更高效投资；通过多维度识别防控投资风险，量化评价政局、储量、油价风险，并与成本效益等指标共同建立多目标参数评价体系，对投资单元进行综合全面评价和分类排队比选，筛选最佳投资单元组合，有效降低了投资风险，提高了投资成效，对中国企业高水平发展海外事业具有重要的借鉴意义。

案例四　基于“六化”核心要素的特大型能源化工集团油品质量升级管理

内容提要：作为特大型能源化工集团和联合国全球契约组织成员之一，中国石化围绕“加快油品质量升级”的中心目标，基于系统学理论，抓住“组织科学化”“管理标准化”“采购框架化”“沟通常态化”“上下一体化”“产研设协同化”等核心要素，强化管理措施，按时全面完成国家和地方油品质量升级任务。

一、需要解决的主要问题

问题一：大气污染防治责任大

大气污染防治成品油质量升级工作是国家重大战略决策，事关国计民生，惠及千家万户。加快推进成品油质量升级国家专项行动，适应日益严格的排放标准，是改善环境、治理雾霾等污染、促进绿色发展、增添民生福祉的重要举措。中国石化作为联合国全球契约组织成员之一，国内最大的成品油和石化产品供应商，必须按照既定节点，全面按时完成油品质量升级任务，向党和国家交上勇于担当的“绿色答卷”。

问题二：质量升级提速压力大

2015 年底，中国石化炼油板块综合配套加工能力 2.67 亿吨/年，其中长三角、环渤海、珠三角、沿江企业群占总加工能力 95%以上。经济发达地区对清洁环境需求更高、更迫切。北京先于国家 2 年执行第六阶段质量标准，东部 11 省市提前 1 年执行国Ⅴ升级。“2+26”城市 2017 年 9 月底前升级国Ⅵ，距国家全面推广国Ⅴ仅 9 个月，油品升级的速度力度世界罕见，直接推动我国油品质量后来居上，对中国石化炼油产能快速调整、快速升级提出了极高要求。

问题三：产能结构调整困难大

与世界平均水平相比，中国石化催化裂化、延迟焦化汽油占比较高，渣油加氢、催化重整装置处理能力较低，异构化、烷基化装置能力差距更大。从汽油池结构看，我国催化汽油占比超 60%，接近欧美国家的两倍，而烷基化油、异构化油不到 1%。持续推进大气污染防治，必须在油品脱硫、降烯烃上取得突破，并补充由此带来的辛烷值损失，以满足日趋严格的环保排放需要。因历史原因和技术方面限制，异构化、烷基化等清洁组分产能不足，油品持续升级面临现实困难。

二、解决问题的主要措施

措施一："组织科学化"，顶层设计明确实施方案方向

国Ⅴ升级方案涉及22家炼油企业，29项汽油升级项目、22项柴油升级项目，总投资约159亿元。国Ⅵ升级方案涉及建设12套烷基化、3套连续重整等项目，总投资约100亿元，时间紧、任务重，点多面广、任务集中。对此，精心做好顶层设计，成立党组成员领衔的领导小组，建立集团、事业部、大区公司层面三级例会制度，设立跨部门质量升级工作协调小组，总部部门联合办公、集中审批，多家企业项目基础设计成批次办理、打捆式批复，创造了项目批复"马上就办，急事快办"新纪录，成倍提高了油品质量升级项目决策的科学性、高效性。见图1。

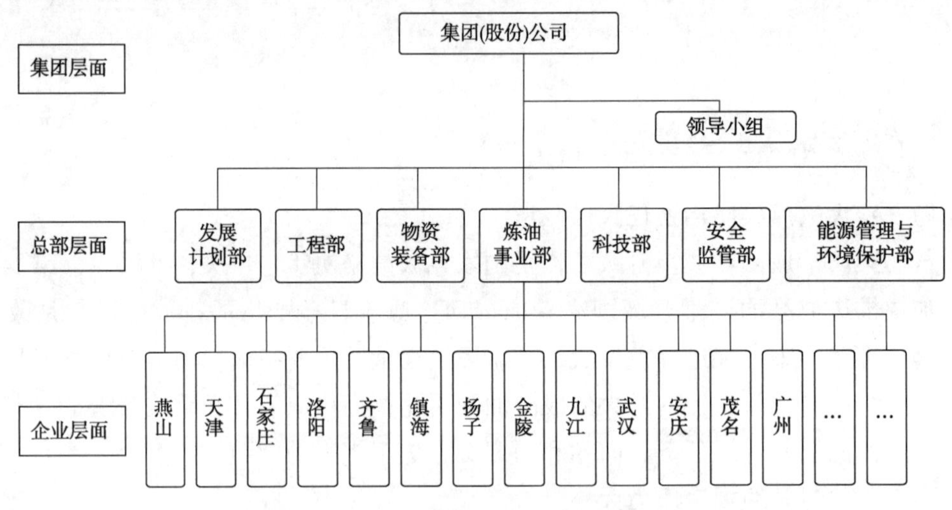

图1　油品质量升级工作组织管理结构示意图

措施二："管理标准化"，全面保障工程建设安全质量

按照中国石化工程建设"3557管理体系"(图2)，统筹工程建设网络控制计划，应用项目标准化管理的先进管理理念，完善项目组织机构，落实各单位的责任义务，采用标准化组织机构、标准化设计、标准化采购、标准化施工、标准化安全管理和标准化质量管理等6个标准化管理维度(图3)，同步做好生产准备各项工作，确保设计、采购、施工、开车工作的有效衔接，实现管理层次从总部到企业的全层次覆盖、业务范围在工程建设管理业务全方位覆盖、管理周期从工程建设到生产运营全生命周期覆盖、工作界面全流程融合，实现HSE、质量、进度、投资(费用)和合同"五大控制"。

措施三："采购框架化"，强化关键设备材料质量进度

坚持"统筹保供、系统保供、协同保供、多点保供"理念，以"强管理、重质量"为工作主线，持续完善保供体制机制建设，在总部统筹决策+区域化服务、境内专业化采购、境外过程控制的"1+3"协作联动工作机制基础上，设立重点项目"供应服务组、招

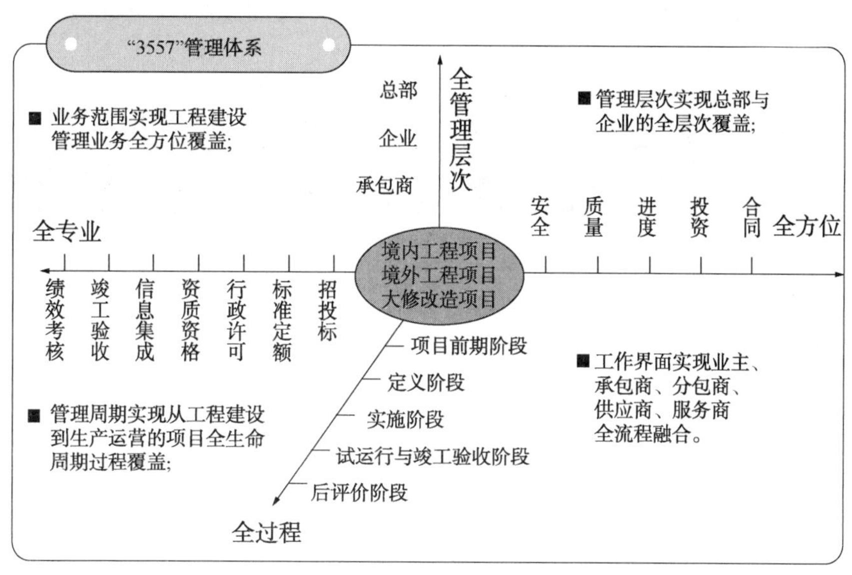

图 2　中国石化“3557”管理体系

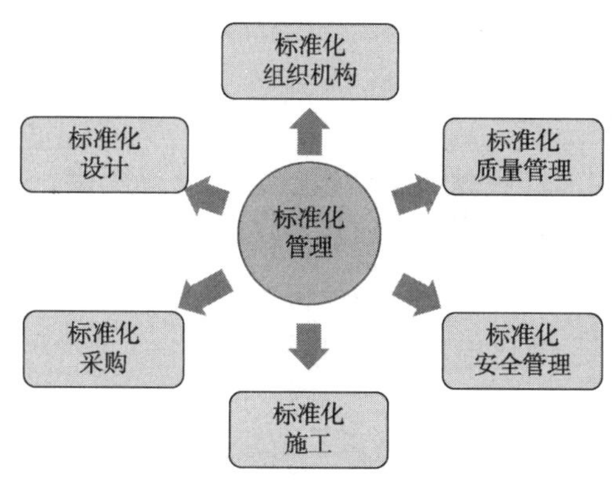

图 3　工程项目标准化管理模型

标服务组”，构建“1+3+2”的全方位联动、全过程服务的保供机制。

发挥集团化采购优势，特种设备、关键设备材料采用集团框架协议，提前锁定资源，强化源头质量和到货管控，缩短供货周期，大幅提高采购效率，节约采购成本。重大项目采购统筹控制计划、长周期关键设备采购节点确定后，督办、检查项目保供各项工作，重点跟进、协调解决重大采购事项，将物资到货计划与施工计划有机结合、无缝衔接。

措施四：“沟通常态化”，群策合力持续推动项目实施

组织跨部门协调小组工作例会，跟踪进度，协调各方，及时解决重难点问题。不定期组织专业协调会，主动“下企业”靠前服务，为企业推动工程设计、采购订货、工程建设实施提供最大支持。

国家能源局组织中国石化、中国石油、中国海油等中央企业研发成品油质量升级台账系统(图 4)，组织炼油企业按时填报质量升级项目信息。炼油事业部开发应用“炼油投资管理及辅助决策系统”，实现对项目资本支出、实施进度、投用效果的动态跟踪，满足了投资项目审批流程规范化、公开化、可追溯要求，形成了上传下达、问题反馈的“常态化”高效沟通机制。

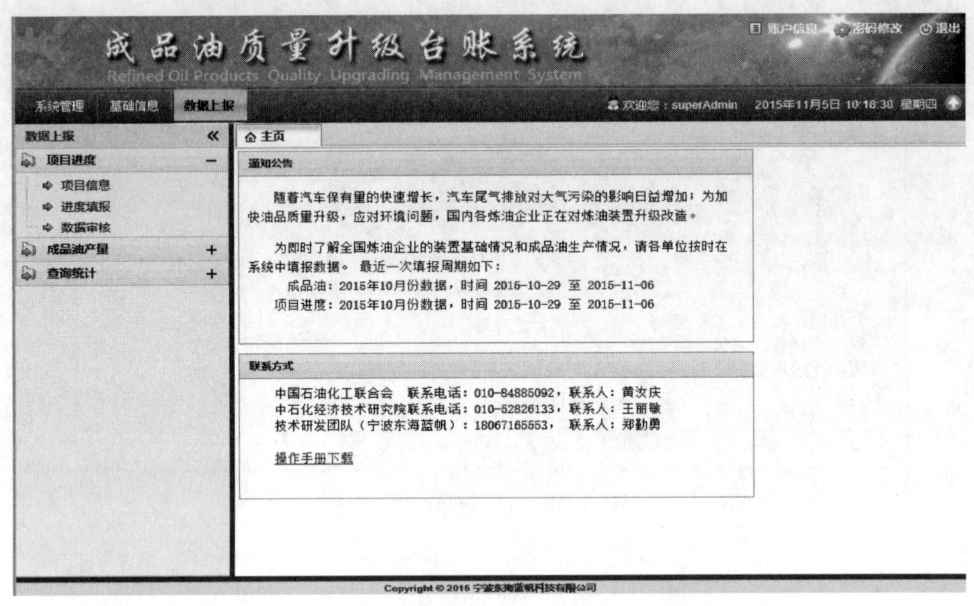

图 4 国家能源局成品油质量升级台账系统

措施五：“上下一体化”，合纵连横产销各环节无缝衔接

为满足不同地域、多频次、分节点提前升级要求，分片区组织炼油企业、大区和省市公司，就油品生产、储运、置换、终端销售等环节进行对接，做到自上而下纵向一体化协同、炼油与销售横向一体化衔接，强化落实“一区一策”“一企一策”，实现油品按时、达标、足量、稳定供应市场。

一是炼油板块上下统筹。燕山、天津、石家庄等 21 家企业提前完成接卸设施改造，提前调整生产操作，优化储运出厂配置，变更指标控制方案，保证出厂产品质量。

二是销售企业横向衔接。根据质量升级时间表和油品流向锁定目标市场，制定分省置换方案，打通配输流程，加强库存监控，优化资源进货和配送安排，如期完成置换。

三是内外资源优化平衡。充分利用系统内外烷基化油资源，优化物流运输，稳定资源供应，统一采购和供应异辛烷产品，做好区域资源平衡调配，满足炼油企业的需求。

措施六：“产研设协同化”，加快科技成果转化为生产力

研究、设计、生产单位充分发挥科技支撑引领作用，促进科技成果转化，加快创新价值转化为现实生产力。

一是重点攻关吸附脱硫技术提升标准化。2007 年收购康菲公司 S Zorb 技术知识产权，经技术攻关，创新开发第二代汽油吸附脱硫工艺技术、成套工程技术和系列关键装备技术，成功研发第二代高性能吸附剂。与原技术相比，剂耗降低约 50%，能耗降低约 40%，RON 损失从 0.5~1.8 降至 0.28~1.0，实现了 45 个月长周期连续运行记录。

二是重点攻关硫酸法烷基化技术国产化。2016 年，20 万吨/年硫酸烷基化技术开发及工业试验列入“十条龙”攻关项目，采用新型高效酸烃混合反应与分离技术，具有投资低、酸耗低、产品质量优、装置易维护等特点。2018 年 6 月 18 日，石家庄炼化烷基化装置开车成功产出合格产品，标志着我国具有自主知识产权的硫酸烷基化技术工业推广应用取得重大成果。

三是重点攻关离子液法烷基化清洁化。复合离子液烷基化技术创新性的设计，具有几乎不挥发、不燃烧、热稳定性高、腐蚀性低、环境友好、酸性可调的优点。炼油事业部组织建设、设计、研究单位开展烷基化油与离子液体的分离研究试验，提出优化沉降罐、聚结器设计的“智慧解决方案”。九江、安庆、武汉已在烷基化项目中落实技术提升措施，技术清洁化指标明显提升。

四是重点攻关 LTAG 技术产研用高效化。LTAG 技术具有装置改造简单、投资少、操作灵活等特点，在汽柴油质量升级、调整柴汽比方面显示出卓越性能。炼油事业部强力推进 LTAG 技术在系统内近 30 套装置应用，统筹解决产品结构调整和油品质量升级双重矛盾，成效显著。

三、实施效果

效果一：严格按照标准要求，全面完成升级

面对不同地域、多频次、分节点提前升级要求，严格执行国家和地方升级路线图，按时完成升级目标任务，为全国范围开启国Ⅵ油品时代贡献了中坚力量。通过严格产品内控指标管理和加强全过程产品质量控制，产品质量稳定满足标准和用户使用要求。

效果二：保证出厂产品合格，经济效益显著

在汽柴油按时完成油品质量升级任务的先决条件下，炼油企业把握市场机遇，严格执行出厂产品合格率 100%的指标，为实现 2016~2018 年连续三年利润超过 550 亿元奠定基础。

效果三：切实减少污染排放，环境贡献突出

国Ⅴ标准硫含量降低 80%，禁止加入锰剂，烯烃含量降低到 24%，汽油车一氧化碳排放量降低 50%，总碳氢化合物和非甲烷总烃排放下降 50%，氮氧化物排放降低 42%；相比于国Ⅴ标准，国Ⅵ标准一氧化碳排放量降低 50%，总碳氢化合物和非甲烷总烃排放下降 50%，氮氧化物排放下降 42%，为打赢蓝天保卫战作出实绩。

效果四：推动科技创新引领，技术进步巨大

第二代 S Zorb 技术反向出口美国，实现了炼油技术的“弯道超车”。LTAG 技术入选 2017 年首届中国石油石化科技创新十大成果，获得第二届美国《烃加工》杂志最佳炼油技术提名奖，中国石化成为国内唯一入围企业，标志着世界炼油领域对该技术的充分认可。

原创单位感悟体会

大气污染防治成品油质量升级工作是国家重大战略决策。油品质量升级是点多、线长、面广、多环节、多区域、跨专业联合作战的系统性工程。作为联合国全球契约组织成员之一，从“十二五”至“十三五”，中国石化始终秉承“每一滴油都是承诺”的质量宗旨和“质量永远领先一步”质量方针，聚焦提质增效升级，全面统筹、提前部署，严格按照既定方案和统筹计划，切实加强组织领导和内部工作协调，统筹炼油、储运、销售全链条的保供衔接工作，按照既定节点全面按时完成油品质量升级任务，圆满完成历次质量升级任务，为社会交上了一份勇于担当的“绿色答卷”。

专家点评

中国石化基于质量社会责任和质量领先目标，统筹组织科学化、管理标准化、采购框架化、沟通常态化、上下一体化、产研设协同化六大措施，综合集团、部门、企业三层面，横连规划、设计、建设、研发、生产、销售全链条，圆满完成了油品质量升级任务。该创新成果集中体现了系统思维新发展理念在企业的成功实践，是前瞻性思考、全局性谋划、战略性布局、整体性推进企业高质量发展的成功案例，具有较强的借鉴推广价值。

案例五　销售企业零售骨干网络统筹调度体系的构建与实施

内容提要：销售股份有限公司以维护成品油行业市场秩序、巩固企业核心竞争力和实现企业效益最大化为核心目标，建立零售骨干道路统筹调度机制。以京港澳、沈海两条高速为突破口，先试点、后完善、快速迭代，探索完善统筹定价、沟通协调、考核还原、监管问责机制，在稳定骨干高速市场秩序的同时，为平行国道站提供定价依据，初步构建起以高速公路网点为基础、平行国道为补充的销售企业零售骨干网络统筹调度体系，在跨省骨干网络间形成“价格营销同步、市场信息共享、竞争策略协同”的管理模式，提高了全系统整体量效水平。

一、需要解决的主要问题

问题一：销售企业核心竞争力仍需增强

销售企业在高速路网环节网络占有率达74%，是企业参与竞争的核心竞争力。但由于省市企业间发展水平参差不齐，部分高速服务区加油站的服务水平、管理能力和硬件条件发展不平衡，导致整体高速网络形成“木桶效应”，客户服务出现漏点，销售企业核心竞争力难以有效发挥。

问题二：企业整体效益最大化仍有提升空间

由于各销售企业间未建立常态化的沟通协调机制，跨省经营策略协同力度不足，加之个别企业本位主义思想等因素影响，一方面造成我方在高速市场主导优势未得到充分发挥，未实现效益应收尽收；另一方面长期形成的销售企业间互相竞争，造成整体效益流失，局部地区量效失衡。

问题三：成品油行业市场秩序还需规范

零售市场中部分不法社会加油站通过采购无票资源，利用偷税价差开展不公平竞争，非法自建罐、流动加油车和售油黑窝点等现象依然存在，对国家税收、环保治理、市场秩序等环节造成严重影响，成品油行业市场秩序需进一步规范。

问题四：消费者对企业认知水平有待提升

高速公路受路网特殊性影响，行驶车辆多为长途运输车辆，单次行驶能够跨越多个服务区加油站，而中国石化系统内加油站受省市单位管理水平、经营条件等因素影响，在管理标准、运营水平和经营质量上存在差异性，特别是同企不同价现象容易让消费者质疑，从而影响中国石化品牌形象。

二、解决问题的主要措施

措施一：明确专项工作组，建章立制，筑牢骨干网络统筹基础

明确统筹调度专项工作组，建章立制狠抓落实，打通高速公路线路网脉，构建销售企业骨干网络统筹调度长效机制，实现加油站网络优化升级，打造企业核心竞争力。

一是明确零售骨干网络统筹调度工作组。明确零售管理部经营骨干作为专项牵头人，抽调省市公司零售骨干，组建零售骨干网络统筹调度专项工作组。

二是开发经营管理数据中心高速统筹调度模块。依托信息系统，实现对系统内外加油站价格、销量、客单价等重点经营数据的实时监控。

三是制定高速加油站统筹调度指导意见。牢固树立市场意识，强化价值创造理念，细化统筹定价决策机制、考核还原机制、沟通协调机制和监管问责机制的具体内容与要求。

四是定期开展核心骨干道路市场调研。建立五级市场调研机制，明确总部、省、市、县片区、加油站层面市场调研具体内容，充分掌握了系统内外市场竞争及客户情况。

措施二：重整管理体系，纲举目张，推进四项工作机制落地

构建新的骨干网络统筹调度管理体系。

一是建立统筹定价机制。建立由公司统筹管理的骨干网络，从划分区域阶梯定价、关键站点统筹调度、省际交界站点同价、竞争站点定价报批、路上路下合理价差等五个方面形成新的定价机制，有效保障全国骨干网络价格平稳。

二是建立考核还原机制。基于公平和保障统筹定价机制长效运行的原则，对量效受益的省市公司进行考核折减、对量效受损的省市公司进行考核还原。考核还原主要围绕销量、价差、薪酬三方面展开，结合市场情况进行动态调整。

三是完善沟通协调机制。在销售企业间建立起信息共享机制、日常沟通机制、区域协调机制、争议处理机制等四个沟通协调机制，避免了因沟通不畅、信息不对称等因素造成偏离统筹定价机制的约束和要求。

四是强化监管问责机制。对未按统筹调度要求的公司执行问责机制，全国各省市实现了统筹调度执行到位。

措施三：完善监控措施，客户分级，保障统筹调度闭环管理

一是完善统筹调度保障措施。组建核心骨干站点监控团队，建立核心骨干站点监控机制，动态监控市场情况；依托大数据信息系统绘制“四纵三横”高速、国省道网络竞争态势图，将市场竞争平面化、立体化；与省市公司共同确定核心骨干站点，90%以上的营销资源投入核心骨干站点中，一路一策控制整体价格优惠投入水平。

二是建立客户价值评估模型。依托信息技术及大数据分析，建立 RFM 客户价值评估模型。主要针对不同层级的用户制定相应的运营策略。例如，通过客户的近期消费行为、消费频率以及消费金额三项指标对客户进行分类，将有限的营销资源合理分配，降低了运营成本，扩大了运营效果。为全国骨干网络统筹定价优化调整提供决策依据，让骨干网络定价更科学化，让营销活动更精准化。

措施四：优化配套功能，多措并举，充分提升客户消费体验

完善扩充高速服务区软硬件配套设施和平台建设，拓展服务项目，强化管理提升。

一是硬件配套。除设置停车场、车辆维修站、公共厕所、室内外休息区、餐饮、商品零售点等设施外，在高速主干核心站上，提供安全停车、自助加水、餐厅、独立休息区、淋浴、洗衣、干衣等核心服务，提供开水、小药箱、手机充电等常规服务，重点解决司机路途中的各项痛点。

二是服务配套。在重点打造的龙头站，不定期开展暖心服务，让出门在外的司机朋友们感觉回到了家。

三是管理配套。从进站率、通过率、加满率、回头率等方面入手，通过优化油品油枪，增加灯光亮度，拓展增值服务等手段，打造高效服务现场，提升客户体验；通过安装金融自助终端机、智能 POS 机、APP 车内支付、第三方支付、电子发票等，丰富了客户消费体验。

四是平台配套。与互联网平台企业达成战略合作，搭建货运车辆信息化平台，推出中国石化柴油专用卡，实现"一卡在手，全国加油、全国优惠"的整体优势，办卡客户持卡加油可享受全国统一的加油累计梯度会员优惠。

三、实施效果

效果一：实现了零售骨干网络量价效齐增

以高速服务区站为龙头，构建了"四纵三横"高速服务区加油站骨干网，建立了高速统筹调度机制，通过一路一策统筹调度干道核心站，规范了高速公路市场的价格秩序，为平行国道加油站及各区域加油站提供了定价依据，推动价格到位水平的整体提升。2020 年 1~4 月柴油零售吨油优惠较同期收窄 363 元/吨，以京港澳、沈海两条高速为例，与统筹调度前相比，两条高速的加油站销量分别提升 8.6%和 14.6%，年化毛利增加 2.4 亿元。

效果二：提升了省市公司经营管理水平

零售骨干网络统筹调度工作由销售公司牵头，省市公司共同参与，在市场调研、区域协同的过程中，省市公司加深了对市场形势、全局视野的认识，建立了常态化的工作联系，基本杜绝了跨省间的推诿扯皮现象，大幅减少了营销活动的反复和互相博弈，实现了内部无序竞争向一致对外应对的重要变化。

效果三：提升了中国石化的品牌价值

通过整合客户信息资源，分析挖掘客户消费痛点，从硬件、服务、管理和平台四个方面有的放矢的配套营销与服务措施，提升了客户消费体验和黏性，打消了消费者对同企不同价质疑和顾虑，提升了中国石化品牌价值。

原创单位感悟体会

销售企业是体现中国石化集团上下游市场价值和企业效益的最终和最重要环节，面对石油行业下游板块市场化改革、不带票资源不断增加、经营主体持续增多等因素的冲击，销售公司对标世界一流企业，深入思考并第一时间用创新思路和举措开创了扩销增量提效的新实践。构建实施零售骨干网络统筹调度体系，打破了原有各方面的壁垒，统筹资源发挥了核心竞争力，充分利用区内企业的特点和优势实现了整体效益最大化，也提升了中国石化品牌的社会效益和品牌形象，同时建立和运用四项配套工作机制确保了统筹调度效果持续发挥。整体取得了显著成效，形成了高质量的科学高效管理体系，具有很好的借鉴意义。

专家点评

销售公司通过在跨省零售骨干网络间建立“价格营销同步、市场信息共享、竞争策略协同”的立体机制，有效避免了省际价格内耗，实现了量效齐增。该成果对内部加油站网点存在竞争内耗、需统筹营销资源、提高整体市场竞争力的销售企业具有一定的借鉴意义。

案例六　大型石化工程整体化管理方法的创建与实施

内容提要：工程建设公司依托重大工程实践，创建了包含集约化、协同化、集成化、过程化和数字化五大管理要素的“大型石化工程整体化管理方法”，将技术研发、工厂规划、工程设计、装备制造、施工建设、产品交付、投产试车等工程各环节融为一体，实施全生命周期整体化管理，解决了石化工程这一复杂巨系统的不确定性和一系列“卡脖子”问题，大幅提升了工程转化水平和工程组织管理能力。

石化工程整体化管理方法逻辑模型见图1。

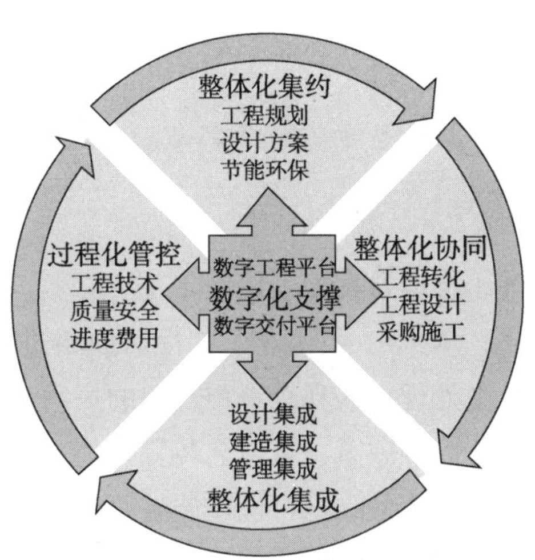

图1　石化工程整体化管理方法逻辑模型

一、需要解决的主要问题

问题一：石化工程影响要素日益多元，统筹协调难度大

近年来，随着石化装置向着大型化、一体化、基地化方向发展，石化工程项目呈现技术来源广泛、涉及专业众多、建设目标多元、工序交叉严重、利益相关方多等特点，涉及的管理要素不仅数量庞大，而且相互之间的关联性越来越强，平衡协调的难度进一步加大。尽管工程建设公司已经建立了较为完善的项目管理协调机制，但在工程实践中，各专业之间协调配合不到位、采购与施工步调不一致，研发、设计、建造相脱节等问题时有发生，导致集约化水平偏低、资源损耗增加、履约风险提高、效益空间收窄等。

问题二：石化工程建设环境复杂，QHSSE 风险高

在工程建设过程中，现场同时施工人数多，高空立体作业多，有毒有害、易燃易爆介质多，任何一个小小的失误都可能酿成重大质量安全环保事故。另外，近年来国家对安全环保重视程度不断提高，提出“平安中国”“美丽中国”等目标，出台了一系列配套政策措施。尽管公司 QHSSE 管理体系已经通过 ISO 认证，但仍然不同程度地存在体系有效性不强、内外协同水平不高、措施落实不到位、监督检查不及时等问题，对公司持续健康稳定发展带来风险隐患。

问题三：传统管理模式存在局限，急需两化融合

当前，互联网、大数据、云计算、人工智能等现代信息技术正在深刻影响着社会生产方式和管理模式。传统的石化工程管理模式已不足以应对当前工艺技术高效转化、工程设计高度集成、资源要素精准配置等一系列挑战。业务流程不畅、资源配置效率低、项目成本管控弱等矛盾问题亟待通过信息化手段加以解决。同时公司的项目管理模式还存在与两化融合不相适应之处，导致信息化对石化工程的赋能作用尚未充分发挥。

二、解决问题的主要措施

措施一：聚焦降本减耗，推动方案规划集约化

采用资源群组管理方法，依据“分子结构”特性对原料进行层层分解，将相同或者类似结构特征的资源组群集中处理，实现总流程规划的集约化。

综合考虑标准规范及其他影响因素，从工艺装置、公用工程、辅助设施、通道等角度进行初步布置，然后经过对比评估，进行优化调整，实现总平面布置的集约化。

将能量利用划分为能源规划、能量集成、单元强化三个层次(图 2)，针对不同层次分别应用不同的节能技术，实现能量利用的集约化。

通过环控一体化平台实施资源和环境要素的全过程管理和统一配置优化，并结合环保目标约束条件对初步方案进行论证和反馈，形成最佳可行环保治理方案，实现环保治理集约化。

措施二：聚焦打造合力，推动工程项目协同化

从专业、时空、相关方、功能、信息等多个维度健全协同机制(图 3)，提高协同水平。深化工程设计单位与研究机构、业主和关键设备制造商之间的协同，促进科研成果高效转化。

制定《各专业设计工作流程》《各专业互提设计条件规定》等，明确设计工作流程及专业间的协同关系，并要求各专业会签《设计互提条件关系表》，提高公司内部各设计专业协作水平。

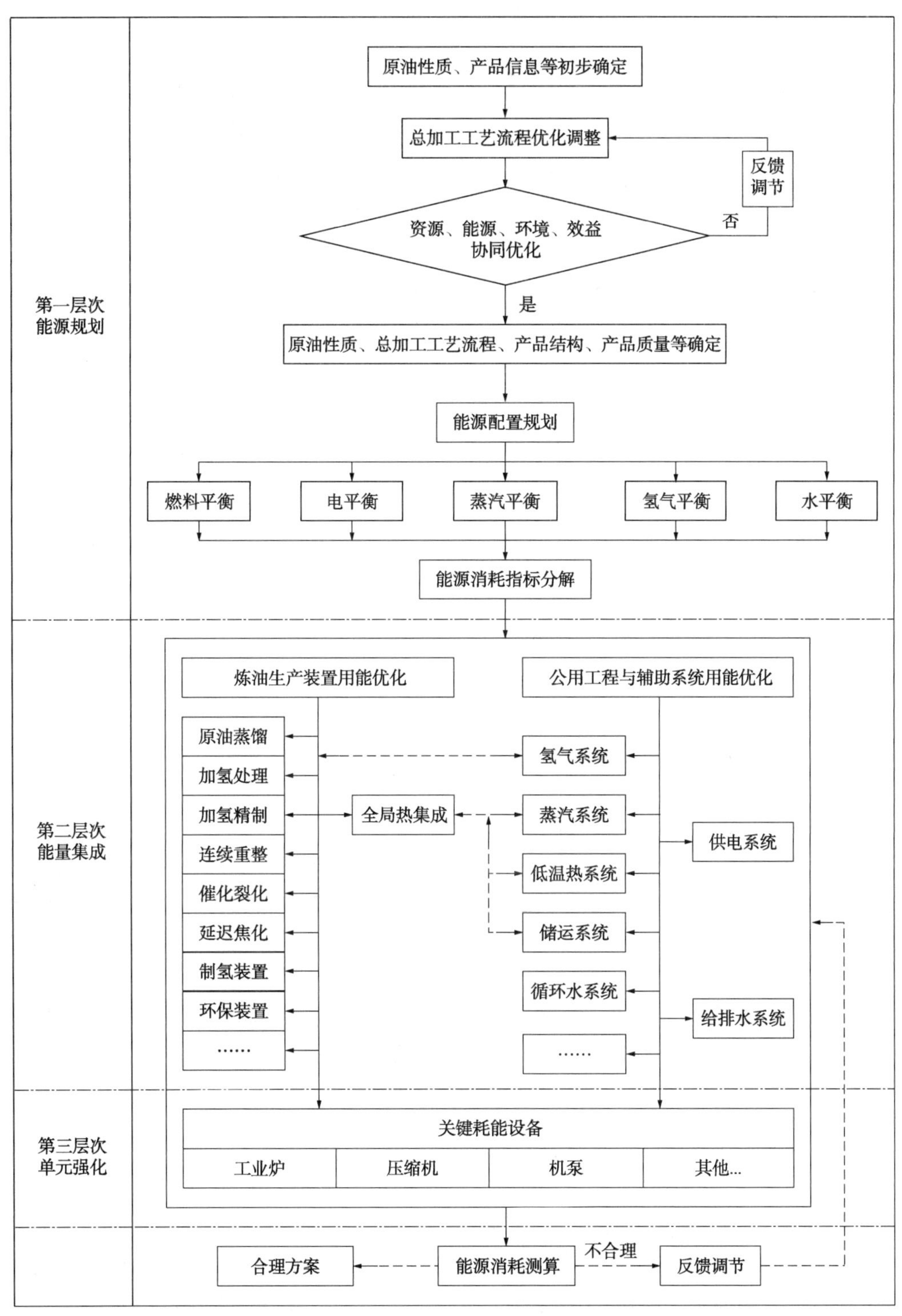

图 2　炼油企业能量利用集约化示意图

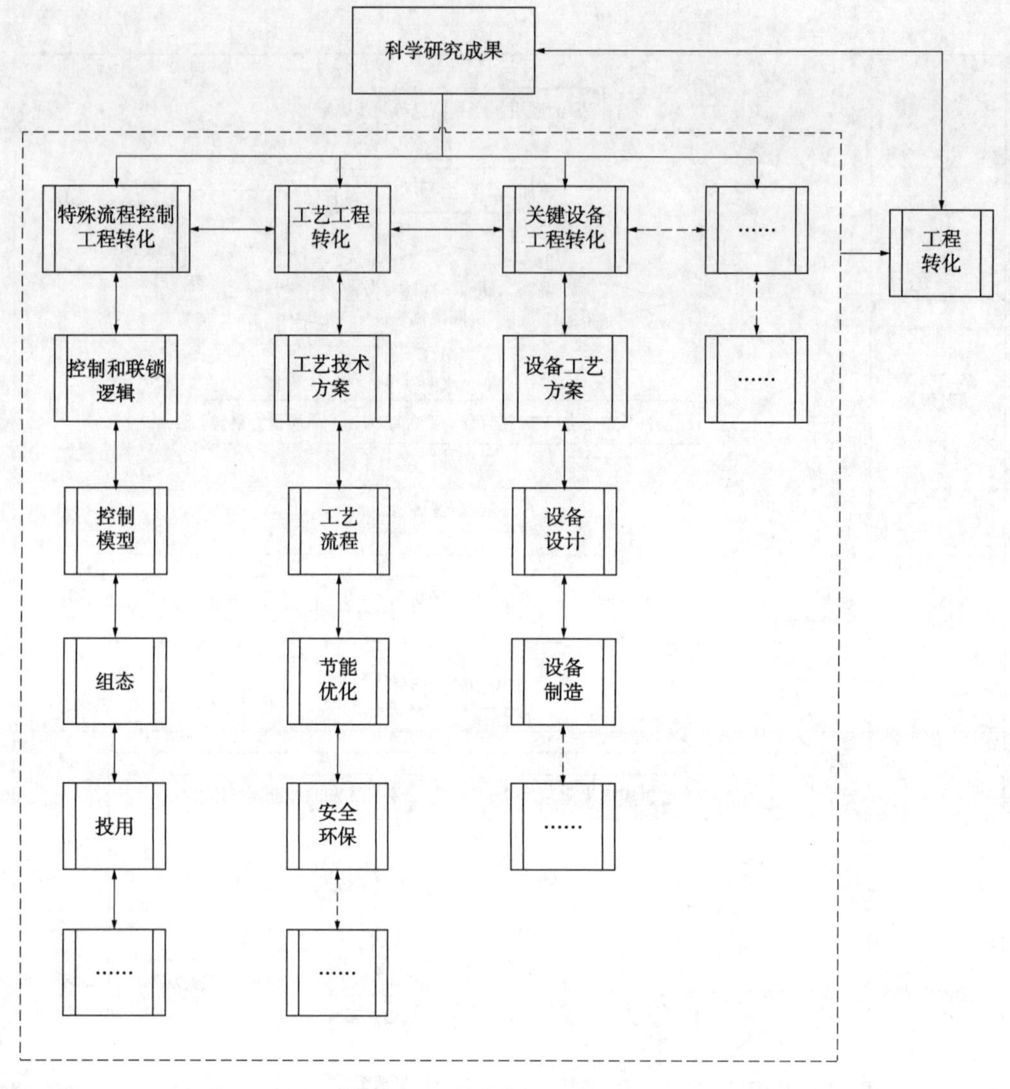

图3　工程转化协同要素示意图

应用先进的项目管理软件，完善设计、采购、施工各子系统间的沟通机制和协同机制，确保工程项目高效有序推进。

措施三：聚焦整体优化，推动工程项目集成化

以数字化技术为支撑进行专业设计软件的集成，构建了工艺设计集成化平台（简称i-Process）、工程设计集成化平台（简称i-Engineering）和三维设计协同化平台（简称i-3D），为实现设计集成化创造了条件（图4）。

建立了多项目集成化管理的"项目群"模式，将"群"内的所有项目看作一个系统，依托项目集成化管理平台对它们进行综合集成管理，统一对各个项目进行计划、组织、监测和控制。

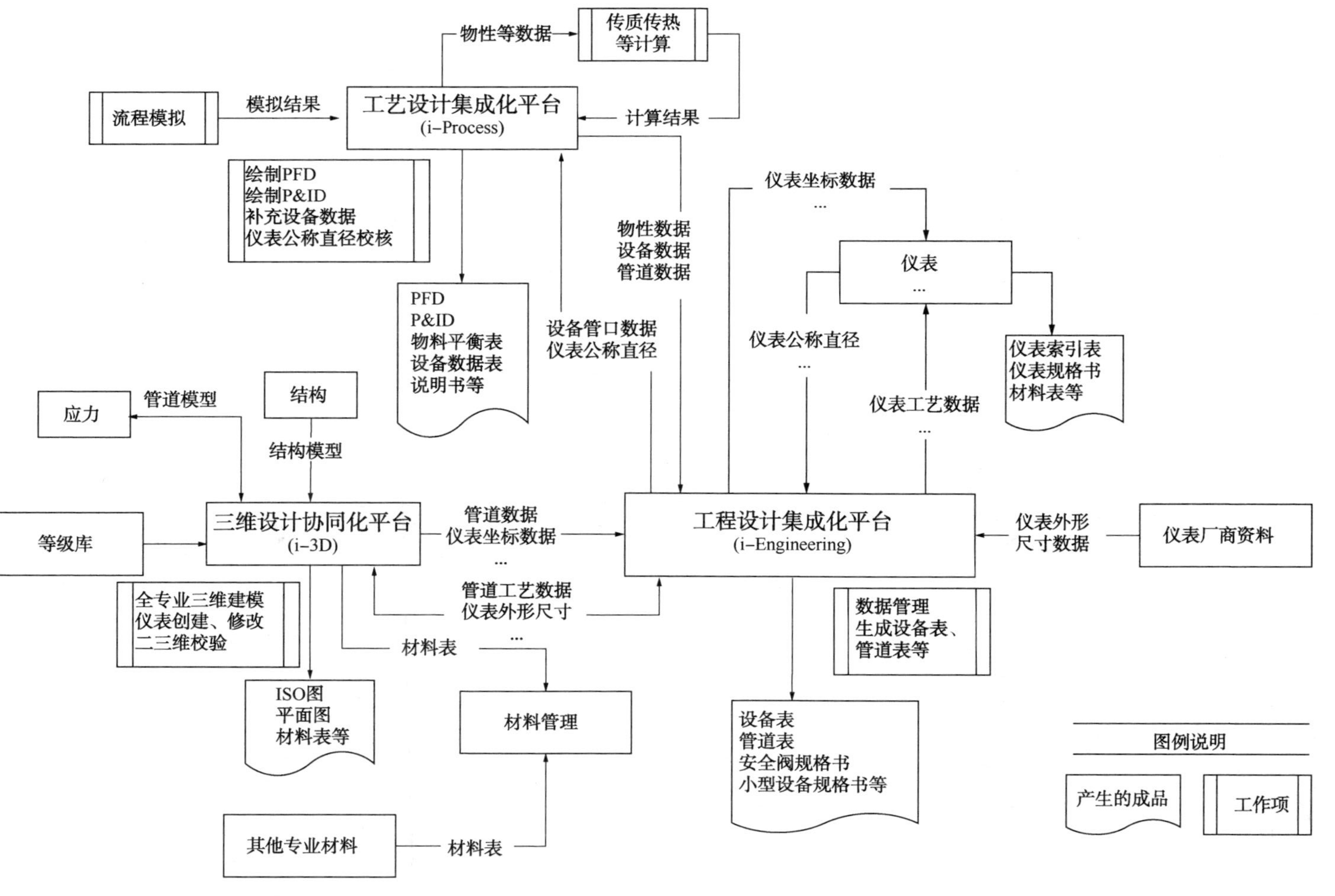

图4 设计集成化总技术路线

措施四：聚焦风险防范，推动工程项目管控过程化

组织各部门对公司所有业务进行过程分解，形成了一级过程 29 个(图 5)。继而又进行了层层分解至二级、三级……直至末级过程，即公司每个岗位具体的业务过程，编制末级作业流程图 668 个，形成完整的过程责任矩阵。

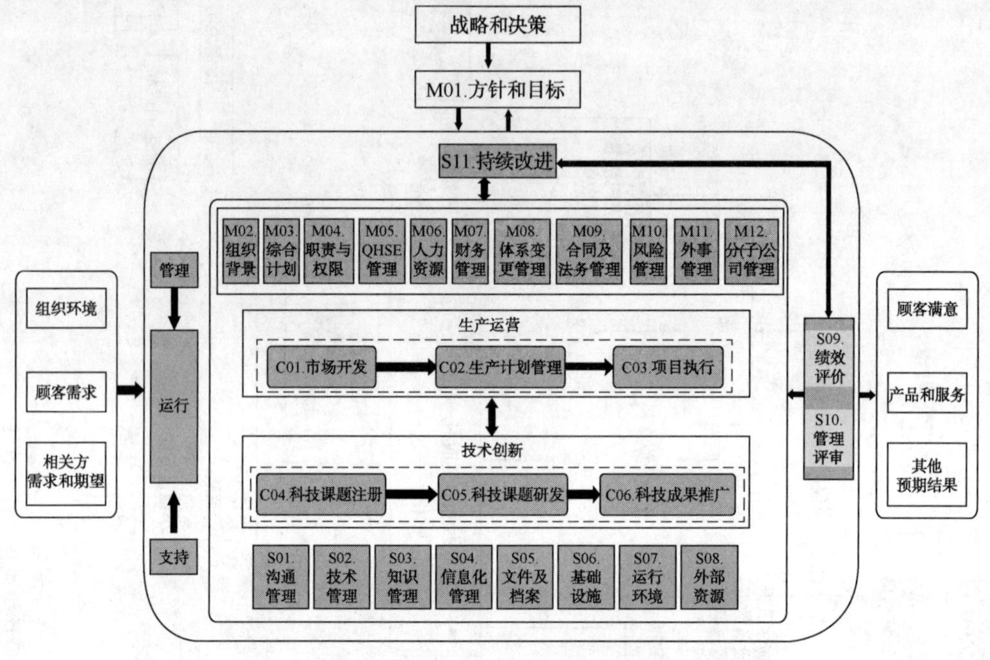

图 5　公司一级过程分解结构

根据项目阶段不同，分别开展本质 HSE 审查、危险源识别、环境影响辨识、健康风险评估、HAZOP 分析、SIL 分析、独立保护层分析、关键设备等级划分、开车前安全审查等分析工作，形成全过程、全方位、多角度的安全监管体系。

建立四级计划体系，开发应用了进度/费用综合检测软件(PMCV)、费用估算与控制系统(ECCS)等管理软件，加上国际通用的 P6 管理软件，开展进度费用的综合检测、分析和控制。

措施五：聚焦数据赋能，推动工程项目数字化

建立工程项目系统平台整体架构。以项目主数据库为支撑，构建涵盖设计、采购、施工及完工管理的业务系统，各个业务系统既相互独立又相互关联，使各类资源在全项目进行优化配置，保证数据同源、信息同根。

基于工艺设计集成化平台 i-Process、工程设计集成化平台 i-Engineering 和三维设计协同化平台 i-3D，构建工程设计集成化平台(图 6)，以此集成工程设计过程、资源和知识，实现设计信息在整个设计过程的贯通和关联。

推进项目管理数字化，构建材料与采购管理平台。优化设备材料管理工作流程，实现从编码标准化管理、材料表版次管理、请购管理、采购管理到现场管理的材料生命周期管理。

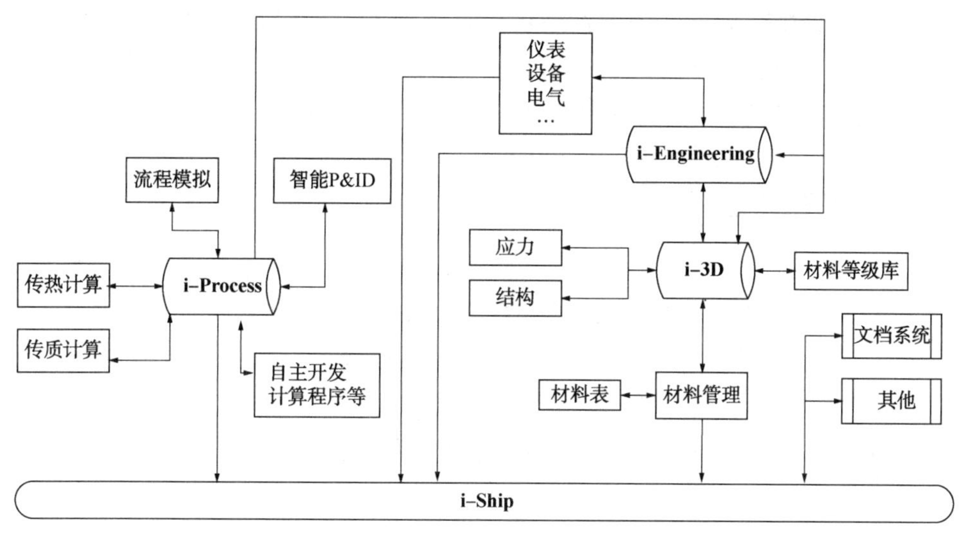

图 6　工程设计集成化平台结构

探索和尝试数字化工厂和智能工厂建设，搭建数字化交付系统架构。建立企业级标准化类库。制定包括《项目数字化交付策略》《数字化交付平台的技术要求》等在内的数十个作业流程和管理文件。

三、实施效果

效果一：高质量建成了一大批重点石化工程项目

应用整体化管理方法，公司每年都有数百套石化装置的工程设计和工程总承包任务得以高效完成。仅 2018 年公司就完成设计项目 369 项，中交 6 项，开车 19 项。

效果二：促进了科研成果的工程转化

大幅提升了科研成果的转化效率，既攻克了技术难题，又控制了建设时间和投资费用，保证了质量安全。在首套国产化(海南)芳烃项目的开发、设计、建设中，仅用 25 个月就完成全部工程建设任务，而引进国外技术的同类装置一般需要 30 个月左右。

效果三：提高了资源的使用效益

通过对工程项目的工厂总平面布置进行了深度优化，一方面缩小了占地面积，节约了工程投资，降低了操作成本，另一方面实现了不同装置之间的物料互供，水资源循环使用，以及能量系统优化，减少了物耗和能耗。

效果四：强化了石化企业的本质安全与环保

通过过程化管控，提前识别安全环保风险，严格技术把关，从源头上为企业奠定安全环保基因。针对不同阶段、不同部位分别开展分析评估活动，连续多年未发生上报集团公司事故，实现了良好的 HSE 绩效。

效果五：推动了我国石化工程管理理论的进步

在国内率先实现了数字化工厂与物理工厂的同步建设，推动了石化工程建设模式的新变革，为石化企业智能工厂建设探索出一条新路径。同时，工程建设公司完成了以《石油化工工程数字化交付标准》为代表的一大批国家及行业标准规范的编制，为石化工程领域高质量发展发挥了示范引领作用。

原创单位感悟体会

面对现代大型石化工程建设中存在的技术成果的转化率低、方案集约化水平低、界面损耗大、项目成本控制难等挑战，工程建设公司认识到，依靠传统的管理理念和局部的、碎片化的方法手段难以奏效，必须勇于突破思维局限，积极拥抱数字革命，做“桅杆上的眺望者”。为此，我们运用系统论、信息论、控制论和并行工程理论，对工程项目全生命周期的各种资源、要素和信息等进行机理研究。遵循“实践–认识–再实践–再认识”的规律，在多种工程项目中大胆尝试，并不断总结、提炼、优化，形成了石化工程整体化管理方法体系。该体系来源于实践、根植于时代，对同类企业具有示范和借鉴意义。

专家点评

石化工程整体化管理方法以问题为导向，以实践为载体，以整体化为特征，以信息化为纽带，通过分析石化工程运行机理，进而对各个工程要素进行选择、集成和优化，实现了价值最大化。该方法有效解决了一系列复杂工程难题，降低了石化工程巨系统的潜在风险，大幅提升了我国大型复杂石化工程的管理水平和认识水平，对石化工程全过程整体化统筹推进具有十分重要的意义。

案例七　以“课题攻关+团队承揽”为导向的创新项目孵化平台创建与应用

内容提要： 为进一步凝聚人心、挖掘潜力、激发活力，打赢新常态下转型升级、提质增效攻坚战，广西石油推行“课题攻关+团队承揽”运作模式，着力打造了以线下“创新工作室”流程化管理为基础、线上“我的第一桶油”在线即时激励平台运作为特色的创新项目孵化一体平台，在激发员工创新活力，重塑企业发展新优势，提升企业创效能力等方面取得显著成效。

一、需要解决的主要问题

问题一：如何实现企业创新驱动，解决转型发展中的难题

近年来，成品油销售市场竞争日益激烈，销售企业面临的经营创效压力不断加剧，以电动汽车为代表的新能源消费对石油、天然气等传统能源消费的冲击日益加大。如何在严峻的形势面前以创新驱动实现转型升级，是企业面临的一项重要课题和难题。

问题二：如何提高团队协作，激发员工创新活力

根据集团总部关于全面深化改革、强化企业管理的要求，如何有效利用公司人力资源，激发员工创新管理的积极性、主动性和创造性，进一步提升员工创新能力，增强企业活力，打破部门藩篱，更好的发挥团队协作功能，是国有企业改革发展面临的重要课题。

问题三：国有企业如何提升自主创新能力，培育创新文化

党的十八大以来，习近平总书记指出“创新是社会进步的灵魂，创业是推动经济社会发展、改善民生的重要途径。”李克强总理在政府工作报告中，明确“大众创业、万众创新”是实现中国经济提质增效升级“双引擎”之一。国有企业作为国民经济的排头兵，增强自主创新能力，培育内部创新文化基因，提升核心竞争力是实现企业高质量发展的应有担当。

二、解决问题的主要措施

措施一：引入创新思维，搭建线上线下一体创新项目孵化平台

一是建立“创新工作室”。以问题为导向，以解决公司现有重大、关键问题为出发点，打破墨守成规的旧思维定式，运用创造性思维探索问题解决思路和方法，建立“创新工作室”，进行课题创新攻关。

二是制定《“创新工作室”工作实施方案》，成立企业“创新工作”办公室，负责“创新工作室”日常管理与运行维护，建立规范涵盖课题选定、成立项目组、项目研究与实施(“创新工作组”日常运行)、项目评审论证、项目实施推广的项目运作流程，为创新项目组提供联络沟通服务、并对其进行跟踪协调，确保所有创新项目按进度有效实施。

三是构建“第一桶油”创新项目孵化平台。2018 年，在“创新工作室”基础上，搭建创新项目孵化平台，以游戏化设计理念创建基于项目阶段任务为元素的在线平台，平台以“我的第一桶油”为主题，设置项目发起、项目审核、项目众筹、项目展示、项目完结、项目清算、成果评选等任务环节，将线下项目管理理念融入线上运作，打破项目时空限制，实现项目运作可视化、持续化管理。见图 1。

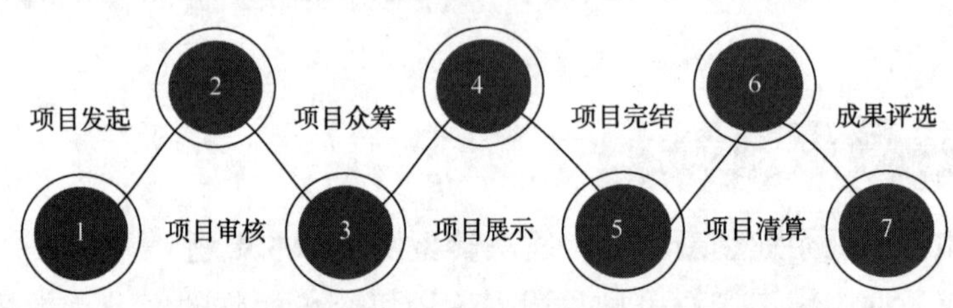

图 1　“我的第一桶油”创新项目孵化平台游戏任务环节

措施二：实施创新项目“云参与”形式，打破项目组团时空限制

一是通过“我的第一桶油”在线平台，全区员工可以随时在线发起课题，根据研究需要自由选择参与或组建项目团队，并利用业余时间参与课题研究，承担项目任务。

二是公司负责人可授权平台管理人员即时发布悬赏任务，全区机关管理人员看到悬赏项目后可报名参加，报名时要简要介绍自身优势，由发起者决定最终参加悬赏任务的团队人选。

三是公司负责人可指定专人开展特定项目任务，被指定人组建项目团队，跨部门协作。

四是以多种形式确保项目开展。项目研讨主要以成员现场会、异地成员视频会等形式开展，并充分利用钉钉会议、在线视频等“云参与”方式辅助开展，尽量不影响员工的正常工作。

措施三：引入游戏化运作理念，建立创新项目即时激励机制

为实现全员参与创新工作，广西石油设计了以“第一桶油”为主题，以赚取油量(积分)为激励导向的创新项目即时激励平台。

项目团队赚取油量引入了创业模式，设有众筹、天使投资等环节。项目成功后，团队成员可获得油量股权与分红；若项目失败，原有投资则被破产清算。游戏化的运作模式，既增强了创新工作的趣味性，也提高了员工的参与度。

员工个人可以做任务赚取油量，油量实时累计，形成排名，作为员工绩效评价的参考依据。所赚取的油量(积分)可以在平台“积分乐园”中进行在线兑换奖品，全区任意一家加油站便利店都可提取。通过创新项目即时激励平台，员工在游戏中挑战任务，在任务中比学赶帮超，实现了创新项目和员工成长双促进。见图2。

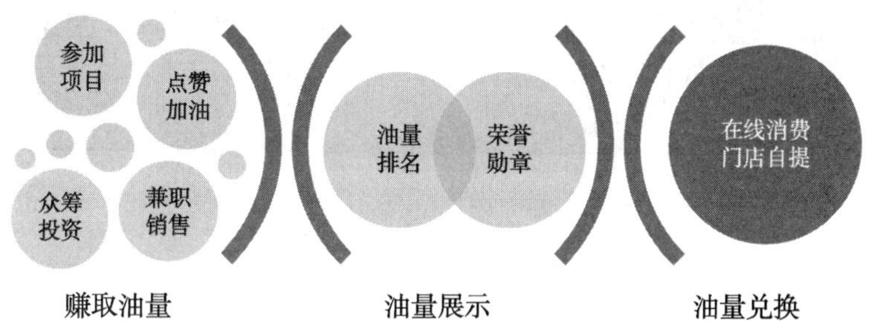

图2 基于员工视角的“第一桶油”创新项目孵化平台游戏设计

措施四：配套完善项目评审机制，及时开展项目评比奖励

一是建立项目准入专家评审机制。每年向全区征集课题，通过专家评审论证进行分类，根据项目紧迫性及难易程度进行分类，将要开展项目根据完成时限划分日常项目、月度项目、季度项目、年度项目、跨年项目五个等级，对应在线“我的第一桶油”平台为木桶项目、铁通项目、铜桶项目、银铜项目、金桶项目。

二是严格做好项目进度审核工作。各项目组严格按照立项计划进行开展，按时发布阶段进展，由平台管理人员进行审核，项目完结时向平台管理小组提交项目成果报告。

三是做好年度项目评比工作。对评选出的年度优秀创新项目，给予表彰奖励，并颁发证书；对评选出的年度创新团队与创新能手，辅以带薪休假、物质奖励等多种形式的激励手段。见图3。

措施五：建立保障运行机制，确保平台高效运转

一是成立“创新工作室”工作领导小组。公司领导任组长，各部门负责人全面负责“创新”项目的运行策划、组织推进、课题审定、项目验收、课题成果评定等工作。

二是建立“创新工作室”工作机制。规范管理及运行制度，确保项目的常态化管理及规范运行。每个课题研究项目可根据项目的实际需要申请运行资金5000~10000元，以承担和保证“创新小组”的研究经费需要。

三是打造“创新工作室”办公场所。利用公司现有场地打造“创新工作室”，提供“创新小组”交流、讨论、开会等活动，并用于展示“创新工作室”成果。

图 3　年度表彰大会现场

三、实施效果

效果一：创新项目孵化平台取得很好的运营成效

自 2018 年 5 月广西石油“我的第一桶油”创新项目孵化平台正式上线以来，共有 2245 名机关及各层级管理员工关注和使用，其中活跃用户 2207 名。全区共计开展创新项目 140 个，员工通过参与项目研发、平台互动赚取油量 104. 15 万升(价值 20. 8 万元)，人均兑现奖励 92 元。其中，获得奖励最多的员工兑现奖励非油品奖励 4200 元，发起或参与项目 21 个。

2018 年以来，共开展创新项目 140 个，其中经营创效项目 23 个，管理创效项目 33 个，科技创新项目 12 个，其他创新项目 71 个。

效果二：员工创新热情得到激发，企业创新文化不断强化

“我的第一桶油”创新项目孵化平台自 2018 年正式运营以来，广西石油逐步建立了“课题攻关+团队承揽”运作机制，加强跨部门协作，充分激发了员工创新管理的积极性、主动性和创造性，全面激发企业活力，提升企业创效能力。平台成为员工成才成长的“孵化器”、企业创新创效的“发动机”、企业发展的“智囊团”。

广西石油机关85后员工文彬，创新地罐容积校准方法，有效提高了容积表校准的效率，地罐容积校准准确性提高0.16%，校准次数减少30%。

效果三：创新工作取得实效，项目成果不断涌现

2018年以来，广西石油共有12项成果被评为特殊贡献奖或管理创新成果奖，共有7项成果获得集团公司管理现代化创新成果奖。2018~2019年，共获得销售公司“一线工作法”暨改善经营管理优秀成果奖8项。2020年，荣获销售公司“百日攻坚创效”双十佳案例3项，优秀成果案例5项，双十佳改善经营管理建议2项；获得销售企业2020年度十大创新事件1项，创新创效优秀案例1项。

公司打造的“油乐园”平台上线以来，共有9724名员工关注和使用平台，全区各层级管理人员积极参与为基层员工点赞，累计点赞121.3万次。运行期间平均每天1500人使用“油乐园”系统，日均登录次数在3000次以上。全区基层员工通过积分乐园使用兑换礼品11.7万次，价值627万元。

公司团队打造了“互联网+油品”项目，利用微信现有平台功能，研发了微信加油卡，实现加油实体卡电子化，成为加油IC卡的有效补充。2020年，微信加油客户突破793万户，沉淀资金2.83亿元，锁定销量130多万吨，其中汽油占比81%，实现汽油同比增长4.5%，位列销售系统区内第1名。

公司创新新零售理念，打造“易姐姐·螺蛳粉”品牌。广西石油主动融入螺蛳粉产业市场，从组建团队到产品上市，经过700多次研发，历时6个月，最终推出易姐姐螺蛳粉。目前，“易姐姐·螺蛳粉”已进驻中国石化易捷、天猫、京东自营等线上平台，并在全国近3万家易捷便利店上架销售，销售额达到539万元。

原创单位感悟体会

推行的“课题攻关+团队承揽”运作模式，创新性地搭建了以线下“创新工作室”流程化管理为基础、线上“我的第一桶油”创新项目孵化平台，融入了积分、排名、勋章以及即时激励等游戏化元素作为设计理念，符合当前价值引领和信息化应用趋势，在鼓励员工打破部门樊篱，积极参与团队协作、创新课题等方面发挥了积极作用。平台对课题项目实施立项、研发、评审、奖励全流程闭环管理，取得了一定成效，为国有企业自主创新工作开展提供了有益探索。

专家点评

广西石油通过“线上项目孵化平台+线下创新工作室”的一体化方式，建立了“课题攻关+团队承揽”的创新项目运作机制，有效激发了企业和员工的创新创效能力。该成果对需要以创新驱动应对激烈市场竞争和转型升级、尝试开展“跨界”合作、盘活员工创新动力、培育企业创新文化的中国石化系统相关单位具有一定的借鉴意义。

案例八　以简政放权激发县区公司基石作用模式的创新与应用

内容提要：山东石油为营造良好政治生态，实现可持续发展，全面梳理省市县公司财权、人权、事权“三权”事项，打出了权责改革组合拳。他们充分发挥县区公司的“基石”作用，明确角色分工，着力构建责任明确、运行高效的企业秩序，县区公司“经营管理、网络发展、对外协调”三大职能全面落地，实现了责权对等、高效运行。他们以改革激发基层活力、催生内在动力，企业凝聚合力的正向效应逐渐显现。

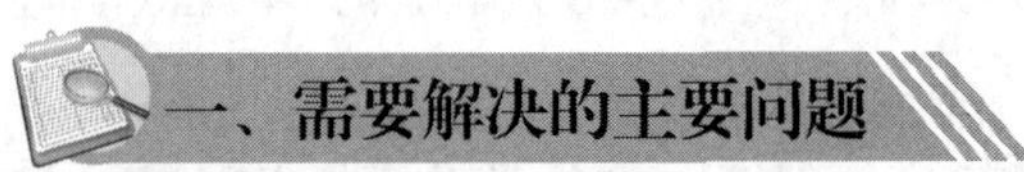

一、需要解决的主要问题

问题一：外部营商环境竞争激烈，企业基层单位自主权弱化

党中央对简政放权改革的推进，为增强国有企业适应市场、激发内生动力指明了方向。面对成品油销售市场经营环境复杂、竞争激烈的情况，山东石油较长时间推行的专业化管理、高度集中统一的企业模式，使县区公司职能弱化、功能缺失、角色错位等问题日益凸显。县级公司参与地方事务的话语权被削弱，与地方政府脱节，被边缘化的矛盾加大，不仅增加协调成本，也导致了新网点拓展、拆除站还建、政府采购等关键性资源获取难度大，无法应对快速变化的经营市场。

问题二：内部管理未能有效释放基层活力

从企业发展历史看，地市石油公司是从老体制脱胎而来，现有管理者虽然经过几次大的变革，但对新政策把控能力和对市场的研判能力均不足，专业化程度和充分参与市场竞争的意识不够，内部管理未能有效释放基层活力，制约了企业发展。

问题三：成品油销售扭亏脱困的关键点基层一线积极性不高

随着地方经济发展，县域经济已成为支撑经营业务的主战场，是企业发展的潜力市场所在。如何突破县级公司发展瓶颈，破解经营困局，调动一线员工积极性，发挥县区公司基石作用，是决定能否打赢扭亏脱困攻坚战、实现企业全面可持续发展的关键。

二、解决问题的主要措施

措施一：以统一思想和行动为引领

强化思想引领，推进权限下放，践行主动求变。在“放”上下更大功夫，全面做好简政放权的“减法”；在创新管理上破难题，善于做加强监管的“加法”；优化服务做“乘法”。省、市、县三级结合自身实际，统筹做好“权限下放、加强监管、优化服务”等工作，既充分授权、应放尽放，又做到统而不死、放而不乱，确保以实际行动夯牢基石。

措施二：以职责界定与权限匹配为基准

界定职责职能，厘清交叉事项。省、市、县公司分别承担决策者、协调者、执行者的角色。省、市公司层面推进规章制度的立改废释工作，形成职责事项清单模板，对能够放权的事项立行立改、充分授权，做到权清责明、履职尽责，依靠法治手段推进和保障县区公司“基石”作用落地生效。省级公司共下放费用权限、零售直分销价格管理等权限86项。省市公司机关部门重组整合，市公司完成零售安全两个督查队、零售与非油两个部门的合并工作，开展投资、企管、信息业务的重组整合。

措施三：以“三个层面”“五类权限”为核心

从省、市、县三个层面上，重点以人力资源等五类权限为核心，权限下发至市、县区公司、加油气站。

1. 人力资源方面，下放县区管理员、加油气站长的选聘、调整、考核、分配等权限，对用工招录、调整、解聘、薪酬分配增加自主权，赋予后备干部及站长推荐权。省市公司将薪酬总额切块，按联量、联利占比，兑现至县区公司自主分配。县区公司制定自身考核办法，由加油站自主二次分配，提升人均劳效。加大优秀年轻干部选拔使用力度，促进机关与基层之间人员双向交流，实现人岗相适。

2. 财务费用方面，结合算账文化建设，从提高费用使用效率着手，将量、利、费、价与员工薪酬有机结合，引导员工算清收入账、管理账、经营账。建立资产效益测算、闲置资产共享、税收筹划模型。省市公司将费用预算全部下放，特别是前期集中管理的业务招待费、办公费、环境卫生费、低值易耗品摊销、福利费、劳保费、教育经费等。实行联量联利考核分解费用、包干管理，除公务性支出外的项目可自行调剂使用，规避了会哭的孩子有奶吃、多要多占情况发生。

3. 经营管理方面，将营销活动方案制定权和组织权下放县区公司，赋予加油气站临期、滞销商品的促销权限。授权县公司根据本单位市场营销需求，自行组织开发当地特色商品等，省市公司负责配合开展供应商引入、合同签订等后续工作。

4. 网络发展方面，建立经营主导网建的发展模式，赋予县区公司网络开发权与承包商推荐权。旧站改造充分听取加油气站长的意见，赋予改造项目建议权。增加县区公司、加油气站对施工承包商的考核与推荐权，落实施工现场监督、考核，对违规违纪行为有一票否决权，对改造、维修、建设质量过硬、工期控制较好的队伍，优先推荐。

5. 基层建设方面，县区公司、加油气站因地制宜完善党团员、工会活动室，自主配备教育培训和组织活动的设备设施，改善基层工作和生活条件，搭建员工交流和展示自我的舞台；提升“家文化”“五小”建设水平，激发扩销增效热情。

措施四：以体制机制跟进为保障

打造“大零售”体系。集中优势资源支持零售，形成全员参与的“大零售”格局。突出零售部门营销职能重心作用，赋予其更多资源和考核评价权；增强其他部门服务意识，关联强弱，将业务指标不同程度与其挂钩，融为一体，共同面向市场，形成“人人关心零售、全员支持零售”的工作局面。

构建培训宣贯、吹哨联动、考核监管、示范对标、反馈评估、容错纠错、首问负责的“七位一体”监管机制，形成闭环管理。省市县公司一把手负责，设立专门团队，各部门关键岗位人员参与，编制权限下放流程图、权限下放清单、明白纸，分发至基层一线，化繁为简，树立红线意识，形成“人人有权、人人有责、人人监督”的良好机制。

三、实施效果

效果一：基层活力得到有效释放

权限下放后，县级公司与加油站在选人用人、薪酬分配、费用使用、营销政策制定、网络建设等方面拥有自主权，基层充分发挥经营管理的主观能动性。优秀员工向大站转移，提高了在岗人员执行力；充分利用薪酬杠杆，调动了全员积极性。年度共优化用工 1948 人，有效提升了人均劳效和员工收入。人财事权的陆续下放，提高了县区公司的话语权，低成本拿地，全省新增网点 50 座。

效果二：县区公司担当意识明显增强

县区公司团队“守土有责”“守土尽责”“守土担责”，自我加压、积极进取、主动作为的氛围日益浓烈，“拎算盘”“盯进度”“访客户”“跑市场”“找对手”的繁忙景象蔚然成风。

效果三：工作效率显著提升

权限充分下放，市、县两级公司做到了各司其职、各尽其责，过去来回“踢球”的个别现象得到杜绝，工作效率显著提升。省市公司建立健全内部协调落实机制，强化工作实效和质量，形成“上下联动、互为推动”的工作新局面。

效果四：算账意识深入人心

通过费用等权限下放，基层一线培养了算账意识，树立“花 1 元挣 n 元，投 1 分收 n 倍”“量效兼顾，量价双收”的理念，加油站通过算账模板公示毛利和利润，变以前只关注销量为“量价费利”一口清。省市公司年度现金费用同比累计节约 6700 万元，同口径同比节约 17%。其中，电费在满足加油站亮化需求的情况下，员工随手关灯，空调保持在 26 度的环保健康温度，累计节约 227 万元，同比降幅 4%。县公司和加油站因地制宜，增设增值服务，有效提升客户黏性。

原创单位感悟体会

山东石油分公司直面市场竞争激烈、体制机制不完善、基层一线活力差等问题，结合政府简政放权的新形势，用创新思路和举措，刀刃向内自我革命，自上而下全面梳理、查摆问题，构建了权限下放、激发内部活力的新体系，赋予了基层一线更多的经营管理权。省市机关打破部门壁垒，强化监管与联动机制，实现了纵向贯通、横向联动的良好态势。权限下放在动态管理中逐步改进，形成了有权必有责、有权必担责的制度体系，对基层改革有很好的借鉴意义。

专家点评

该公司通过开展职能定位和市县公司人权、财权和经营管理、网络发展自主权等下放工作，“量利费”得到明显改观，县区公司“经营管理、网络发展、对外协调”三大职能全面落地，企业“量效兼顾、量价双收”得到较好实现，员工收入也稳步提升，成效显著，对油品销售企业县公司职能定位改革与权责匹配界定有很好的借鉴价值。

第三章 疫情防控与持续攻坚创效

案例一　防疫复产"138"管理法

内容提要：疫情发生以来，江汉石油工程公司作为驻鄂企业，始终坚持落实党中央、国务院、集团公司疫情防控和复工复产工作部署，服务保障员工家属生命安全，牢固树立"大势不好，我们要努力好"的进取意识，正确处理好工作量与效率效益、当前和长远、疫情防控与生产经营、局部与整体的四个关系，驰而不息推进管理创新，形成了应对疫情疫区危机下疫情防控和复工复产"138"管理法，确保了安全和队伍持续稳定、发展活力动力持续增强、经营质量效益持续提升、党的建设持续加强。

一、需要解决的主要问题

问题一：落实党中央、国务院、集团公司防疫复产要求的具体行动

习近平总书记对做好疫情防控工作作出系列重要指示，强调要把人民群众生命安全和身体健康放在第一位，坚决遏制疫情蔓延势头。集团公司先后召开紧急(视频)部署会，要求坚决把思想和行动统一到习近平总书记的重要讲话精神和党中央决策部署上来，进一步深化细化实化措施，全力以赴做好疫情防控工作。

问题二：破解重大公共卫生事件下驻鄂企业防疫复产难题的内在要求

1 月 23 日，武汉发布新中国成立以来首个封城令，离汉通道关闭，公共交通停运。面对如何保障员工的生命安全、企业的生产和经济安全，江汉工程公司面临的考验是多方面的。企业复工一再推迟、服务需求减少；生产、投资与供应中断；财务结算与资金流动环境恶劣一系列问题，危机重重，没有任何经验可借鉴。

问题三：应对突发疫情重灾区驻鄂企业防疫复产难题的必要途径

公司总部地处湖北省武汉市，下属 7 家专业化经营单位中有 4 家在武汉。管控 8273 名员工(含项目化用工)中，湖北省境内 4727 人，占比 57%；一线施工队伍 251 支，分布在湖北、重庆、四川、新疆、陕西等 12 个省市自治区，其中湖北境内 33 支。身处疫情的"重灾区"，又时逢春节期间，队伍及人员分布在全国各地，点多面广，流动性强，加之供应商、服务商、业主方、企地方的合作关系，使之疫情管控的难度和压力尤为突出。

二、解决问题的主要措施

措施一：防疫复产管理指挥一体化的创建与应用

创建统一指挥、统一协调、统一调度的一体化指挥中心。成立领导小组研究部署应对疫情防控和复工复产决策管理和统筹协调工作，成立5个保障工作组严格责任落实。在各级党政组织和外部项目管理部成立疫情防控办公室、纪委书记任办公室主任，主要负责督促检查、资料收集、信息研判、早晚报告，及时、科学、高效应对处置各种突发状况。

构建统筹资源、统筹推进、统筹实施的一体化工作方案。形成涵盖9大类32项工作的《关于公司疫情防控有关工作安排的通知》，使其管理方法与措施科学化、程序化，分级分类形成《疫情期间重点工作监督检查落实责任清单》，配套24个指导性制度类文件形成《疫情防控和复工复产指导手册》，以制度为程序支撑。

措施二：围绕提高防疫复产运行效率，创建3套运行机制

创建快速反应机制，构建三级疫情防控领导和联防联控工作机制，突出在非常时期，重大决策、企业规划、干部管理等方面的领导作用；建立服务基层机制，分级分类复工、点对点专线复工，两级机关干部“双下沉”；构建监督问责机制，制定《江汉石油工程公司疫情防控追责问责实施办法》，列出《疫情防控和复工复产监督事项操作指引》，选聘410名基层监督员，推进“网格化”大监督。

防疫复产监督事项操作指引

序号	责任部门	监督事项	监督内容	监督检查方式	监督检查频次	落实情况	存在问题	部门责任人	具体责任人
1	[illegible]	承（分）包商管理	[illegible]	1、电子信息报表抽查； 2、基层队人员电话回访 3、视频会议及监控回放 4、委托前包项目部或基层单位交叉检查	1次/天				
2	经营管理处（法律事务处）	承（分）包商签订《疫情防控承诺书》、《补充协议》、《防控协议》及公司疫情防控法律保障	[illegible]	1、通过石化通公司法律事务栏下发和上报《疫情防控承诺书》、《补充协议》、《防控协议》相关的统计表； 2、研究与学习《新型冠状病毒感染肺炎疫情防控法律合规工作指引》	1次/天				
3	[illegible]	生产应急管理	[illegible]	1、信息报表抽查； 2、不定时电话核查。	不定时				

公司疫情防控有关工作责任清单

序列	分类	序号	主要内容	责任部门及人员
一	关于异常信息上报	1	[illegible]	报公司疫情防控工作领导小组办公室
		2	[illegible]	随时报告
		3	[illegible]	按照规定程序上报
二	关于人员动态排查	4	[illegible]	报公司疫情防控领导小组办公室
三	关于节后人员返岗安排	5	[illegible]	各单位
		6	[illegible]	各单位
		7	[illegible]	各单位
		8	[illegible]	各单位
		9	[illegible]	各单位
四	关于节后施工作业复工	10	湖北省内项目	[illegible]
		11	[illegible]	
		12	[illegible]	
		13	[illegible]	
五	[illegible]	14	[illegible]	物资采办中心
		15	[illegible]	物资采办中心
		16	[illegible]	物资采办中心

措施三：“防疫+”八链保障体系的建设与应用

1. 构建“防疫+排查”的“预防链”，全力阻击疫情扩散蔓延。查异常，按照“外防输入、内防扩散”的原则，以党支部为单位网格化管理；查病史，对员工、家属、承分包商三类人群分类排查；查流动，按照区域划分摸排员工的身体、生活和防疫情况，杜绝其再次流动。

2. 构建“防疫+信息”的“数据链”，提升信息技术应用能力。打通施工现场与公司的远程障碍，通过完善“两个平台”即企业管理平台和生产指挥一体化平台，开发云应用，构建“一网通办”“一网统管”助力公司疫情复产期间实现各项业务远程办公，提高决策质量和管理效率。

3. 构建“防疫+保供”的“供应链”，确保安全生产稳定运行。建立友好合作，抓货源、抓中转，打通运输动脉。建立沟通合作，加强与地方政府和甲方单位的沟通协调，开辟物资运送通道。建立一体化合作，采取与甲方一体化合作，并取得当地政府支持。

4. 构建“防疫+复产”的“行动链”，推动全年目标任务完成。分级分类复工，按照“分工区、分批次、分项目”的原则，实行“先省外、后省内”的复工顺序、“先节后停工的、后节前停工的”复产顺序。“点对点”专线返程，建立员工返岗复工“安全通道”加快一线员工返岗进度。实施机关干部“双下沉”，领导干部靠前指挥生产。机关干部就近到附近的重点项目及工区，补充生产力量。

5. 构建“防疫+现场”的“责任链”，防范承(分)包商传染危害。统一管理、分级管控。把承(分)包商队伍纳入公司内部队伍管理，明确各方责任。提级管理、严格清退。填报《新型冠状病毒感染肺炎疫情期间承(分)包项目开工及复工审批表》，签订防疫安全补充协议，确保疫情防控责任落实。

6. 构建“防疫+海外”的“延伸链”，提升负责任的企业形象。强化联防联控，延伸海外防线。获得甲方、业主和外籍员工的思想认同，联防联控。将疫情防控知识翻译成英语、西语，通过微信、微博等方式推送给在海外施工的中外员工。强化信息摸排，监督整改落实。组织所在国疫情防护机构、检测机构和医疗资源分布情况调研，制定应急预案。强化精准施策，科学组织防控。启动一级防控响应，按照“一项目一策、一机组一案、一员工一档”的原则分类，制定《海外项目部疫情期间驻地管理实施细则》和《海外施工疫情期间现场管理实施细则》。

7. 构建“防疫+党建”的“融合链”，引领凝聚战疫强大合力。发挥党组织和党员示范作用(图1)。创建两级领导班子成员“双示范”，成立135支党员突击队，划分619个

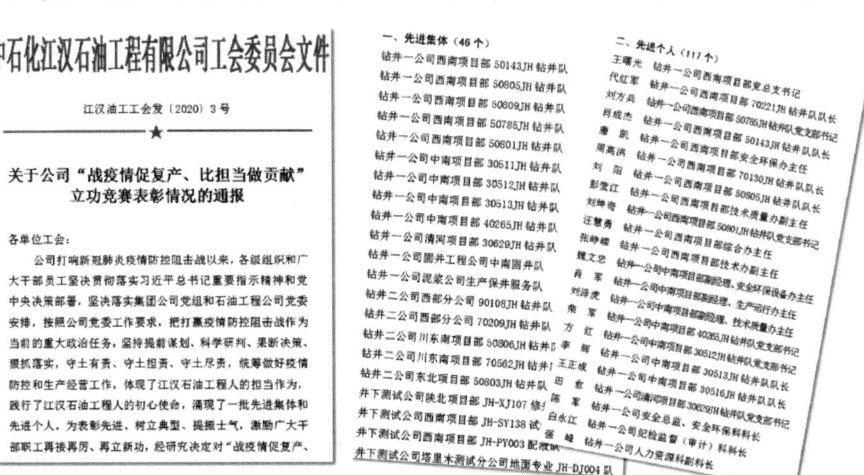

中石化江汉石油工程有限公司工会委员会文件

江汉油工工会发〔2020〕3号

关于公司“战疫情促复产、比担当做贡献”立功竞赛表彰情况的通报

各单位工会：

公司打响新冠肺炎疫情防控阻击战以来，各级组织和广大干部员工坚决贯彻落实习近平总书记重要指示精神和党中央决策部署，坚决落实集团公司党组和石油工程公司党委安排，按照公司党委工作要求，把打赢疫情防控阻击战作为当前的重大政治任务，坚持提前谋划、科学研判、果断决策、狠抓落实，守土有责、守土担责、守土尽责，统筹做好疫情防控和生产经营工作，体现了江汉石油工程人的担当作为，践行了江汉石油工程人的初心使命，涌现了一批先进集体和先进个人。为表彰先进、树立典型、提振士气，激励广大干部职工再接再厉、再立新功，经研究决定对“战疫情促复产、

一、先进集体（46个）

钻井一公司西南项目部50143JH钻井队
钻井一公司西南项目部50805JH钻井队
钻井一公司西南项目部50809JH钻井队
钻井一公司西南项目部50785JH钻井队
钻井一公司西南项目部50601JH钻井队
钻井一公司中南项目部30511JH钻井队
钻井一公司中南项目部30512JH钻井队
钻井一公司中南项目部30513JH钻井队
钻井一公司中南项目部40265JH钻井队
钻井一公司清河项目部30629JH钻井队
钻井一公司固井工程公司中南固井队
钻井一公司泥浆公司生产保井服务队
钻井二公司西部分公司90108JH钻井队
钻井二公司西部分公司70209JH钻井队
钻井二公司川东南项目部50806JH钻井
钻井二公司川东南项目部70562JH钻井
钻井二公司东北项目部50803JH钻井队
井下测试公司陕北项目部JH-XJ107修
井下测试公司西南项目部JH-SY138试
井下测试公司西南项目部JH-PY003配液
井下测试公司塔里木测试分公司地面专业JH-DJ004队

二、先进个人（117个）

王曙光　钻井一公司西南项目部党总支书记
代红军　钻井一公司西南项目部70221JH钻井队队长
刘方兵　钻井一公司西南项目部50785JH钻井队党支部书记
肖成杰　钻井一公司西南项目部50143JH钻井队队长
詹　凯　钻井一公司西南项目部安全环保办主任
周高洪　钻井一公司西南项目部70130JH钻井队队长
刘　阳　钻井一公司西南项目部50805JH钻井队队长
彭雪江　钻井一公司西南项目部技术质量办副主任
刘坤奇　钻井一公司西南项目部50801JH钻井队党支部书记
汪慧勇　钻井一公司西南项目部综合办主任
张峥嵘　钻井一公司西南项目部技术办副主任
魏文忠　钻井一公司中南项目部副经理、安全环保设备办主任
肖　军　钻井一公司中南项目部副经理、生产运行办主任
刘泽虎　钻井一公司中南项目部副经理、技术质量办主任
秦　军　钻井一公司中南项目部40265JH钻井队党支部书记
方　红　钻井一公司中南项目部30512JH钻井队党支部书记
李　辉　钻井一公司中南项目部30513JH钻井队队长
王正成　钻井一公司中南项目部30516JH钻井队队长
田　愈　钻井一公司清河项目部30629JH钻井队党支部书记
陈　军　钻井一公司安全总监、安全环保科科长
白永江　钻井一公司纪检监督（审计）科科长
张　峰　钻井一公司人力资源科副科长

图1

党员防控责任区，党员包保 4702 名员工群众。发挥宣传思想引导作用。新闻宣传 24h 不断线。发挥工会团青桥梁纽带作用。构建“五送三服务两关爱”和“战疫情促复产、比担当做贡献”立功竞赛，开展居家办公提升免疫力“六个一”活动组织实施，为基层队送一支测温仪、一套消毒用品，为员工送一本防疫宣传手册、一盒口罩、一张家庭走访卡，为员工家属提供一般性生活帮助服务。发送电子防疫手册 12000 多人次，送家庭走访卡 5000 多张，发放慰问金 23. 8 万元。

8. 构建“防疫+培训”的“人才链”，推进人才强企厚植根基。运用信息化手段，采取“网络学院自学+直播课堂教学+考试系统测学”方式，加强特殊时期培训学习。统筹资源、“14 个专题”全员覆盖。量身定制、“直播平台”在线互动，日练周赛、“龙虎榜”硬考核。

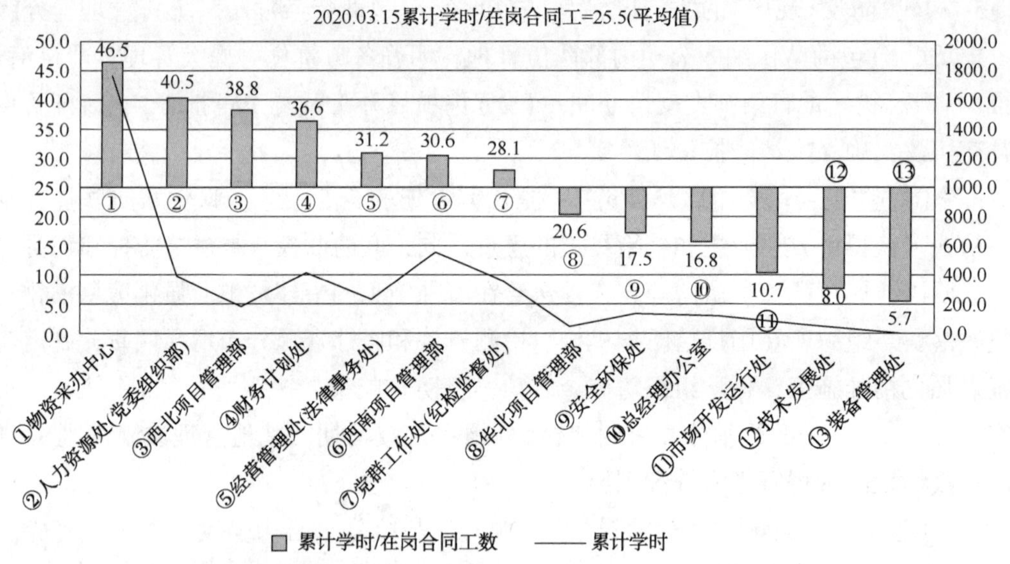

三、实施效果

效果一：转危为安，实现疫情零扩散工区零感染目标

公司所有管辖工区、承建项目、全体人员及家属和承(分)包商、承运商均未出现疫情扩散情况，有效保障了广大员工生命安全和身体健康，维护了企业正常经济社会秩序。同时培养了一批人才，形成了规模相当、素质过硬的页岩气工程技术、管理和操作三支团队，为我国页岩气产业可持续发展奠定了人才基础。

效果二：危中寻机，推进疫情防控新常态下的管理创新和技术进步

将疫情对生产经营的影响降至最低。一是大力实施一体化合作，确保运行保障加强衔接、方案设计持续优化、技术攻关形成合力、资源配置做好协调支撑；二是紧盯重点工区、技术瓶颈问题，制定相应的攻关计划，集中力量解决施工现场难点，用新工艺、新技术、新工具的推广应用实现创收创效；三是苦练内功上加强考评激励，充分激发“比学赶帮超”活力。

效果三：化危为机，夺取疫情防控和百日攻坚创效的双战双胜

开展内部生产经营二次革命，通过强化“四个结合”，即：与深化改革相结合、与加快特色发展相结合、与技术和管理进步相结合、与队伍建设相结合。推进六项攻坚，即：复工复产攻坚、市场开发攻坚、创效能力攻坚、降本减费攻坚、安全防疫攻坚、运行管理攻坚，打赢市场效益保卫战。保证了市场份额、加强了项目成本管控，提升了项目盈利能力，单项目实时经营分析，杜绝了工区内项目亏损，项目建设过程实时监控，经营质量进一步提升。

原创单位感悟体会

江汉工程公司作为身处湖北“重灾区”的驻鄂企业，针对国内外疫情防控形势的阶段性变化，面对国家重大公共卫生事件一级响应、国内外石油勘探开发投资大幅度下降的严峻形势和诸多难题。实施“138”管理法，构建“一案三制八链”体系，即“一案”为建立统一领导、综合协调、分类管理、分级负责、属地管理为主的一体化《疫情防控和复工复产工作实施方案》；“三制”为应对疫情疫区危机下围绕企业提高疫情防控和复工复产运行效率所建立的三套运行机制，即快速反应机制、服务基层机制、监督问责机制；“八链”为围绕有力支撑疫情防控和复工复产，结合企业实际建立的八条保障链条，即“防疫+排查”预防链、“防疫+信息”数据链、“防疫+保供”供应链、“防疫+复产”行动链、“防疫+现场”责任链、“防疫+海外”延伸链、“防疫+党建”文化链、“防疫+培训”人才链。发挥国有企业集中力量办大事的制度优势、信息化手段全天候全覆盖的技术优势、党建引领的组织优势，有效保障广大员工生命安全和身体健康，维护了企业正常经济社会秩序，保障了油田勘探开发、经营质量进一步提升。

专家点评

选题准确，能够抓住当前最重要的疫情防控和复工复产题材，正确处理好时间与速度、健康与效率、措施和现实的关系，精心谋划，搭建体系，体现了总揽全局、协调各方的政治优势；措施详实，针对性、操作性强，能够紧扣工作实际，有计划有部署地开展工作，体现了上下贯通、执行有力的组织优势；“八个链条”覆盖范围广，针对性、创新性强，每个子体系既相对独立，又环环相扣，彰显了以人民为中心、靠人民执政理念的独特优势；效果明显，保障了广大员工生命安全和身体健康，确保了企业正常生产经营和攻坚创效。

案例二　工程企业疫情防控管理体系的构建与实施

内容提要：2020 年暴发的新冠肺炎疫情成为全球性公共危机，对企业公共安全应急管理带来了重大挑战。宁波工程公司根据工程企业特点和难点，构建实施“十化”机制，形成了一套高效应急处置的硬件体系、软件体系和实战模式，保障了企业打赢疫情防控和复工复产两场硬仗，提升了企业应对复杂环境和风险挑战的能力与水平。

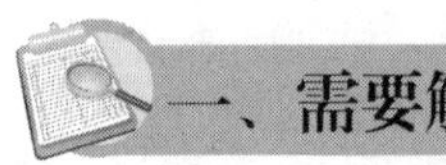

一、需要解决的主要问题

问题一：业务链特殊、防控战线长

宁波工程业务涵盖工程设计、设备制造、施工管理、EPC 总承包等多个领域，各业务人员构成和工作环境各不相同，疫情防控必须因业务施策。同时正在执行的项目分布在全国 10 多个省份，防控战线很长，且各地疫情状况和防疫政策不尽相同，疫情防控措施更要因地制宜。

问题二：项目人员构成复杂、流动频繁

项目部作业人员分属于不同分包商，素质参差不齐，且各自为战，疫情防控任务艰巨。疫情暴发初期正值春节前夕，员工流动率大，尤其是项目部人员来自五湖四海，各地公共卫生应急响应机制级别也有差异，这对疫情防控带来了更大难度。

问题三：境外项目防控难度升级

境外国家在疫情防控上措施不够严格、人员不易控制、防疫资源匮乏，同时项目部雇佣人员来自印度、巴基斯坦、意大利等不同国家与地区，各国风俗、信仰和政策差异性大，且部分国家在疫情初期尚未限制出入境，都给境外疫情防控带来极大风险和挑战。

二、解决问题的主要措施

措施一：科学决策项目化

成立疫情防控应急领导小组，作为最高指挥机构，全面组织、协调、指挥疫情防控工作。设立 5 个专门工作组：

一是应急处置工作组，负责做好疫情防控日常管理、应急响应和应急值守，督促建立各类专项预案。

二是大楼防控工作专班组，负责本部大楼疫情防控具体工作。

三是复工统筹协调组，负责复工复产具体事宜，全面协调生产经营资源。

四是党组织疫情防控工作小组，监督检查各级领导干部和党员在防疫战斗中的履职情况。

五是境外疫情防控小组，负责落实境外防疫工作。

措施二：制度管理专业化

制定四大类文件、制度或规定，为疫情防控的有序开展提供支撑：

一是管理指引类，包括《公司防疫和复工总体方案》等，是防疫工作的纲领性、指导性文件，具有统筹指引作用。

二是疫情防控类，主要是针对不同阶段、不同区域制定的具体防控措施。

三是复工复产类，主要是对恢复生产和工作秩序制定的相关规定。

四是党群支撑类，包括《党徽在“疫”线闪耀行动方案》《“党旗在一线飘扬”行动方案》等，对党工团组织、党员干部在抗击疫情和生产攻坚中如何发挥作用进行了部署。

措施三：风险评估标准化

列出了16个涉及新冠肺炎疫情的风险因素，包括复工程序、防疫物资储备、防疫宣传教育、每日监管、通勤交通工具、中央空调使用、乘坐厢式电梯、办公环境清洁消毒、集中开会、文件资料传递、员工上班就餐、员工下班出行、员工及家人信息排查、外来人员接待、住宿员工管理、防疫用品废弃处理。根据风险识别表，从五个方面做好风险应对：

一是加强联防联控、群防群控。

二是强化疫情监测，落实“早发现、早报告、早隔离、早治疗”的“四早”防控措施。

三是利用多种平台普及防疫知识和健康生活方式。

四是定期听取项目部汇报防疫工作，动态调整应对措施。

五是做好防疫支撑工作，提供人力和技术支持。

措施四：专项排查网格化

建立“1+*N*”对口联系网格化管理机制，各单位、各部门、项目部根据各自的人员总数，下设不同个数的网格，每个网格设1名负责人，每名负责人管理*N*个人(一般为5–12人)的信息，落实“一人一表”登记和信息“日报告”和“零报告”制度，做到不漏一家一户。对于境外员工，通过“一对一、一帮一”的方式，早晨回访健康、晚上回访状态，准确掌握境外员工动态和家属状况。

措施五：复工复产精细化

采取分区分级应对措施，对低风险地区实施“外防输入”的防控策略，全面恢复生产生活秩序；对中风险地区，依据防控形势有序复工复产。根据疫情预判和各项目业主的要求，统筹调整半年度生产经营计划，制订相应的人力资源、分包、物资投入计划，从严落实基层单位和项目部复工复产具体措施，确保工作不断、秩序不乱、精干高效。每个项目部精准掌握属地人员信息，逐个核实分包人员行动轨迹，分区分级建立人员健康状况监测清单；严格实施体温检测、消杀防疫、错时分餐、进出口封闭等疫情管控措施，确保项目平稳复工。

措施六：物资保障体系化

按照保急需、保重点、保一线的原则，保障项目复工、境外防疫、困难群体等重点环节：

一是做好重点防控物资保障，分层分类分级科学使用防疫物资，把有限的物资用到最需要的地方，优先协调解决基层单位、项目部复工复产的物资需求。

二是组建 20 支党员突击队，全力做好疫情防控和物资调配工作。

三是工会组织开展决胜抗疫、安全复工“双百”行动，设立百万专项资金，服务保障防疫物资，集中力量开展志愿服务、防护物资搬运、集中观察人员帮扶等工作。

措施七：境外防疫精准化

一是坚持境内外疫情防控一体部署、一体推进，全面应用远程办公系统，加强与业主、承包商以及当地中资企业的沟通协调，根据境外项目所在地现状完善应急预案，确保措施的针对性、可操作性。

二是全方位加强对境外员工的关心关爱，建立 54 人的服务志愿者团队，走访慰问境外员工家属；针对因疫情影响无法正常回国、长时间无法外出的员工，开设心理防疫建设视频直播网课，开通免费心理咨询热线，帮助他们及时解决心理问题。

三是确保项目平稳推进，提前预判疫情对履约、工期、价格等因素的影响，最大限度争取公司权益。

措施八：防控手段智能化

运用智能化手段，落实减少人员聚集接触的措施，防止疫情扩散蔓延：

一是对工程云资源池进行优化配置，确保设计人员采用 VPN 远程和华为云桌面远程两种方式操控办公室电脑，同步进行二维、三维设计。

二是推广使用视频会议模式，员工可灵活发起或参与在线会议，解决居家办公期间的沟通、交流问题。

三是在信息排查上积极运用信息网络技术，建立企业专属码，实时确保员工返工前有调查、返工中有秩序、返工后有防控。

措施九：督查督办严肃化

纪检监督系统通过抓宣传、抓督导、抓整改三大举措，履行精准督查职能，按照“不定时间、不定地点、不打招呼”的“三不”监督方式，随时随地对各单位、项目部的工作进行突击检查，及时发现工作中存在的问题和薄弱环节，凡是发现在防控疫情中有令不行、有禁不止、推诿扯皮、不服从指挥而贻误工作的，一律从严从快从重处理。

措施十：防控举措常态化

在国内疫情防控基本平稳后，及时调整防控策略，把重点放在“外防输入、内防反弹”上来，实行疫情防控常态化管理，实施“每日巡查专报”机制：

一是动态调整巡查内容，确保及时发现问题、点到问题、解决问题。

二是巡查整改常态化，发现问题当场反馈，要求做到立行立改并及时报告。

三是通报问题促提升，通过专报通报每日巡查情况，分析发现问题，迅速改进提升。

三、实施效果

效果一：实现“零感染、零疑似”的阶段性目标

通过构建并实施“十化”管理机制，形成了从组织架构、应急预案、信息排查、物资保障和制度规定等一整套科学、严密的疫情防控网络体系，运用大数据等手段，探索出了互为补充、各有侧重的应急管理新模式，为企业疫情防控提供了坚实保障，实现了“零感染、零疑似”的阶段性目标。

效果二：生产经营快速步入正轨，成效显著

以“百日攻坚创效”行动为抓手，与时间赛跑、同困难斗争，千方百计把疫情耽误的时间抢回来、把疫情延误的进度赶上来，成为宁波市最早复工的一批企业，各重点项目节点完成率100%，提前实现百日攻坚创效的新签合同额目标，增收创效指标顺利完成。

效果三：增强了国有企业的责任担当

通过此次疫情，党员干部和员工群众在应对重大挑战、抵御重大风险、克服重大阻力中争先锋、做表率，理想信念得到全面升华，对社会主义道路更加自信，对身为中国石化的一员更加自豪，对公司的“家文化”更加认同，凝聚力和战斗力显著提升。

原创单位感悟体会

突如其来的疫情，倒逼公司完善公共安全应急管理体系，推动企业“转危为机”。宁波工程公司通过构建“十化”运行机制，重点从应急预案和管理机制两个方面着手，应急预案注重对可能发生的危险情况进行全面研判，明确不同类型、不同等级的风险事件，并制定相应的应对措施；管理机制坚持“灵活性”和“高效性”原则，按照事前预防、事中控制、事后完善理念，突出对突发事件的预防和准备，注重对信息技术手段的应用，提高处置效率，确保了组织保障严密、信息排查深入、防控措施扎实、物资供应到位、复工生产有序。

专家点评

宁波工程业务涵盖工程设计、设备制造、施工管理等多个领域，是工程建设企业中业务最齐全的公司，该公司构建的疫情防控体系在全业务链的基础上基于不同场景下的防控特点，以“十化”运行机制为基本框架，从多个维度创新管理方法，构建了全面、科学、严密、有效的疫情防护网。该体系不仅在疫情防控中发挥了重要作用，同时推进和保障了企业复工复产，为各类工程建设企业建立常态化疫情防控机制提供了优秀范例。

案例三　油田独立矿区“五位一体”网格化疫情管理

内容提要：依据网格化管理理念，将油田独立矿区疫情防控工作划分成网格单元后实施精准管理。矿区交通管制、小区门禁管理、小区内部管控、公共区域消杀、单位人员管理五大管控要素作为一级基础网格，对其进行一体化的管理，简称“五位一体”。根据工作流程对网格进行管控，建立责任网格与流程节点的有效对接，保持网格间无缝链接，提高疫情防控效率。

一、需要解决的主要问题

问题一：江汉油田独立矿区防疫力量薄弱

江汉油田矿区远离市、镇，企业办社会职能分离移交时间较短，已移交的物业、居委会、防疫、矿容等业务，多由油田单位输送人员提供服务或进行业务承揽。独立于江汉油田企业之外的社会防疫力量比较薄弱。

问题二：江汉油田独立矿区防疫任务艰巨

江汉油田机械公司、工程公司总部和众多科研单位及部分企业设在武汉。油田与疫情重灾区武汉市联系较为紧密，导致油田输入性风险极高。油田企业必须采取切实措施，严防死守，阻断疫情蔓延“链条”。

问题三：江汉油田企业防疫资源相对有限

江汉油田属于规模较小的油气开采企业，且矿区内产能严重不足，外部项目占比大，形成了点位多、分布广、战线长的格局，而可动用的防疫资源相对有限。精准施策，高效运作，是缓解这一矛盾的必由之路。

二、解决问题的主要措施

措施一：精心策划，建立网格管理体系

1. 建立“五位一体”网格化疫情管理体系。组建综合、保障、管控、宣传、督导五个领导小组，行使组织、协调、管理、监督职能。如图 1 所示。

“五位一体”网格化疫情管理体系，涵盖矿区交通管制等五大管理任务，形成五大基础网格，再以责任单元划分网格，以活动时序划分流程，以责任网格对接流程节点，网格联络人对本网格事务承担第一责任。建立网格管理流程图，实现表单化管理。示例见图2。

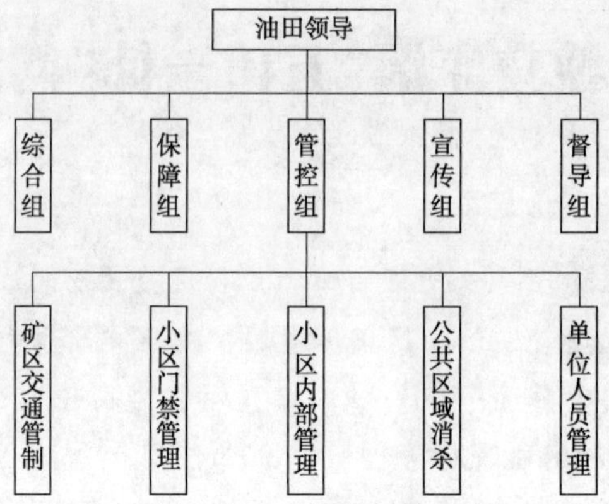

图1　油田独立矿区“五位一体”网格化疫情管理体系示意图

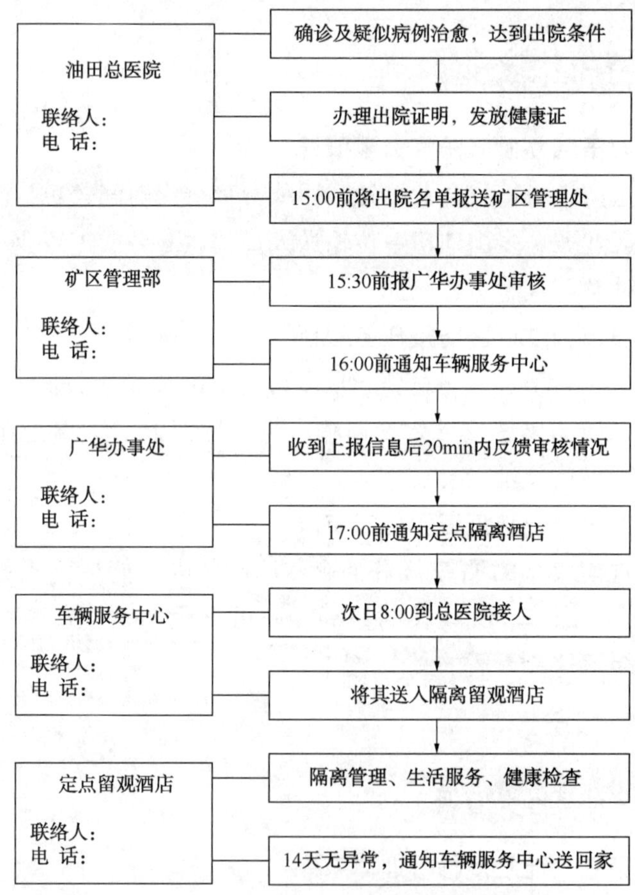

图2　确诊及疑似病例出院留观网格管理流程

2. 明确基础网格职责要求。调动油田一切资源，对接地方政府疫情防控的统一部署，对接油田内部单位的管理服务职能。五大基础网格的职责要求见表1。

表 1　油田“五位一体”疫情防控基础网格职责要求表

网格名称	职责要求
矿区交通管制	油田区域主干道路实行 24h 巡查管控，除物资运输车、工程车、应急救援车等特定车辆外，严禁外地车辆进入油田矿区
小区内部管控	基地服务中心协调油田公安局、广华办事处共同值守
小区内部管控	社区事务管理中心协助广华办事处做好宣传、人员排查、居家隔离等工作
公共区域消杀	公共事业处协助广华办事处做好矿区公共区域消杀
内部人员管控	在油田本部的人员不得外出，在本部以外单位的人员暂时不回油田

措施二：全面部署，强化疫情防控措施

1. 启动应急运行机制。油田分公司和厂处两级领导及机关停止休假，各部门根据需要可安排不超过三分之一的人员上岗，其他人员居家线上办公。

2. 严格执行政府禁令。建立严密的“五位一体”疫情防控体系，对矿区交通管制，小区门禁管理，小区内部管控，公共区域消杀，单位人员管理五项工作落实责任。

3. 加强组织领导。油田党委书记负责油田整体疫情防控、安全生产平稳运行组织工作。油田分管领导各负其责，分别抓好矿区道路管控、小区门禁管理等各基础网格工作。

4. 充分发挥各级党组织作用。明确各级党组织书记履行第一责任人责任，充分发挥基层党组织的战斗堡垒作用和党员先锋模范作用，党旗在防控疫情斗争第一线始终飘扬。

5. 加强宣传教育引导。宣传地方政府防控和油区“五位一体”防控行动，教育引导员工群众相信党和政府、相信油田各级组织，坚定必胜信心，凝聚战胜疫情的强大合力。

措施三：联防联控，夯实单元封闭管理

1. 管理办法。按照“潜江市政府主导、广华寺办事处牵头实施、油田协助配合”的原则，对油田矿区内确诊病例、疑似病例居住的楼栋单元实施封闭管理，该楼栋单元所有居住人员一律居家活动。从确诊病例、疑似病例被医疗机构集中收治次日起算，按照医学观察要求持续 14 天。

2. 保障措施。对封闭管理楼栋单元楼道及确诊、疑似病人家中开展全面、彻底的消杀工作，楼道消杀每日不少于 3 次，消杀率达到 100%。每个封闭楼栋单元成立一个联合包保小组，每户指定一个单位包保，被封闭居民为油田员工家属的由其所在厂处单位包保，社会人员由居委会包保。各户包保单位定期了解封闭期间居民生活物资需求，由包保小组协调相关方落实。

3. 风险管控。包保小组根据每个封闭楼栋居民特点，超前制定应急预案、突发事件处置方案，有效预防、及时控制和消除封闭管理期间突发事件的危害，保障公众生命财产安全和维护社会稳定。油田公安局负责配合广华寺办事处做好楼栋单元封闭安全保卫工作，被社区工作人员多次劝导教育后仍然违规者，依法加大打击力度。

措施四：严字当头，确保措施落实到位

1. 交通管制严格盘查。油田矿区主干道设置 5 个固定交通查控组，对油田矿区与周边村组相连处，确定封堵卡点16个，实行24h设卡管控。组建6支应急巡逻队加强路面管控。2月1日至3月13日共计检查车辆24551辆，人员28406人，累计曝光500余人，拦截违规上路车辆5339辆。

2. 小区管制严防死守。实行最严格的24h封闭式管理。各小区原则上只保留一个出入口，定时开关门。每户居民每3天可派1人，凭临时通行证外出购买生活物资，最大程度减少人员流动。各小区劝返居民3.58万人次，测温人数61.93万人次。

3. 社区管制严禁乱跑。做好外来人员排查、监督居家隔离观察、密切接触者集中隔离等工作，抓好居民教育劝导和流动人员管控。劝导不戴口罩人员6760人，驱散聚集人群6537人次。组织508名党员成立48支党员先锋队，配合基地中心做好小区门禁的管理，早晚不间断巡逻。

4. 公共管制严消隐患。第一时间关闭公园、宾馆等场所，取缔公共场所群众性活动。临时增设市场，分散市场售卖摊点，拉开摊位间距。加强集贸市场、商场出入口管理，防止人员聚集，对47400余名顾客进行体温检测和手部喷洒酒精消毒。

5. 人员管控严律全民。成立"流动调派组"，每天两次摸排新增病例、接触人员及密切接触人员。严格执行集中留观、居家隔离工作流程。职培留观点从2月4日起至4月1日累计接收306人。从2月11日起开始封闭至3月15日最后一个单元解除封闭，累计封闭65个单元722户。

三、实施效果

效果一：抗疫斗争初见成效

自1月23日启动疫情防控工作，2月初实施"五位一体"网格化疫情防控，2月25日油田实现确诊病例为零，并得到保持。

效果二：社会效益逐步显现

油田油气开采产业链保持正常运转，盐化工10条漂粉精生产线满负荷运行，产量比上年同期增长10%以上。油田"四供一业"维修改造项目如期全面铺开，实现了经营稳，产业链稳，企业稳。

效果三：油田发展后劲增强

油田疫情防控实现了"五位一体"与网格化无缝对接，增强了油田独立矿区持续搞好疫情防控和处理紧急突发事件的能力，为促进油田企业的持续健康发展，积累了宝贵经验。

原创单位感悟体会

网格化管理是创新社会化管理的核心内容。通过整合公共服务资源，组织服务团队，形成了多元化、精细化、个性化、动态化管理与服务。"五位一体"是将矿区交通管制，小区门禁管理，小区内部管控，公共区域消杀，单位人员管理五大管控要素作为一级基础网格，从油田层面对其进行一体化管理。同时，对基础网格的管控范围、参与单位、各自职责确定后，再根据工作流程对网格进行展开，形成二级、三级子网格。通过建立责任网格与流程节点的有效对接机制，形成全方位、全过程、全覆盖管控体系，有效消除了重复、交叉作业，提高了疫情管控效率。

专家点评

江汉油田面对突发情况和复杂严峻形势，创新管理方式，整合公共资源，实施了"五位一体"网格化管理，凝聚网点力量，建立有序参与机制，形成了全方位、全过程、全覆盖的疫情管控体系，提升了疫情防控和处理紧急突发事件的能力，其做法成效显著，对其他油田矿区在复杂情况下的社会管理和应急处置起到了很好的借鉴意义。

第四章

对标管理与标准化建设

案例一　中国石化国内上游油公司组织效能对标管理模式研究与实践

内容提要：中国石化国内上游围绕可持续高质量发展要求，聚焦激活力、增动力、提效率，搭建油公司组织管理效能对标管理平台，创建对标提升管理体系，对各层次、各类型业务和单位开展管理效能对标，定量显化油公司改革效果，推动各单位对照标杆找差距、对照自身变化看改革效果，制定改善措施，形成管理效能持续提升机制，组织效能和管理水平进一步提升，企业治理能力有效增强，有力支撑了上游勘探开发力度提升和高质量可持续发展。

一、需要解决的主要问题

问题一：国内上游核心竞争力亟待提升

中国石化与国内外大型石油公司相比，桶油利润基本处于国内外国际石油公司中较低水平，原油储采比不到“三超”“三大”的一半，国内上游用工多于中国石油、中国海油，远多于国际石油公司，人均产量和人均创收是中国石油的二分之一，远低于国际石油公司。同时，国家油气体制改革的加快推进，倒逼上游企业提升企业竞争力。

问题二：国内上游可持续高质量发展对改革管理提出更高要求

面对新形势新任务，国内上游必须紧紧抓住大力提升油气勘探开发力度这个最大机遇，瞄准油公司提效率、提效益改革初衷，释放扁平化、专业化优势，从根本上增强各责任主体的可持续发展内在动力，推动油公司改革实现“五大促进”目的，即促进勘探突破，提高勘探效益；促进油气资源有效开发，提高开发效益；促进资源资产利用效率提高，实现资源资产效益最大化。

问题三：油公司体制机制改革红利需要加快释放

2016 年国内上游基本完成了扁平化体制改革，2018 年全面完成了辅助生产业务在分公司层面的专业化改革。截至 2019 年年底，国内上游人均油气当量 473 吨，与油公司改革前相比增加 133 吨，但与国际油公司及中国石油、中国海油相比，人多油少矛盾依然突出，队伍创效能力较弱，全员劳动生产率不高，油公司体制机制优势未完全显现和发挥。

问题四：对标管理提升机制需进一步完善

国内上游虽然坚持开展了“五项劳动竞赛”、区块目标管理、成本目标管理等专业评比和对标，但对标不够系统，分析问题和改善提升环节薄弱，亟须优化提升组织效能对标评价管理体系，树立标杆、比出差距、发现问题、持续提升，形成管理效能持续提升机制，更好地支撑上游高质量可持续发展。

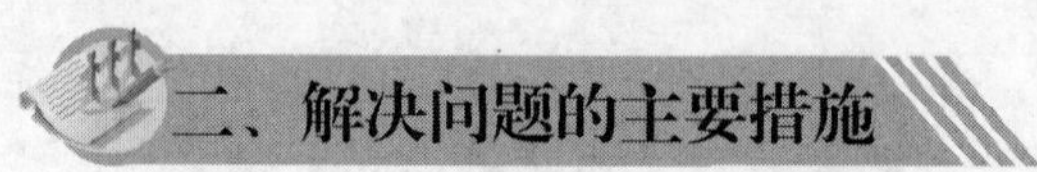

二、解决问题的主要措施

措施一：确立组织管理效能对标的思路和方法

聚焦效率、效益和质量，搭建对标、追标、创标平台，分析关键影响因素，建立反映中国石化国内上游油公司不同类型组织特点的组织管理效能对标评价指标体系，评价组织机构的精干高效水平和价值创造能力，建立季度简报和对标分析制度，引导各单位与先进水平对标，查找管理差距，制定提升计划，不断改进提升，激活力、增动力、提效率，持续释放油公司体制机制建设红利。见图 1。

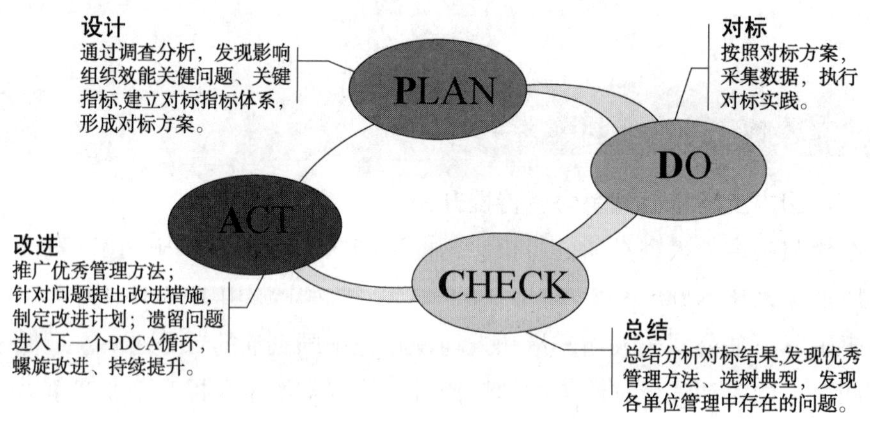

图 1　组织效能 PDCA 持续提升机制

措施二：设计组织管理效能对标体系

1. 确立对标工作原则。分析组织效能影响因素和上游现状，围绕提升管理效能核心目标，确立了对标提升、精干高效、市场化运行、效率效益、一体化统筹等 5 个原则。

2. 建立分层级对标组织体系和多部门联动的工作组织制度。明确了油田事业部、分公司、采油气厂与专业化队伍的主体责任，以及企管部门牵头、相关业务部门参与的组织架构。

3. 确定组织管理效能对标评价对象。根据管理组织效能对标追标工作的内涵和目的，国内上游组织效能对标实现了油公司扁平化组织下的所有机构全覆盖，将油公司 11 项专业分为油气生产单位、专业化业务与队伍、机关等 3 类评价对象。

4. 科学设置对标评价指标体系。坚持对标导向，从不同维度设置不同评价对象的评价指标。机关部门突出提高管理效率的对标导向，在企业机关和所属二级单位机关两个层面，主要从机关用工和机关管理费两个维度设置对标指标；油气生产单位突出提高扁平化和精干高效水平，从效益指标、效率指标、技术指标、成本指标、质量指标等五个维度设置对标指标；专业化队伍突出提高价值创造能力的对标导向，从效益指标、效率指标、成本指标、质量指标、管理指标等五个维度设置对标指标。见图 2。

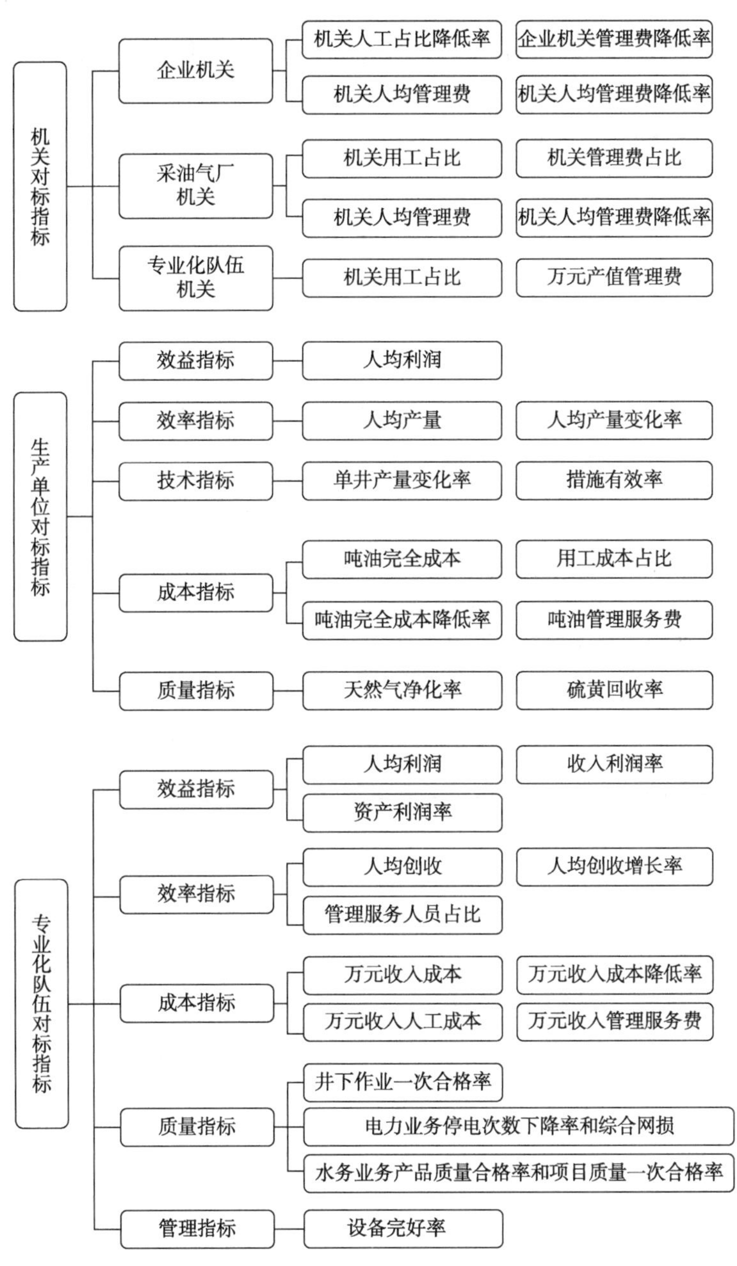

图 2　机关、油气生产单位、专业化业务与队伍对标指标体系

5. 科学确定计分方法。根据单位类别和影响因素的不同，创新形成了以分值论排名、以分差论差距的计分方法。油气生产单位、专业化业务、机关采取指标排序赋标准分计分方法，专业化队伍采用直接与标杆值对比计分方法。

6. 建立季度对标简报制度。每季度发布油气生产单位和专业化队伍组织管理效能对标简报，对比分析油公司管理效能变化情况，通报平均水平、标杆水平、各类型各层次单位排名情况和典型单位先进经验。

7. 确定对标结果应用方式。依据对标评价结果对基层单位实施分级管理，打造品牌基层队伍。对标结果与“五项劳动竞赛”“油公司专项考核”挂钩，对标工作导向性进一步增强。

措施三：建立诊断分析改进制度

1. 开展组织管理效能对标深度分析。在年度总结、组织效能对标工作总结推进会等关键时期和关键节点组织开展组织效能专项分析工作，针对性提出建设有效益、高效率的采油气厂（管理区）、建立高效的内部市场化运行机制、因企制宜推进改革创新等提升措施建议。

2. 建立月度、季度、年度三个频率的差别化定期分析制度。一是各分公司每月在油田内部开展各类型队伍管理效能对标，对各类业务、队伍的管理效能情况进行分析。二是每季度根据发布的排名情况，组织同类型单位指标与分公司平均水平、标杆水平，板块平均水平、标杆水平对比分析，提出改进目标，制定提升计划，形成 PDCA 循环和长效管理提升机制。三是分公司每半年组织相关专家对所属单位开展分析，总结先进单位经验，对落后单位制定提升措施和计划。

3. 抓好问题督导工作。强化“抓两头带中间”工作机制，根据集团公司排名通报结果，对排名靠前的单位，组织开展经验总结，形成可复制、可借鉴的管理成果；对排名靠后的单位，在强化自我整改的同时，开展纵向帮扶和横向结对子，机关处部室与二级单位、基层队伍结成专项帮扶对子，明确帮扶目标和责任，强化考核奖惩，保障整改成效。

措施四：配套对标评价系统信息化建设

推进组织管理效能对标评价信息系统建设，实现了组织管理效能对标的规范化、快速化和智能化管理，为各对标主体搭建了可视化平台，减轻了基层业务人员工作量，推动各责任主体聚焦对标结果分析和评价成果应用。建立了组织管理效能基础数据库，辅助管理者掌握业务发展规律、趋势和特点，为深化改革管理提供了决策依据。

三、实施效果

效果一：促进了国内上游可持续高质量发展

企业治理能力有效增强，整体组织管理效能大幅提高。与 2017 年相比，2019 年油气当量 6470 万吨，增加 6%；油气单位完全成本逐年下降，2019 年降至 1934 元/吨，同比下降 244 元/吨；原油盈亏平衡点持续下降，由 2017 年 72 美元/桶下降至 2018 年 70.5 美元/桶、2019 年 61.9 美元/桶。人均油气当量为 465 吨/人，较对标前增加 17.1%，板块可持续发展能力逐步提升。

效果二：提升了油公司各类型队伍管理水平

促进了各级单位对标发现组织管理效能差距和持续改进提升，提高资源资产使用效率、全员价值创造能力。截止到 2019 年，采油气厂层面人均油气当量 868 吨/人，较改革前提高 129%。作业、维修、特车、测试、公务车辆五个类型专业化队伍 2018 年、2019 年收入分别较上年增长了 20.2%、19.1%；人均创收分别较上年增长了 29.08%、17.8%；万元收入成本分别较上年下降了 6.3%、6.6%。

效果三：提升了各分公司精细管理水平

各分公司采油(气)厂、专业化队伍建立了对标评价工作机制，制定切实可行的改进提升措施。胜利油田主业单井用工下降 34.7%、劳动生产率提高 58%。江汉油田 2019 年末内部市场占有率 69.2%，较对标前提高 26.8%，内部市场收入 14.06 亿元，增加 1.58 亿元，专业化队伍用工总量减少 12.6%。江苏油田 2019 年采油厂人均利润较改革前增加 2.6 万元，吨油完全成本减少 381 元。

效果四：发挥了油公司标杆模式的引领辐射作用

打造形成了油公司建设标杆西北油田、新区采油厂建设标杆胜利新春采油厂、新区油公司建设标杆江汉涪陵页岩气开发三个标杆模式，通过对标分析和典型经验推广，营造了各级单位紧盯同类标杆，寻找差距、改进短板的“比学赶帮超”氛围，先进管理模式不断固化和拓展。

原创单位感悟体会

中国石化国内上游健全完善组织效能对标提升管理体系，就是围绕集团公司建设世界领先洁净能源化工公司的战略目标，采用标杆管理的思路与方法，搭建国内上游组织效能对标管理平台，建成了基于平衡计分卡多维组织效能评价方法的评价指标体系及方案，形成了设计、对标、总结、改进的 PDCA 持续提升机制，在各层次同类型单位之间进行对标，以促进油公司体制机制优势显现和进一步发挥，促进上游组织的规范化管理和系统化管理水平的提升，促进各级单位对标发现组织效能差距和持续改进提升，使改革方向和措施更加明确，提高资源资产使用效率、全员价值创造能力和核心业务竞争力，促进上游高质量可持续发展目标的实现。

专家点评

开展对标世界一流管理提升行动是国务院国资委增强国有企业核心竞争力作出的重大部署。该成果以此为遵循，通过强化目标引领、强化精准对标、强化能力建设、强化体系建设，推动了中国石化国内上游油公司组织效能在现有基础上取得明显提升，为各系统、各层面瞄准标杆企业、补齐短板弱项、提升管理水平提供了可借鉴的思路方向。

案例二　基于问题导向的企业短板弱项销号管理机制的建立与实施

内容提要： 发展的过程是持续变革的过程，是持续补短板强弱项的过程。胜利油田聚焦促进企业管理体系管理能力现代化，坚持问题导向，以木桶短板理论为基础，以反木桶理论、冰山理论、闭环管理理论为支撑，通过建立与实施短板弱项销号管理机制，推动油田向可持续高质量发展迈进。

一、需要解决的主要问题

问题一：建设世界领先企业需要消除短板和弱项瓶颈

截至 2019 年年底，油田累计生产原油 12.22 亿吨。巨大体量和重要地位决定了补齐短板弱项，提升发展质量和效益，对于集团公司建设世界领先洁净能源化工公司具有十分重要的支撑保障作用。

问题二：实现油田可持续高质量发展需要消除短板和弱项制约

抓重点补短板强弱项是企业管理的永恒课题。对照集团公司“筑牢根基”核心要求，以及油田高质量发展的现实挑战和长远需要，转变观念、更新理念还不到位，体制机制还需要持续优化，制度执行不到位、标准质量不高等问题亟须解决。

问题三：促进企业管理体系管理能力现代化需要消除短板和弱项限制

建立现代企业制度是国有企业改革方向。当前企业所面临的宏观环境、市场需求、技术条件等发生了深刻变化，与此相对应，企业管理存在的不适应、不符合问题亟待解决，以此不断增强企业活力、市场竞争力和发展引领力。

二、解决问题的主要措施

措施一：短板弱项查找标号策略

找准短板弱项，对其进行科学圈定并编号标号，制定针对性的措施办法：

一是对表式的策略方法。与世界领先企业对表，与行业一流、先进理念、先进指标对比查找短板。

二是巡线式的策略方法。通过与机制建设、职能优化、流程再造对比查找短板。对照油公司建设要求与标准，查摆在一些方面仍然存在的短板弱项。

三是标尺式的策略方法。通过与领导要求、制度规范、标准执行对比查找短板。

措施二：短板弱项补齐销号策略

1. 用 160 条新思想置换旧观念，消除思想短板。

一是以“五大战略”“三大目标”引领油田发展。深化实施“五大战略”，努力推动实现“三大目标”。

二是聚焦观念转变深化理念引领。在形势政策宣传方面，组成“百人宣讲团”，全员注册“奋进石化”、全员推送“手机报”，发放“明白纸”直达班组。在观念理念引导方面，连续 4 年开展“三转三创”主题活动。梳理出 55 条旧观念和 105 条新理念，以及机关职能优化 76 条新要求。在发展氛围营造方面，引导干部员工观大势、顾全局、干实事、抓落实；聚焦示范引领，层层开展典型选树。

三是融入中心任务深化价值引领。在油公司建设方面，持续加强对采油管理区职能定位、角色转换、模式变革的宣传解读。在专业化发展方面，持续加大集团公司发展战略、油田发展形势、专业化管理政策的宣传力度。在社会化服务方面，重点围绕业务职能移交后“思想观念”转变不到位等问题，持续加强政策宣传、前景分析和解疑释惑。在绿色企业创建方面，聚焦提供洁净能源和“净零”目标，持续宣贯“绿水青山就是金山银山”等理念，发布绿企行动计划白皮书。

2. 用大办公大岗位替代大而全小而全，消除机制短板。

一是体制职能问题销号。优化合并、压减油田机关部门、直属单位机关，重新明确内部部门设置，定员编制(图 1)。划分业务流、管理流、监督流，构建五大系统(图 2)，推进“大办公室、大岗位”设置。较 2018 年之前，部门机构压减 26%。开发单位机关构建综合管理、专业管理、监督管理、服务保障“四大系统”推行“管理部门+服务中心”组织架构(图 3)。

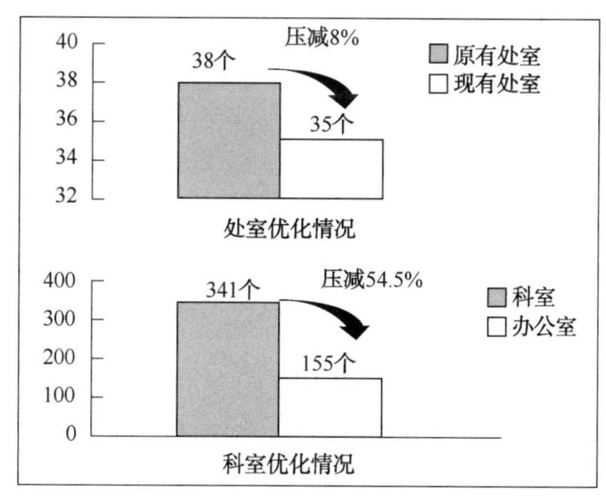

图 1　机关部门优化情况

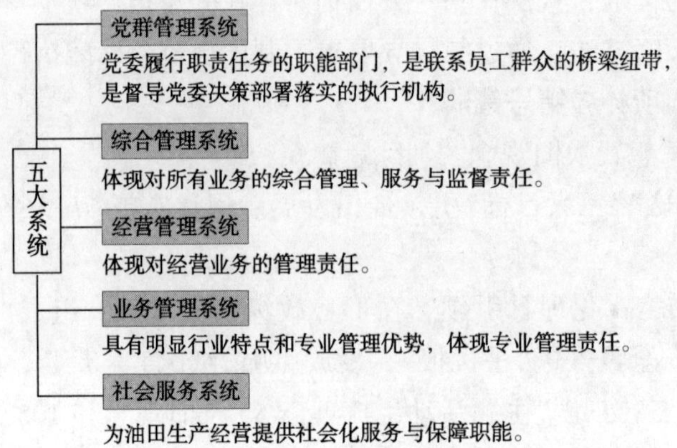

图 2　五大系统

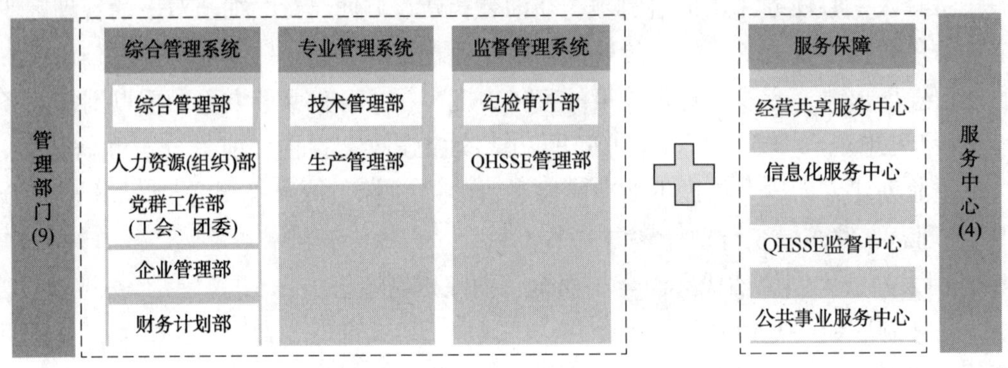

图 3　“管理+服务中心”组织架构

二是业务流程问题销号。开展业务流程再造，采用“端到端”的设计方法，建立横向覆盖油藏经营管理全过程，纵向支撑保障技术服务全领域的业务流程架构，共再造 182 支业务流程。见图 4。

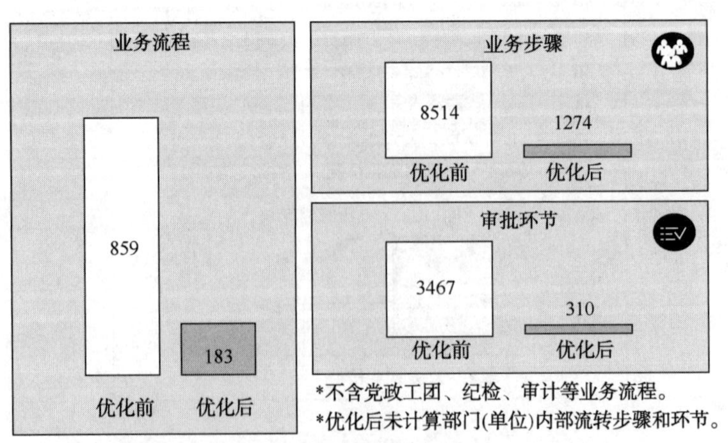

图 4　业务流程优化

3. 用全层级对标体系改进管理，消除基础短板。

一是设置考核维度。综合油田对直属单位的党建质量、经营绩效、三基工作风险管控等 6 项考核结果，对直属单位进行综合划档评价。

二是构建考评体系。建立基层单位对标评价。直属单位形成“5+*X*”考核内容，对所属基层单位考核内容 ABCD 档比例进行差异化分配。建立班组对标评价体系。基层单位根据直属单位对其划档结果，对所属班组依据各考核内容排名划档。建立大职业(大岗位)对标评价体系，依据岗位责任制落实各考核内容排名划档。

三是抓好整改提升。将现场所查问题隐患作为必须整改销号的硬任务、硬指标。机关部门充分发挥对问题整改的监督监控职能。直属单位作为推动问题整改的责任主体，在所属基层单位对问题进行举一反三式全面整改，闭环销号。对直属单位、基层单位、班组、岗位各项考核内容划 ABCD 档评价，实现短板底板显现化。

4. 用零容忍大监督全覆盖，消除风险短板。

一是安全环保问题销号。设立 10 个专业委员会，建立了管理、监督、督查、考核“四大体系”并向基层推进延伸。统筹区域督查管理，将 62 个二级单位均衡划分为四个督查区域。实施“五统一”督查运行机制，“看板管理”全面掌握重点工作运行信息，做到“四个必查”。建立健全督查问题“实时上传–确认–发布–整改反馈–复查验证–销号处理”闭环管理流程。

二是屡查屡犯问题销号。将经营管理相关职能部门监督检查发现的“屡查屡犯”问题，纳入油田经营管理风险绩效考核范围。加强内控监督检查整改，将 60 多家二级单位按 A、B、C 进行分类。加强重点领域风险管控，在内控提升行动中组织各部门全面梳理排查本业务系统的主要风险。严格招标合同管理，落实合同“首问负责制”。规范落实党委常委会议事决策规则、“三重一大”决策制度，严格重大决策法律审核把关。

图 5 为油田安全环保质量督查信息系统截图。

图 5　油田安全环保质量督查信息系统截图

三、实施效果

效果一：实现低油价下扭亏脱困，经济效益显著

油田各方面工作取得重要进展，圆满完成各项目标任务。2019 年实现挖潜增效 41.53 亿元，油田全部子公司实现盈利、提前一年消灭全级次亏损。油气生产经营更加优化。分公司油气单位完全成本、盈亏平衡点同比分别降低 345 元/吨、11.8 美元/桶。深化劳动用工模式调整，多层次、全方位开拓外部市场，全年盘活内部用工 1.36 万人、外闯市场 1.66 万人，外部市场签订合同额 17.5 亿元，降低外委费用 1.26 亿元。

效果二：建立现代企业管理制度，社会效益显著

以油藏经营管理为核心的油公司组织体系和运营机制基本构建，油田组织架构更加精干高效；以提升保障支撑主业和技术服务创效能力为核心的专业化发展、市场化运营机制基本构建，资源资产配置效率、全要素生产率、价值创造能力显著增强；以融入地方、服务居民为核心的分离移交后协调运营机制基本构建，办社会职能纳入政府管理大体系、融入社会发展大环境；从严管理、规范管理、精细管理扎实有效，质量进步、标准提升深入推进，本质安全环保水平持续提升，经营管理风险得到有效控制，初步形成与高质量发展相适应的现代企业管理制度和科学高效的管理模式，油田发展呈现出更加旺盛的生机活力。

效果三：坚持依法合规绿色发展，生态效益显著

QHSSE 管理从严从实，管理体系建设扎实推进发布实施 HSSE 管理手册，启动开发单位双重预防机制建设评估，安全生产形势总体保持稳定。提前完成绿色企业创建任务，能耗总量与强度连续 5 年下降。经营风险整体受控。推进非招标项目负面清单和应急选商制度建设，优化审计、纪检、内控、财务稽核、法律合同“五位一体”监督联动机制，经营管理更加规范有序。基层基础不断夯实。完善三基管理标准和创建考评模式，现场“三标”达标率达到 100%，停工停产集中培训实现所有工种、岗位和承包商全覆盖。

原创单位感悟体会

补短板强弱项是企业发展永恒的追求和主题。进入新时代，胜利油田聚焦集团公司决策部署，走在前做表率，立足企业管理体系管理能力现代化，对表世界领先企业目标，建立消除企业发展过程中的战略性短板和弱项的管理机制，通过对表式、巡线式、标尺式短板弱项查找标号策略，以及消除思想、机制、基础、风险短板弱项补齐销号策略，不断破除高质量发展的瓶颈制约，实现低油价下扭亏脱困、依法合规绿色发展，初步形成与高质量发展相适应的现代企业管理制度和科学高效的管理模式。

专家点评

消除企业短板和弱项是坚持问题导向、破除妨碍发展体制机制弊端的必然要求，是建立现代企业管理体系的必然选择，是提升质量效益、推进可持续高质量发展的必然路径。胜利油田以木桶短板理论为基础，通过建立实施短板弱项销号管理机制，持续消除制约高质量发展的瓶颈问题，不断提升企业运营管理效率和管理水平，有助于持续降低油气单位完全成本和盈亏平衡点，有助于增强整体发展实力和发展活力，有助于推动油田建设领先企业、打造百年胜利，这必将为夯实效益稳产基础、推动油气增储上产提供坚实保障。

案例三　基于“1+3+6”战略打造炼化企业行业标杆运行部的探索与实践

内容提要：为向可持续高质量发展迈进，长岭炼化提出以建设走在前列的优秀企业为目标，坚持三个导向，实现六个转型的“1+3+6”发展战略。通过以运行优化为基础，以管理提升为支撑，以人才队伍为保障，加强安全、环保、工艺、设备专业管理，打造指标领先、管理高效、团队一流、持续进步的行业标杆运行部，为建设优秀企业持续发力。

一、需要解决的主要问题

问题一：建设优秀企业，实现高质量发展缺乏有力支撑

运行部作为炼化企业生产装置最多、队伍规模最大、效益关切度最高的生产创效单位，必须坚持新理念引领，把握行业特征，培育自身优势。打造行业标杆运行部，顺应企业战略规划的总体布局，对于推进优秀企业建设，实现可持续高质量发展具有重要的支撑保障作用。

问题二：企业核心竞争力距离适应市场需求还有差距

石油石化企业正面临着技术转型升级、加工能力过剩、行业竞争白热化等压力和挑战。长岭炼化与沿海先进企业相比，无论是在产业规模上还是地域优势上差距还很大，与沿江周边企业相比，发展定位也不够清晰。打造行业标杆运行部，在培育自身技术优势、产品优势、市场优势、资源优势做文章，实现技术一流、产品一流、服务一流，才能在日益激烈的市场竞争中站稳脚跟。

问题三：推进企业管理体系、管理能力现代化还有不足

企业面临的行业环境、市场需求、技术条件等均发生了深刻变化，现有的管理体系、管理能力还存在不相适应的管理桎梏。具体表现在装置管控能力有待加强，安全环保基础不够牢固；管理扁平化程度有待提高，队伍活力不足、管理效率不高；现场管理基础有待夯实，规章制度执行不到位等。打造行业标杆运行部就是向管理要效益，对标先进管理模式，提升现代化管理水平。

二、解决问题的主要措施

措施一：以战略导向，统筹谋划发展布局

以公司未来发展战略规划为引领，向体系扁平化、工作标准化、管理品质化、生产系统化延伸。压缩管理层级，使运行部内部设置、规模大小、名称等与总部要求基本一致，除运行部经理、书记为专职外，其他管理人员一律下沉到区域。见图1。

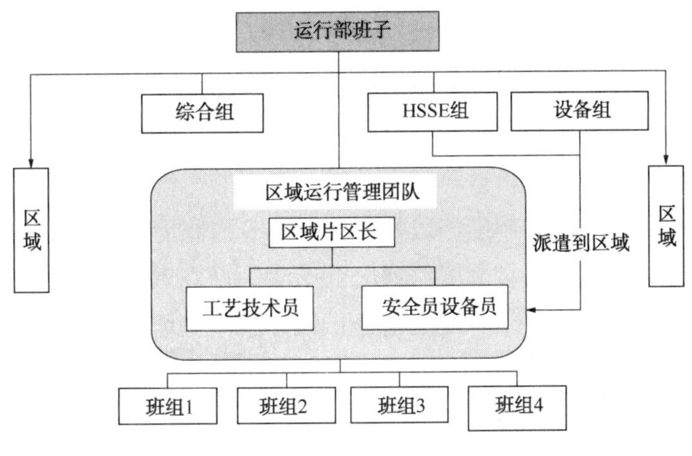

图1 管理层级一览

简化岗位说明书，推行岗位职责表单化管理，明确“当班、每周、每月”的工作内容，梳理专业管理要求，建立标准化台账，明确现场管理6个方面51项工作标准。见图2。

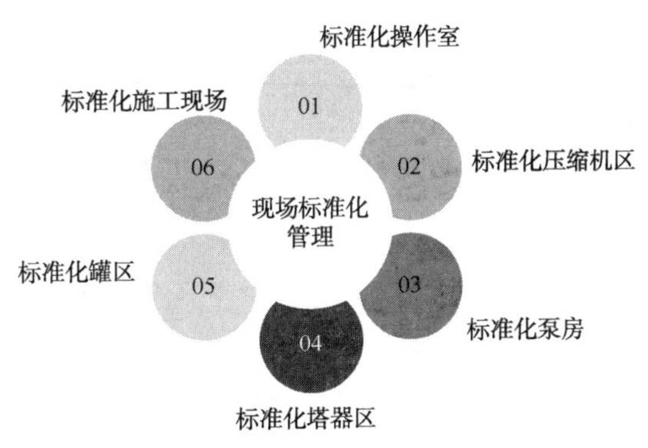

图2 现场标准化管理

加强生态建设，做好制度承接，结合实际修订完善制度，严格考核问责，形成有责必担、失责必究的管理闭环。优化加工路线和物料管理，使各项业务流程相互协作更紧密，尽可能消除浪费损耗，提高资源要素的利用率，实现“由全向精、由大向强、由新向优”的“三个转化”。

措施二：以价值导向，提升装置运行水平

坚持价值导向，在完善机制建设，加强技术攻关，提升专业管理，保障长周期运行上下功夫。构建“指令传达、信息分享、绩效评价与反馈”等三大机制；以市场需求为指引，优化产品结构适应市场；加强操作规程和技术方案管理，对各类技术方案实行分级评审，建立公司操作参数大数据库，规范工艺调整标准，收窄工艺操作指标，对标先进企业指标，按专业定期滚动开展专项分析；贯彻“长周期运行就是最大的效益”理念，全面排查装置现场问题，组织识别系统关联操作风险，形成风险清单，制定防范措施；全面梳理装置报警、联锁、平稳率、自控率等问题，全面滚动整改，创造平稳操作条件；制定运行平稳率、自控率三档目标，开展管理、班组两层级平稳率竞赛考核；整理装置近三年出现的问题，定期开展回头看活动，反查闭环管理情况。

措施三：以问题导向，构建现代化管理体系

通过管理制度梳理、流程再造、打牢基础、激发活力推进现代化管理体系建设。开展制度梳理，对重复或冲突的制度予以规范，对缺少的制度及时补充，加强宣贯；建立调度会、早会、专业周会等例会制度，列出工作清单督办执行；工作安排和操作指令必须下发表单记录，临时变更必须有变更指令；建立以作业环节和应急事件为重点的工作流程模板，实现操作过程的标准化和规范化；以 HSSE 工作为突破口，制定和完善各专业各环节的工作流程模板，减少人为因素，向流水化模式靠拢；显化各项工作执行过程，及时发现分析解决问题，提高工作效率和水平；建立反馈双向、瞬时、全天候、网格式信息平台，加强信息共享；加强基础资料建设，规范各专业台账、报表、操作记录；做实 HSSE 管理，创新安全活动、应急演练形式，每年完成 12 个科目实战轮训；严格交接班、巡检、高点检查、长明灯及票证管理，坚决杜绝漏签、代签、乱签现象；做实“四人小组”模式，按不同作业编制简单明了的监护指南，规范填写监护过程记录；以总部设备管理 KPI 指标为主目标，注重状态监测、主动维护、运行管理和预防性维修，形成体系化工作节奏，逐步实现现场网格化、设备全员化管理模式；积极推行全员量化考核，以量化考核和劳动竞赛为依据，实行个人绩效量化排名，形成多劳多得、技高多得的考核机制；改进绩效分配方式，形成 KPI = K1 + K2 + K3 绩效模式，固化绩效分配决策机制和程序。

措施四：抓实团队建设，打造“诚实劳动”的企业文化

从理论知识、法律法规、规章制度、实操能力、管理能力等五个方面梳理各岗位能力要求，明确岗位学习内容，提升员工能力与岗位任职的匹配度；制定技术人员轮岗学习培训计划，加强装置与系统关联性方面的培训，做到精一岗、懂两岗、会三岗。

以五大纪律为抓手，严格检查与考核，强化规矩意识。全力倡导“现在就干”的工作理念，发挥领导班子带头表率作用，从上至下营造“现在就干”良好氛围；建立考核机制，将办事拖拉造成生产波动事件的行为纳入考核，严肃追责；党政合力抓好监督，定期逐级开展“工作作风测评”；借鉴生产巡检制度，推行“思想政治工作巡检制”，定期巡状态检思想、巡意见检问题、巡工作检落实。

三、实施效果

效果一：技术经济指标连攀新高

在提升平稳率方面，通过高频报警整治，每周报警频次从40多万条下降至8万多条；渣油加氢装置连续运转652天，运行周期达到历史最好水平，多次获得集团公司平稳率竞赛奖牌。

在技术攻关方面，重整抽提改苯和甲苯抽提，解决了抽提超负荷冲塔问题，三苯产量创历史新高；完成航煤热源改造，实现满负荷运行，2019年增产航煤13万吨，助力公司迅速抢占航煤市场。

在降低运行成本方面，更换制氢转化炉对流段板式换热器及PSA部分吸附剂，氢气产量由40000Nm^3/h提升至53000Nm^3/h，每月可节约外购氢气成本583万元。除此之外，3$^\#$催化装置、重整装置、240万加氢装置等竞赛排名同比有明显提升，1$^\#$S Zorb装置、2$^\#$污水汽提装置进入前十名，3$^\#$催化装置、240万加氢装置、3$^\#$污水汽提装置等排名大幅攀升。

效果二：管理效率持续提升

一是转变了管理模式，从领导推动型向制度流程型转变，运行部日常工作有制度、有依据、有标准、有规范。

二是转变了管理机制，建立了无边界管理团队，以项目管理模式，强化PDCA循环，提升运行效率和管理效能，形成了有特色、有优势的现代化管理体系和方法。

效果三：队伍活力明显增强

“诚实劳动，为美好生活加油”理念深入人心，员工立足岗位精耕细作，扎根装置真学实干，依法依规安全清洁生产，严守规则、按章办事的作业标准。通过诚实劳动创造优秀业绩，收入实现整体增长，幸福感和归属感大幅增强，队伍活力有显著提升。

原创单位感悟体会

打造行业标杆运行部是一项长期的系统工程，必须在现有的条件基础上进行全方位的改造和提升，尤为关键的是，要确定好改造提升的基本方向与发力点，注重实现六个发展转型（图3），即“在发展定位上，从资源平衡型向价值导向型转型”“在发展路径上，从要素投入型向内涵发展型转型”“在管理模式上，从领导推动型向制度流程型转型”“在深化改革上，从被动改革型向主动释放改革红利型转变”“在激励机制上，从以定性评价考核为主向依靠大数据日常定量评价累积考核转型”“在企业文化建设上，通过创建学习型组织向素质自觉提升型企业转型”。

长岭炼化基于“1+3+6”发展战略，对打造行业标杆运行部进行了一些探索与实践，整体取得了阶段性的成效，对炼化企业提高装置运行水平、提升管理能力有较好的借鉴意义。

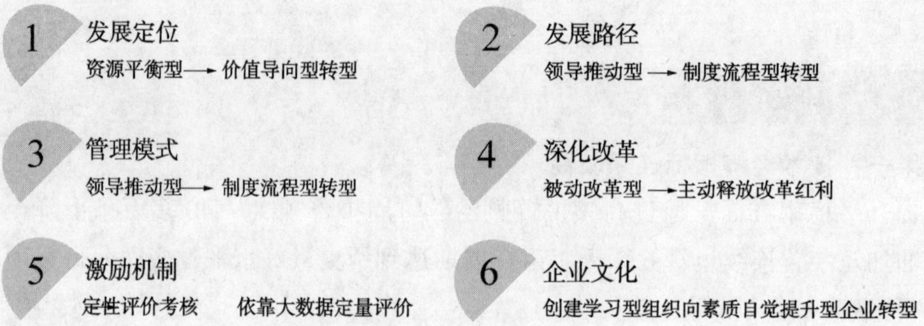

1 发展定位
资源平衡型→价值导向型转型

2 发展路径
领导推动型→制度流程型转型

3 管理模式
领导推动型→制度流程型转型

4 深化改革
被动改革型→主动释放改革红利

5 激励机制
定性评价考核 依靠大数据定量评价

6 企业文化
创建学习型组织向素质自觉提升型企业转型

图 3 六个发展转型

专家点评

长岭炼化基于可持续高质量发展要求，提出了“1+3+6”发展战略，围绕一个目标，坚持三个导向，实现六大转型。通过运行优化、管理提升、团队建设，以及压缩管理层级、推行管理标准化，做实现场，做实基层，为打造行业标杆运行部进行了有益探索和实践，对炼化企业提高装置运行水平、提升管理能力有较好的借鉴意义。

第五章
安全生产与绿色发展

案例一　基于气田生产安全一体化智能协同管理的创新与实践

内容提要：松原采气厂是东北油气分公司最主要的天然气生产单位。近年来，为推进信息化提升建设，提升安全生产水平，开展了安全生产一体化智能协同管理工作的探索，构建了安全生产一体化协同管理的体系。通过创新与实践，安全意识更强烈、安全氛围更浓厚、管理体系更完善、管理方式更到位，安全生产工作取得明显成效。

一、需要解决的主要问题

问题一：一线现场生产需降低安全隐患

松原采气厂管辖松南、伏龙泉和长岭三个气田，管辖区域点多、线长、面广，安全管控风险逐年增大。如何实时掌握生产一线的情况、实时监控设备隐患、减少外操作业风险、不断改进员工工作环境，降低现场工作危险系数，减少安全事故的发生，是采气厂当前及未来面临的关键点。

问题二：环境复杂，存在完善监控设备、优化生产需要

松原采气厂周边环境复杂，造成各个井场至处理站的网络传输非常不稳定，影响数据的实用性和稳定性。对开发过程中的生产管理进行优化，对开发生产优化难度增大、可采储量下降、地层压力不断下降等问题进行分析决策，从而更好地增加产量、提升开发效益，是迫切需要解决的问题。

问题三：业务增加，存在人员缺少、劳动强度大问题

随着松原采气厂井数和产量逐年增加，开发规模逐年扩大，岗位用工缺口大。以前生产运行情况分析以人工分析为主，劳动强度大；关键设备以单点监控为主，生产报警信息分散且报警量大，缺少针对报警信息的智能分析和优化处理。

二、解决问题的主要措施

措施一：搭建安全生产一体化智能协同平台

一是梳理业务流程，确定流程协同点。通过梳理业务流程，明确生产、安全、技术等业务流程衔接的节点，使原有的业务节点信息交互、工作衔接有利。根据生产领域流程协同的特点，划分不同的协同类型，如信息交互、质量判断、时间协同等。

二是创建全面感知、协同集成的闭环管理流程。基于工作流驱动，建立生产调度的工作流模型，实现生产运行的集成化协同管理。充分利用生产现场的生产数据、巡检数据、报警信息以及管理信息，建立贯穿采气厂生产运行全环节、全过程的智能生产运行协同指挥平台，实现“问题发现-问题上报-问题处置-任务制定-任务执行-跟踪督办-宏观动态把控”的网上闭环管理。

三是建立生产安全一体化调度管理新模式。采用 GIS、三维仿真建模、4G 专网等技术，利用可视化手段集成单井、站库、管线、车辆等实时监控、报警信息，实现单井、场站的在线巡检，实现采气厂生产安全智能化管控。

四是建立安全风险智能判别、预警等一体化监控体系。以“安全生产”为主体，完成直接作业管理、安全检查、风险管控一体化监控。视频监控方面，实现高清视频球机，实现音频报警、电子围栏、移动侦测、远程喊话、视频轮巡、远程回放。数据可视化方面，完成 22 个井场、29 个集输处理站、2 个集气站的仿真工艺流程图绘制，设实时监控点 1363 个，实时现场生产状态实时可视化展示。见图 1。

图 1　安全风险分布图

措施二：完善全过程风险管控，提升安全管理水平

一是操作风险自动推送。基于岗位工作 JSA 分析、HAZOP 分析识别任务风险，自动匹配任务对象，适时推送任务操作风险提示。

二是直接作业票据线上签发。通过签署逻辑的关系保证了票据签署环节零失误，从源头上杜绝了票据签署不规范的问题。

三是线上办理承包商资质和入场在线考试。实现工区内的承包商线上办理入厂手续、线上审核资料、线上考试和统分，确保承包商队伍资质、人员资质、作业工器具符合采气厂各项要求。见图 2。

四是实现 HSSE 管理台账的电子化和标准化。台账信息可随时调取，随时查证，各类数据推送到工作台。实现了承包商队伍资质、人员资质、作业工器具过期提前预警的推送。

图 2　承包商在线管理

措施三：改变传统工作方式，升级“五可”生产安全管控体系

实现了可视(看)、可巡(控)、可记(录)、可检(测)、可报(警)的“五可”安全生产管理体系。见图 3。

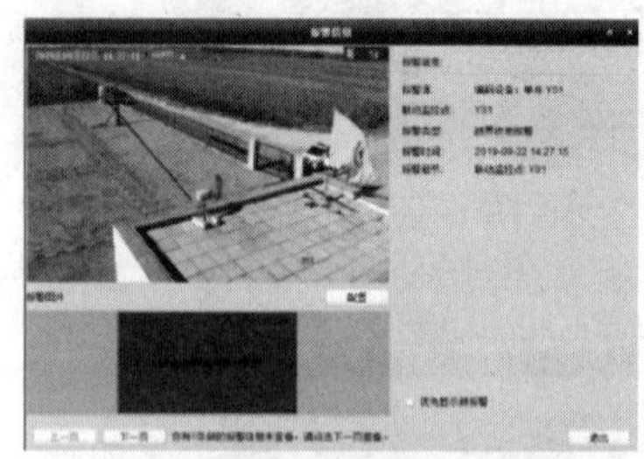

电子围栏/越界侦测

装置检修作业现场监控

重点区域集中监控

YDP1 移动侦测、追踪

增压机房

越界侦测、夜间监控

图 3　现场作业监控图

一是“内操+外操”巡检模式，构建井站一体化管控。内操在生产指挥中心及时发现问题，外操在现场解决问题，工作重心由“巡检+故障”处理改为“监控+预维护”。

二是建立生产参数预警机制，实施“一点一策”的精细化安全管理。建立全部生产节点分类分级的隐患预警机制，完成实时数据及报警信息的综合分析诊断。

三是建立故障经验库，提升故障判断准确率。建立单井故障案例库和专家系统，采用大数据技术进行工况异常智能识别和诊断，实现了异常预警由事后发现转变为模型主动预警。

四是设置预警模型，及时提供预警信息。按照逻辑判断流程建立预警模型，通过自动化数据、生产动态数据、监测数据等信息，实现了生产安全信息的预警。

五是风险评估分级管理，建立智能预报警机制。采用多目标多方法的综合风险评估模型，确定了采气厂一般问题、中级故障、大型故障、特大故障四级预警级别及相应上报机制。

六是建立一井一策的分析模型，实现单井智能管理。对产能状况、压力、温度等生产动态进行实时分析，建立一井一策的分析模型，实现气井生产参数的合理优化。

七是打造“智能工单”系统，实现管理精细化。建立 1 个厂级流程任务、8 个基层流程任务和 180 个规范化任务工单，形成厂级生产调度任务工单，实现调度任务的计划、实施、检查、总结(PDCA)循环管理和工作安排的下达、执行、监督检查的闭环管理。

措施四：业务工作线上闭环运行，提升生产运行协同能力

一是年度重点工作在线监测运行。将年初制定的安全生产重点工作录入系统，按责任分工逐条指派给牵头人及落实人，在线记录每项工作全部运行过程。年终通过综合数据分析，对比未完成工作分布的类型及部门，总结经验教训。

二是生产任务在线派发。生产任务在线发起、审批，完成后，通过系统实时反馈，形成闭环管理，整个任务过程可追溯。实现车辆在线申请、派遣，可通过 GPS 系统对车辆行驶路线、时速、位置进行实时监控。收车后，当日行驶的参数(行驶里程、油料等)上报至系统、存档，降低了车辆使用的廉洁风险。

三是生产资料共享互通。采用 11 种拟合算法，结合人工剔除噪点，实现单井和气藏生产动态预测。通过与 EPBP 互通，实现生产动态和运行参数共享，通过对各类表格和记录进行整合梳理，自动绘制周、月、年度产量统计表，有效地实现了数据互通与共享。

三、实施效果

效果一：形成了协同管理新模式，实现了生产安全一体化

经过几年的探索与实践，东北油气分公司依托“四化一体”(预警智能化、监控可视化、运行闭环化、决策精准化、一体化协作)建设理念，通过在松南气田示范试点的探索应用，完成了气田的生产安全一体化协同管理模式建设与实践。通过嫁接、融合与提升，该管理模式可在其他采油气厂进行全面推广。

效果二：提升了现场管控水平，降低了现场作业风险

一是明确了作业风险识别及对应措施，强化了现场作业规范性。建立了现场巡检、设备启动、关停、保养等 8 大类 160 多小类业务标准与规范，自动匹配任务对象，适时推送任务操作风险提示，降低了安全隐患。2019 年，共产生巡检 1072 次数，任务执行率提升至 98.7%。

二是直接作业远程监控强化了现场管理，降低了作业风险。4G 专用网解决了恶劣天气下数据无法传输的问题，数据传输稳定性为 99%，井口异常有效报警率为 94%。安全管理人员通过指挥调度平台，开具电子作业票 331 张、厂级安全检查 12 次、人员证件预警 58 次、安全阀年检预警 78 次，做到了对现场作业、人员状态等的全程监视，降低了作业风险。

三是实现了承包商全流程在线管理，建立了承包商管理规范体系。以前松原采气厂每周培训 2~3 次，需要专职安全管理人员 1 名，每月入厂手续办理需要投入时间 40h。系统上线后实现了承包商在线学习、在线考试，自动阅卷、自动办证，安全管理人员只需过程监督即可，每月办理时间缩短至 1h。

效果三：健全了设备管理体系，提升了设备综合效能

松原采气厂按照炉类、塔类、换热类、泵类等 12 个类别进行划分，完成 1217 个设备设施的完善，设备电子台账完善率由 68.2%上升到 98.3%，实现生产设备监控覆盖率 100%。基于任务工单，对 7 类重大设备建立保养规章，提前 1 个月进行提醒，保障了装置的安稳长满优运行。

效果四：协同管理提高了人员劳效，降低了生产成本

“现场+指挥”管理模式改变了人工巡检模式，自动判断故障快速锁定异常。采气厂原来有两个巡井班，4 台巡逻车，每日油耗约 60L。在线巡检模块的建设，大大提高了采气厂巡检效率。单次巡检时间由 120min 缩短至 20min，劳动效率提升 84%，人员由定员 32 人优化至 17 人，优化了用工，每年节约人工费用约 390 万元，同时每年节约了巡检费用约 16 万元。

效果五：实现了气藏动态在线分析，提高了气田开发技术水平

气田生产内置拟合算法，结合人工剔除噪点，实现生产动态预测，单次操作时间由 2h 缩短至 20min。把研究人员从模式化、固定化的工作中解放出来，既提高了工作效率又缩短了应急情况的响应时间，为不断探索气田科学开发，实现提质增效，提供新途径和新措施。

原创单位感悟体会

东北油气分公司基于对松南气田生产安全一体化智能协同管理平台的建设和应用，建成了一套覆盖生产全过程的物联管控平台，构建了基于实际业务流程、符合生产实际需要的信息化调度指挥平台，实现了以生产运行为中心的一体化协同管理模式，大大提升了全面感知、集成协同、预警预测及分析优化四项能力，为全面打造智能气田、助力“高效勘探、效益开发”提供了强有力的保障。在油价持续低迷的严峻形势下，安全生产一体化智能协同管理对油田、气田管理方式的转变具有深远的示范意义。

专家点评

该成果通过建设覆盖生产全过程的物联管控平台和基于业务流程需要的信息化调度平台，实现了以生产运行为中心的一体化协同管理，极大提升了“全面感知、集成协同、预警预测与分析优化”四种能力，在管理模式创新、现场远程管理、设备智能监控、气藏生产数据共享和动态在线分析等方面，取得了显著成效。该项成果的推广，对油气田企业全面打造智能油气田，转变管理方式，助力高效勘探、效益开发具有极大的借鉴意义。

案例二　千万吨级炼化企业“绿色工厂”的创建

内容提要： 随着国家能源安全战略、生态文明建设的要求越来越高，如何探寻一条高效的“绿色工厂”管理方法，抢占绿色低碳发展的制高点，是炼化企业亟待解决的问题之一。作为国家第一个千万吨级高含硫原油加工的能效领跑者标杆企业，青岛炼化以“清单管理法”为抓手，从被动治理转向主动谋划，积极探索出了一条以“奉献清洁能源，践行绿色发展”为理念，以提供更多优质生态产品为己任的“清洁、高效、低碳、循环”的绿色发展之路，为国内炼化企业树立了新的绿色制造标杆。

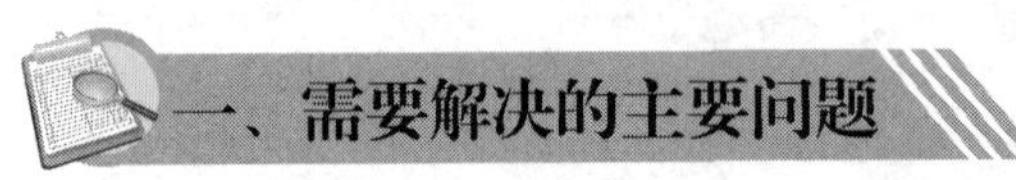

一、需要解决的主要问题

问题一：建设资源节约型、环境友好型企业的要求

十九大以来，中国明确把生态环境保护摆在更加突出的位置。我们既要绿水青山，也要金山银山。建设生态文明是关系人民福祉、关乎民族未来的大计，是实现中国梦的重要内容。作为国家第一个千万吨级高含硫原油加工的能效领跑者标杆企业，推动国家经济社会持续发展，保障国家能源安全，加快推进生态文明建设是我们重大的政治责任和基本任务，更应该从被动治理转向主动谋划，积极探索建设一条以“奉献清洁能源，践行绿色发展”为理念，以提供更多优质生态产品为己任的“清洁、高效、低碳、循环”的绿色发展之路，为国内炼化企业树立新的绿色制造标杆。

问题二：建设世界一流炼化企业的要求

按照集团公司的统一工作部署，要求把青岛炼化“建设成具有国际先进水平的炼化企业，管理成具有国际先进水平的炼化企业。公司的能源消耗费用约占企业总加工费用的30%以上，是最主要的可控部分，且相对于其他指标而言是较为重要和关键的指标。世界一流炼化企业能源消耗EII(能源密度指数)的先进指标为78，对照这一指标，公司制订了率先实现“建设世界一流炼化企业”能耗指标的五年规划。要实现这个目标，采用创新的节能环保管理方法是企业的必然选择。

二、解决问题的主要措施

措施一：制定绿色发展规划目标清单

1. 动态调整产业结构。优化产业结构，推进结构调整环保提升项目。根据国家要求地方建设新旧动能转换综合试验区的要求，实施结构调整环保提升改造，建设浆态床渣油加氢及配套系统，减少高硫石油焦产量，实现高硫石油焦零出厂。

2. 构建绿色物流。充分利用管道优势，配合地方新机场管线建设，大幅降低公路、铁路航煤输送占比。充分利用大船出口优势，充分发挥公司地处沿海，临近港口，海运便捷的天然优势，依托现有储运设施和油港一期油码头、液体化工码头，统筹考虑利用成品油首站库容，对公司储运设施和油港公司码头进行消瓶改造，增加公司成品油出口能力。

措施二：能源生产和使用绿色化目标清单

1. 成品油清洁优质化。公司生产的汽油执行 GB 17930—2016《车用汽油》标准，已具备全部生产车用汽油(VIA)条件；车用柴油执行 GB 19147—2016《车用柴油》标准。公司内贸出厂汽柴油 2018 年达到国Ⅵ标准要求，船用燃料油硫含量低于 0.5%(质量)。

2. 开发新能源。根据国家《关于扩大生物燃料乙醇生产和推广使用车用乙醇汽油的实施方案》，2020 年全国范围基本实现车用乙醇汽油全覆盖要求，开展乙醇汽油方案编制工作。

措施三：生产过程绿色化目标清单

1. 源头减量化升级改造。源头把关结合总部管理要求，开展公司相关制度符合性的排查工作，并同步对公司制度中节能、环保专篇审查分工等进行修订，要求合作的设计单位、评价单位同时学习宣贯。在新、改、扩建项目的节能专篇中要对碳排放进行定性和定量相结合的评价分析，从设计源头符合清洁生产，并达到设计高水准，可研阶段中应至少提供两个不同的节能环保降碳方案，从项目工艺技术、设备选型等方面进行比选排队，深入论证清洁生产相关措施，确保可靠、先进。

2. 生产过程清洁化管控。推广应用设备完整性管理体系，提高装置安全稳定运行周期，实现“四年一修”。加强装置无故障运行管理和考核，确保装置非计划停工为零。通过优化原油加工方案、优化中间原料流向保证核心装置平稳运行。

3. 资源能源利用最大化。以“全局用能最优”为原则，积极采用新技术、新设备、新材料。实施催化烟气轮机节能改造项目，采用新开发的马刀叶型动叶片，对设备关键组件进行更换；实施重整“四合一”加热炉增加余热回收系统节能改造项目，实现排烟温度低于 90℃。见图 1。

4. 污染治理高效化。打赢蓝天保卫战。强化环保设施管理，各运行部及相关专业优化动力中心 CFB 锅炉、催化烟气脱硫脱硝设施、硫黄尾气提标设施、工艺加热炉、污水处理场废气治理设施、储运 VOCs 治理设施运行，确保外排废气稳定达标排放。

5. 有效防范重大环境风险。建立动态环境风险识别与评估机制。各单位每季度开展环境风险评估和识别工作，同步更新本单位环境风险源风险等级，存在环保隐患的，各单位制定风险防控方案、隐患整改方案、事故应急预案，并提报环保隐患治理项目，明确整改时间节点和责任人，同时每月汇报环保隐患整改情况。

图 1　青岛炼化重整装置余热回收改造

6. 深化“互联网+”与绿色生产融合。不断优化环境信息管理系统运行，与石化盈科配合，继续完善 LDAR 管理软件 V1.0 系统、环保统计系统、VOCs 管理系统，不断提高环境管理信息化水平。

措施四：生产服务绿色化目标清单

打造绿色供应链。把绿色供应链理念贯穿到整个采购过程中(包括采购制度明确、采购文件的编制、招标的评分标准等)，把环保、节能等绿色因素融入整个供应链，充分利用具有绿色优势的外部资源，并与具有绿色竞争力的企业建立业务关系，使供应商集中精力去巩固和提高自己在绿色设计、绿色制造、绿色包装等方面的核心能力和业务，达到整个供应链资源消耗和环境影响最小。

措施五：科技创新绿色化目标清单

1. 开发、推广绿色工艺技术。加强与科研院所合作，提升科研项目含金量，打造科技创新企业品牌。紧跟市场需求，进行高速高透 BOPP 专用料、地毯基布专用料等新产品开发的工艺技术研究；抓好适应最新环保要求的新型高效脱硫溶剂、高效氢气脱氯剂等科研项目的开发利用。

2. 研究开发资源循环利用技术。研究构建有效的氢气系统综合监控平台、氢气平衡与优化软件系统，实现基于模型的优化操作及优化调度，通过氢夹点分析、超结构优化等技术制定科学的氢气管网优化改造方案，充分回收加氢处理 PSA 尾气、加裂干气等低品质氢源中的纯氢，实现氢气资源的优化分级利用。

措施六：企业文化绿色化目标清单

1. 建立绿色发展长效机制。统筹推进与绿色工厂相适应管理制度建设工作。对照绿色工厂评价要求，进一步完善《公司环保管理手册》，建立从严从实环保管理长效机制，落实环保专业和专业环保职责。

2. 培育绿色文化。积极开展“清洁生产月”活动。结合“六・五”环境日对绿色文化进行宣传；邀请行业专家开展环保政策、法规和绿色发展理念的培训，提高员工绿色发展意识；通过微信、报刊、宣传栏、标语等多种形式开展宣传工作，全面提高公司的绿色文化氛围。

3. 建设绿色品牌。推动“开门、开放”文化深入。持续开展公司公众开放日活动，以每月 1 期的频次邀请利益相关群体及媒体参加，加强沟通、交流和合作，改善企地关系，凝聚发展力量，营造改革发展和生产经营良好环境。见图 2。

图 2 青岛炼化公众开放日现场

三、实施效果

效果一：经济效益显著

通过绿色工厂创建，青岛炼化的轻油收率、高附加值产品收率、综合商品率、加工损失率、综合能耗、原油储运损耗率、万元产值能耗、污染物排放等指标均有较大幅度提升。炼油综合能耗由 2017 年的 55. 66 千克标油/吨下降到 2018 年的 55. 3 千克标油/吨，实现经济效益(55. 66−55. 3)×12255188/1000×3500 = 1544. 15 万元。见图 3。

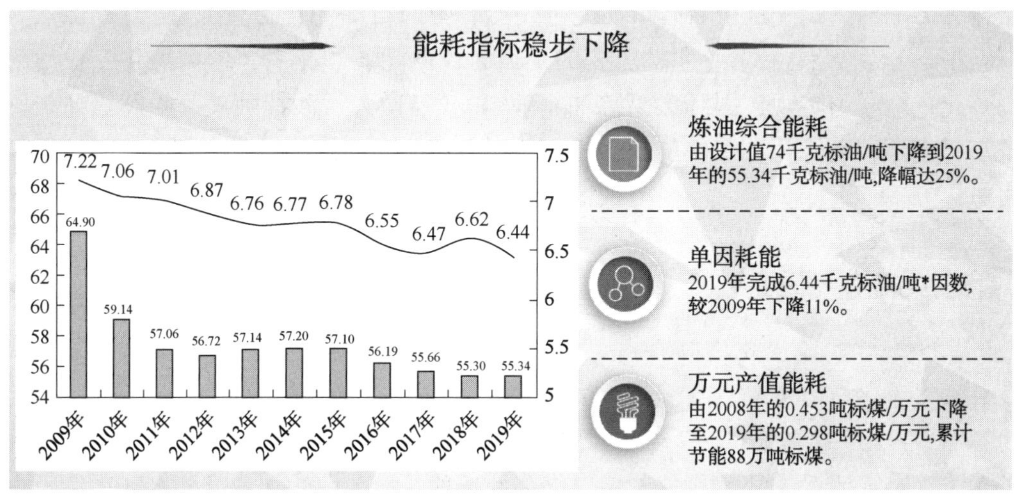

图 3 青岛炼化能耗指标稳步下降

效果二：管理水平显著提升

通过绿色工厂创建，公司上下逐渐形成了适合企业实际的绿色发展长效机制。公司成为地方第一家通过国家能源管理体系审核认证的“十二五”国家万家企业节能低碳行动的单位。公司的《渐进追赶能源管理模式》被国家发改委推荐参加并获选国际能效合作伙伴关系（IPEEC）的国际“双十佳”最佳节能实践。公司2017年获得中国石油和化学工业联合会首批“绿色工厂”荣誉称号。见图4。

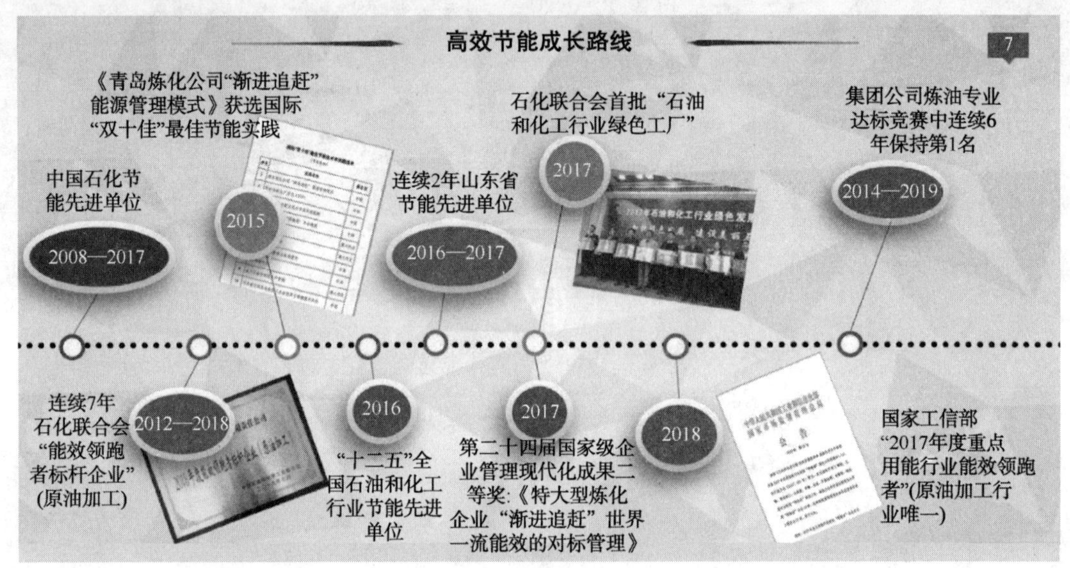

图4 青岛炼化高效节能成长路线

效果三：实现绿色工厂并产生辐射带动作用

通过绿色工厂创建管理，公司的能源消耗量、污染物排放量逐渐下降，减少了二氧化碳等温室气体的排放，取得了较好的社会效益，提升企业核心竞争力。按照国外的炼厂绩效评价方法，反映炼油厂能源利用水平的能量密度指数在中国石化炼油企业中连续多年排名第一。公司先后荣获省节能先进企业、中国石油和化工行业联合会“能效领跑者”炼油第一名等荣誉称号。更为重要的是作为行业能效领跑者，国内炼化企业纷纷到青岛炼化进行学习参观，国际大型炼油企业BP、巴斯夫、沙特阿美、哈萨克斯坦阿特劳炼厂等也到青岛炼化参观交流，为中国炼油工业走出去，参与“一带一路”建设做出了贡献。

原创单位感悟体会

“清单管理法”是企业应对急剧变化的环境，提升自己应对能力的有效措施。青岛炼化在面对环保压力激增，建设“清洁、高效、低碳、循环”的绿色工厂的要求目前，努力探索，采用“清单管理法”这一具有鲜明的导向性、计划性、可控制性和可追溯性的管理方法，实现了企业由粗放经营向绿色制造的转变，为中国石化树立了新的绿色制造标杆。

专家点评

本案例运用“清单管理法”，通过推动绿色文化培育、健全与绿色工厂相适应的环境保护管理制度、提升主要污染物排放指标和主要技术经济指标、建立清洁及节约生产运营体系、打造绿色品牌、建立土壤污染防治管理体系、构建绿色供应链等七大战略目标清单，明确控制要点，按清单执行，创建“绿色工厂”，具有鲜明的导向性、计划性、可控制性和可追溯性，实现管理的动态化，保证工作过程和结果的效度相对最大化，为炼化企业转型升级、实现绿色可持续发展探索出了一条切实可行可复制的方法。

案例三　石油化工流程行业设备完整性管理创新实践

内容提要：石油化工行业具有高温高压、易燃易爆、有毒有害、连续生产等特点。“炼油就是炼设备”，设备必须要确保装置安全、稳定、长周期、经济运行。传统设备管理模式下，存在事后维修、经验分析、前期缺位，管理碎片等硬伤。武汉石化自主创新，创造性提出了以预知维修为导向的设备完整性管理体系三维实践架构，发明预知维修技术工具成功应用，设备管理业务全流程数字化处理，建立设备关键绩效指标体系，配套完成“专业管理+区域协同”两级矩阵组织架构改革，有效植入设备完整性管理信息平台。初步实现了设备管理标准化、标准程序化、程序表单化、表单信息化，致力于最终实现全生命周期、全过程、全方位的设备管理。

一、需要解决的主要问题

问题一：行业对标“世界一流”需要设备完整性管理

炼油就是炼设备，设备是生产的基础，基础不牢，地动山摇。国际先进石油石化企业设备管理经历了由事后维修到预防维修等方式的转变，通过设备管理体系化的推进，应用前沿的风险评估技术，装备先进的监测检测手段装备，已经进入基于风险的设备设施完整性管理的现代设备管理阶段。借助互联网、云计算、大数据支持的设备信息化平台，实现了设备信息的高效流转和智能分析，装置长周期运行水平达到五年一修。国内同行业对标“世界一流”，虽然企业规模也在日益扩大、装备自动化水平快速提升，但在设备技术与管理方面却未得到同步发展，仍然处在传统设备管理阶段。补齐短板，需要优化人、制度、技术工具、大数据应用各个关键要素。“设备完整性管理”是仅有的被英国标准协会(BSI)和国际标准化组织(ISO)发布的标准规范。

问题二：企业可持续发展需要设备完整性管理

武汉石化也正在成长巨变。炼油加工量近千万吨，炼化一体化配套，固定资产数百亿元，但设备管理组织架构一直采用直线职能制，设备管理人员基本没有增量，人均管控设备台件数从两位数到三位数直逼四位数。一线设备员深陷联系、开票、领材料三件事，设备“三率”自说自话，事后维修、经验分析、前期缺位、管理碎片，这些传统设备管理的硬伤在武汉石化不同程度存在。如何转型升级图破壁，武汉石化开始探索设备完整性管理体系建设。

问题三：集团统一监管评价需要设备完整性管理

“局部有亮点，整体不成体系”，这一现象在集团也同样存在。中国石化各炼油企业在长期设备管理实践过程中，形成了许多好的管理办法和管理模式，如镇海炼化“医生+护士”模式、扬巴公司巴斯夫管理模式、广州石化 TnPM 管理模式等，但这些模式存在个性化强、不易复制的特点，更难以在集团层面对设备管理业务进行统一监管，数据计量和比较评价。集团也迫切需要一套科学的设备管理体系，并多次组织专家论证。武汉石化“敢为人先”，成为首个试点单位，全方位推进设备完整性管理体系建设。

二、解决问题的主要措施

措施一：提出设备完整性管理体系三维实践架构

洋为中用，古为今用，取其精华，去其糟粕。经过三年多的艰苦努力，武汉石化搭建起以关键绩效指标 KPI 为引导，以管理、人员和技术三根主轴为支撑、三根主轴交叉融合三维立体的、具有中国石化特色的设备完整性管理体系。为搭建好这套体系，武汉石化进行了一系列的组织机构改革、管理流程整合。开发了设备完整性管理平台以及与之相对应的专业技术工具。完成了设备完整性的体系文件、程序文件和作业文件的编制和修订，形成了一整套设备完整性的管理文件。体系的运行，带来了设备管理方式方法的颠覆性变革。见图 1。

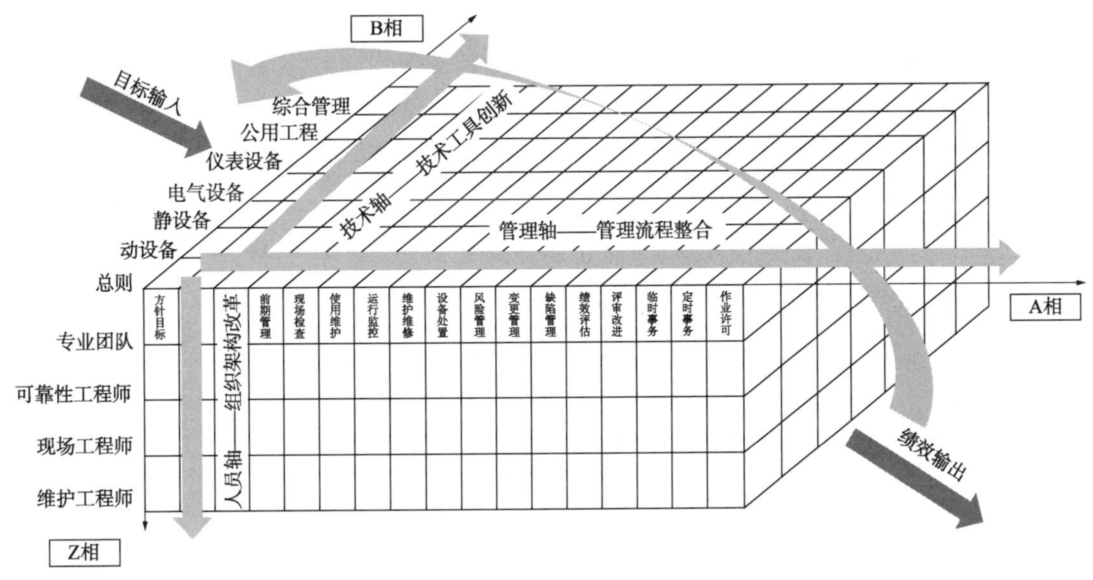

图 1　设备完整性管理信息平台：三维架构模型

措施二：创设设备关键绩效指标体系

过去的石化行业设备关键绩效指标，通常以完好率、故障率、泄漏率来评价设备的运行状况，但每个炼厂的设备都有数百万台，三率的客观性很难被核查验证。受集团委托，武汉石化成立了“设备关键性绩效指标体系研究”项目组，经过调研分析比较，提出了一整套设备关键性绩效指标体系，集团已正式发布应用。设备关键绩效指标与国际接轨，以装置可靠性指数、维修费用指数等指标评价设备的运行状况，兼顾设备运行的经济性。同时，设备运行数据全部在线录入，系统自动计算得出结果，数据客观可核查，而且实现全球可比。

措施三：打造“专业管理+区域协同”两级矩阵设备组织架构

人员方面，武汉石化抽调装置部分设备技术人员成立设备技术支持中心，按机、电、仪、静专业组建设备可靠性工程师队伍，维保单位配套组建维护工程师队伍协同，业务上接受分管车间设备主任的统一调度管理。车间设备主任麾下集结可靠性工程师、维护工程师、现场工程师(原设备员)各路兵马，管理重心下移，管理流程缩短，管理效率提高。设备组织架构由简单的直线职能制转变为两级矩阵制，全面实现了“专业管理+区域协同”职能。见图 2。

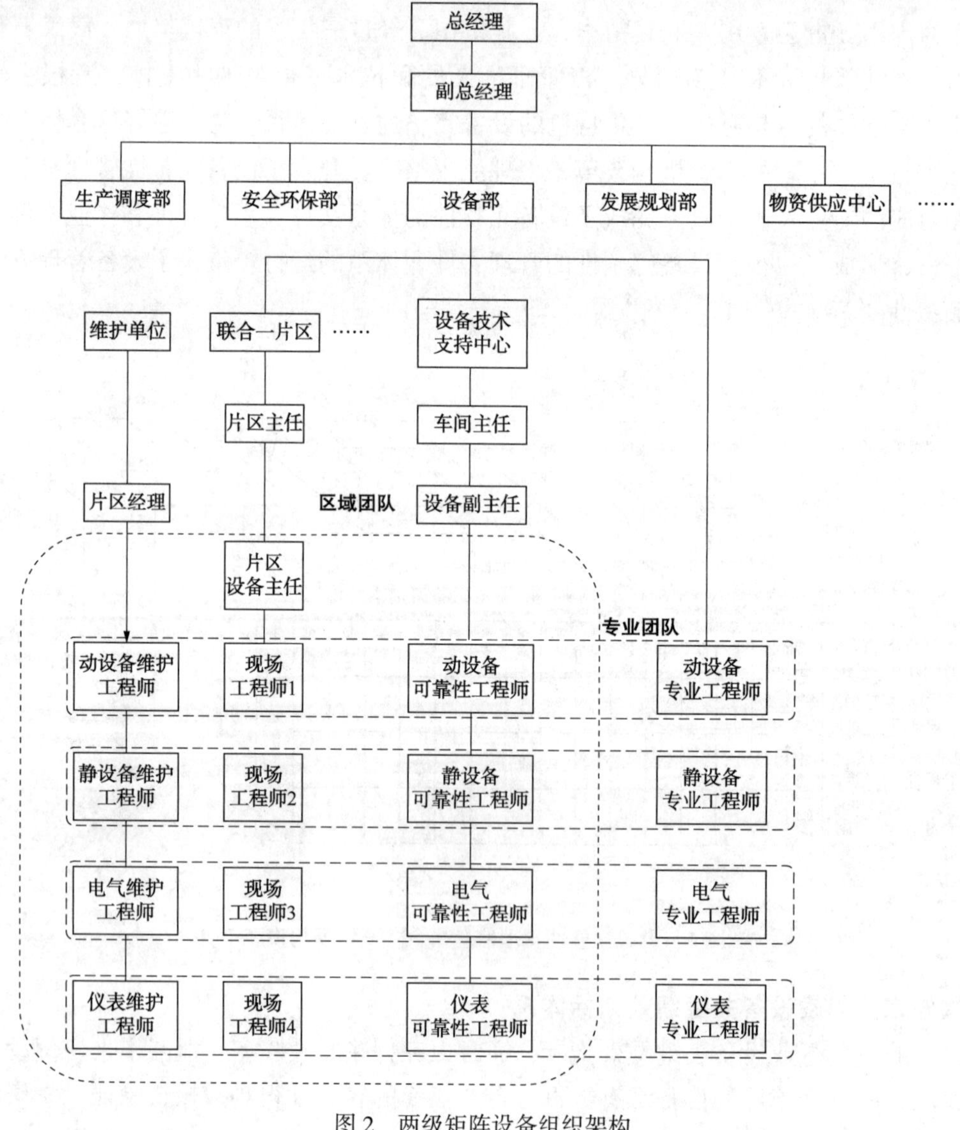

图 2　两级矩阵设备组织架构

措施四：发明应用动态预防性维修技术工具

技术方面，在构建设备完整性管理体系的过程中，武汉石化各专业均实施了技术工具的开发和集成应用，如：动设备专业以 RCM 为基础开发了以动态可靠性为基础的预防性维修系统(DRBPM)，并将功能扩展至压缩机能效测算；静设备以 RBI 为基础开发了腐蚀在线监测系统、设备运行工艺环境监控系统、换热器能效监测平台等；电仪寿命管理平台正在创新研发过程中。技术工具集成应用的核心是对设备设施大数据的应用，让预测性维修决策更精准高效。

措施五：设备管理业务全流程数字化处理

驾驭百亿资产，管控好十万台设备由生向死的设计、采购、施工、安装、验收、投用、检修、改造、报废的每个阶段，必须整肃设备管理实践业务中的“散、乱、杂、碎”。进行设备管理业务全流程数字化处理，是提高设备体系管理绩效的必由之路。通过蓝图、要素、分工解构，制度、流程、表单设计，实现了设备管理标准化、标准程序化、程序表单化、表单信息化处理，让不同的人干同一件事，执行同一流程，遵照同一标准，达到同样结果。此外，以“三检”“特护”为代表的中国石化特色工作法也被纳入体系中运行，传承经典。

三、实施效果

在炼油事业部的指导和青岛安工院的帮助下，武汉石化的设备完整管理实践取得了可喜的社会效益和经济效益。

效果一：实现“四年一修”长周期安全环保生产

在集团首批“四年一修”八家试点单位中，武汉石化在 2012~2016 年未因设备原因造成非计划停工，装置运行末期各项设备技术指标无明显劣化，被炼油事业部评价为综合绩效最好的一家。武汉石化 2016 年的停工大检修，“八分准备、二分实施”，停得稳、修得好、开得顺，获得工程部总经理奖重点项目奖。设备完整性管理体系的建设，保障了安全环保生产。设备完整性管理以风险管控为中心，以“可靠性+经济性”为原则，以设备全生命周期运行为主线，通过提高专业安全水平确保安全生产，致力于消除设备隐患，改善设备健康，确保装置长周期运行，有效避免生产损失、人员和环境事故，为安全提供坚实保障。

“绿水青山就是金山银山”。环保设施安全稳定长周期运行，突发故障基本杜绝，现场“跑冒滴漏”基本杜绝。企业每年“公众开放日”接待周边群众和高校师生，环保接受地方监管“零投诉”，外排污水池成为锦鲤乐园。企业日益成为一座现代化的“绿色工厂”。

效果二：设备绩效指标优良，经济效益显著

经测算，武汉石化装置可靠性指数为97.24%，维修费用指数为133%，指标处于国际国内同行业先进水平。其中，故障性检修比率由 2010 年的 16%降为 2017 年的

3.65%，大机组故障率由2010年的0.15‰降为2017年的0.02‰，转动设备平均无故障间隔时间MTBF从2010年的11个月上升至2017年的43个月，吨油修理费在非大修年始终控制在30元/吨以下逐年递减，2017年为22.82元/吨。在集团公司范围内首批高质量实现“四年一修”长周期生产。由于设备故障大幅减少，装置长周期平稳生产，综合开停工、大修、设备故障给生产带来的损失等因素，设备完整性管理体系在武汉石化实践后，经济效益估算在1亿元/年以上。

效果三：管理效率大幅提升

设备完整性管理体系覆盖设备生命全周期、全过程，覆盖设备管理全方位、各层级，并实现设备管理标准化、程序化、表单化、信息化，夯实了三基工作，向“不同的人干同一件事，遵循同一标准，执行同一流程，达到同样结果”迈出了一大步。统计显示，设备从业人员保持在低位，人均管控设备台件数稳居炼油板块前三名，承包商设备突发故障抢修月均加班人次由2010年90人/月降低至2017年11人/月逐年递减。

效果四：打造了设备团队人才队伍

人员素质不断提升。通过实施全员培训，开展岗位胜任能力评价，对新入职设备人员进行设备完整性认证考试，强化了设备全员的风险管控意识，使可靠性分析和风险管控成为设备人员的工作常态。成立了设备技术支持中心，组建了可靠性工程师队伍。两级矩阵设备管理组织架构打通了跨区域、跨专业人才培养渠道，正在通过轮岗打造复合型设备人才。体系的建设催生和培养了一批可靠性工程师，储备了设备完整性管理后备专家，沉淀了设备完整性经典教程，为设备完整性体系的进一步推广应用奠定了基础。

原创单位感悟体会

“面壁十年图破壁”。武汉石化从预防性维修开始做起，自主创新，步步为营，创设了与国际接轨的设备关键绩效指标评价体系，构建了“专业管理+区域协同”两级矩阵组织架构，发明了动态设备预知维修工具成熟应用，完成了设备管理业务全流程的数字化处理，有效融入设备完整性管理平台，从而实现了设备管理的可持续高质量发展，为设备管理率先“争创一流”奠定了基础。这些研究成果正在集团内推广应用，造福更多炼化企业。

专家点评

武汉石化为破壁设备管理转型升级，创造性提出“一系三轴一平台”的设备完整性管理体系，构建“专业管理+区域协同”两级矩阵组织架构，建立设备关键绩效指标体系，完成设备各专业技术工具的开发和集成应用，系统适配设备管理全流程数字化处理，实现了设备管理标准化、程序化、表单化和信息化，具有比较鲜明的创新性、科学性和实用性。值得在中国石化系统内同类企业中推广应用。

第六章
资本运作与财务转型

案例一　基于价值链的企业税务管理体系构建

内容提要： 依法税务管理，全面管控税收风险，最大化合法降低税收成本是炼化企业生产经营管理中的重要课题。金陵石化以波特价值链理论为支撑，对企业税负进行整体筹划和管理，建立具备整体性、链条化、利益最大化特点的新型税务管控体系，推动企业价值链的总体价值达到最大化。

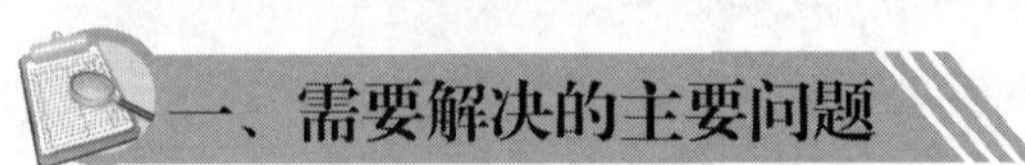

一、需要解决的主要问题

问题一：实现企业高质量发展需要构建基于价值链的税务管控体系

自 2000 年以来，金陵石化当年应纳税总额占当年营业收入的比重呈直线上升态势，从 8%逐年递增，仅次于同期原油成本占营业收入比重的平均值 59. 8%，远高于同期加工费占营业收入比重的平均值 6. 5%、净利润占营业收入比重的平均值 3. 5%。公司面临的税收风险越来越大，承担的税收成本也越来越高，构建基于价值链的税务管控体系对企业实现高质量发展具有十分重要的支持保障作用。

问题二，推动企业财务向经营型财务转型需要构建基于价值链的税务管控体系

对照集团公司全面推进财务转型指导意见要求，企业财务要向经营财务转型，必须聚焦企业全流程价值最大化，突出成本管理、优化增效和财务风险防控，让财务成为业务部门的最佳协同伙伴，实现财务与业务的协同融合发展，促进税务管理融入企业发展战略，充分发挥公司经营专长以及拥有资源能力的最大效能，推动财务绩效持续改善。

问题三，提升企业财税管理水平需要构建基于价值链的税务管控体系

随着税务管理改革的不断推进，企业财税管理人员将主要精力局限于税务基础工作已不能适应当今的税收生态大环境，中国石化税务管理信息化建设和财务共享服务模式的建立，为企业财税管理高附加值转型提供了更多途径和更广阔的可能性。内外部形势对企业财税管理水平提升和转型提出了较高要求。与先进企业相比，金陵石化迫切需要通过重构税务管理体系，为生产经营提供良好的税务环境，更好地实现节税创效、降低涉税风险，实现企业价值最大化。

二、解决问题的主要措施

措施一：发挥价值链各环节作用，形成“同心圆”税务管控体系

一是打造“同心圆”税收防控体系的核心圆，基于企业价值链，以企业经营业务为圆靶心，成立企业税务管理工作组，学习研究财税相关政策，讨论税收难点问题，定目标、找方法、抓实效，辅导具体业务，宣贯税收管理理念和政策。

二是形成“同心圆”税收防控体系的防护圆，主要由财务人员组成，利用财务资源扩大企业税收管理工作组研究成果的辐射面，研究新政策对效益、业务操作、财务管理等方面的影响，向对口业务部门进行宣贯，帮助辅导和监控业务的执行状况，确保税务管理工作组研究成果持续有效落实。

三是构筑“同心圆”税收防控体系的防风林，由上至经营决策层，下至具体业务岗位人员组成，利用业务资源更大范围扩大企业税收管理工作组研究成果的辐射面，主动服从企业税收管理决策建议，积极调整相应的业务操作流程，全力支持并且持续有效执行，不偏离公司税收管理目标。见图1。

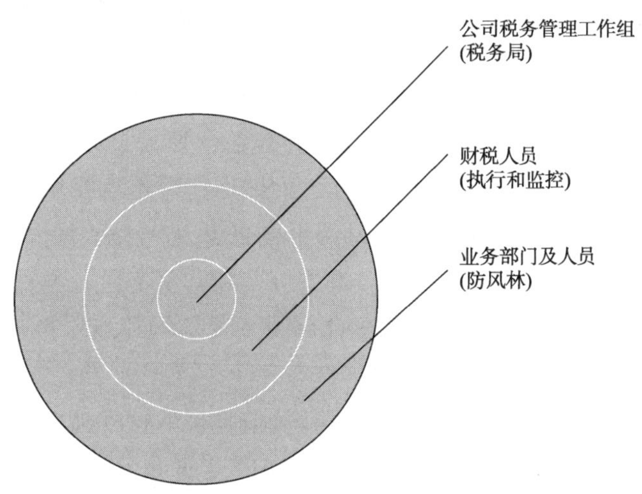

图1　公司“同心圆”税务管控体系

措施二：寻求专业资源支持，多视角规避税收风险

一是延伸企业价值链管理外延，针对公司专职税管人员不多，税收风险防控力量不足以全面应对公司庞大的业务体量的问题，明确由税务管理工作组把控核心风险和重大风险，同时引入第三方中介资源予以加强。

二是切实做好税务预警防范工作。提前对税收风险和可能存在差错进行全面体检，并形成正式的税收风险提示报告，为企业年度分析决策提供税务支持，既便于及时进行调整纠错，也能为来年企业所得税汇算清缴提早布局。

三是高度重视税务辅导工作。税务管理工作组在进行难点分析研究时会邀请中介机构参与，充分利用其专业知识和人脉扩大知识面、接触面，消除公司对政策理解的疑点，去伪存真，防止出现理解偏差，贻误企业。

措施三：推进价值链管理和业税融合，实现提质增效目标

一是与生产融合。运用价值链管理思想，在保证企业整体价值不降低的前提下，对企业价值链整体进行优化，节约生产成本，相应降低企业税负。2020 年，财税人员积极配合生产、销售等部门，及时研判市场变化、瞄准市场需求，周密做好生产计划安排，先算后干、算赢再干，持续优化，切实降低税负。见图 2。

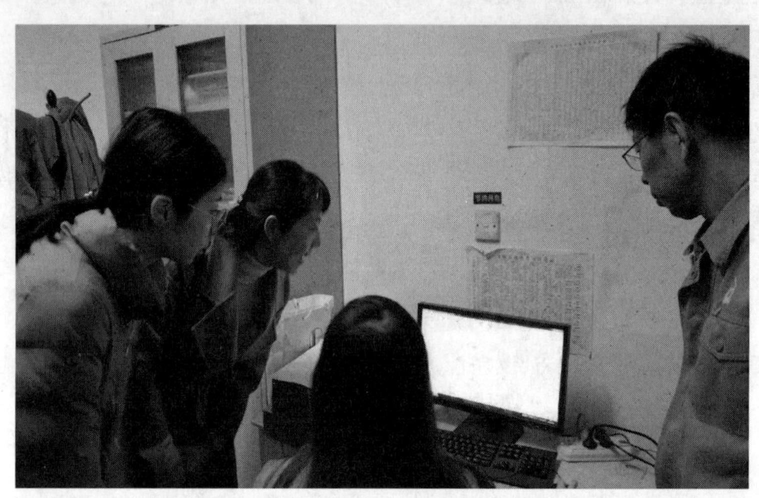

图 2　与业务部门、客户及供应商共同研究减税降费落实方案

二是与采购融合。采购环节贯穿于价值链的各个部分，尤其是在生产方面。2019 年通过深挖原油采购、物资采购、物流运输、商储运作等重点领域降本潜力，严控各环节成本费用支出，进口原油采购均价比总部平均低 0.97 美元/桶。2020 年，通过准确研判原油市场，密切关注市场高低硫、轻重质价差和贴水变化，测算不同市场原油性价比，及时调整原油采购品种，积极寻求适合公司装置结构特点、性价比高的原油品种，降低原油成本 8060 万元。

三是与销售融合。销售效率反映企业进行价值整合的程度高低，针对销售环节制定专门的税务方案，使企业整体税负降到最低。2019 年通过密切产销衔接，做强创效产品，销售汽油总量 477 万吨，其中 98#汽油 48 万吨，均位列总部第 1；高标号汽油占比 40%，同比增加 3.9 个百分点。强化区域联动，拓展金牌客户，销售高附加值自销产品 46 万吨，创历史新高，增效 2 亿元。开拓海外市场，首次出口低硫船燃，出口产品总量 269 万吨，拉动加工负荷 328 万吨，营造了良好的税收环境。

措施四：借力财务管理工具，整合价值链整体优势，全员全方位提升企业税务管理水平

一是强化税收预算管理。税收预算主要依据销售和采购预算编制，是公司整体预算的组成部分，财税管理人员充分利用税收预算对税收成本和风险加以梳理，提前防范风险，降低税收成本。

二是提高税收分析深度和质量。建立完整的税收分析体系，独立于财务分析体系；

逐渐加深认识，提高分析质量；形成税收分析专项汇报。

三是做好税收筹划和风险预测。财税管理人员积极推动和参与企业生产经营决策，为公司决策提供税收筹划方案，有效进行税务风险预测。

四是争取并落实税收优惠相关政策。2019 年完成税收优惠政策效益节税 1890 万元，重点梳理研究开发费加计扣除项目，节税 234 万元，接近上年 6 倍。2020 年全力组织落实减税降费政策，识别测算国家出台的减税降费政策，制定具体落实目标和措施，编制疫情期间优惠政策汇编，涉及港口费用减免、社会统筹保险政策减免等 12 项相关政策，涉及金额达 5600 万元以上。见图 3。

五是建立税务管理相关信息技术支持体系。在充分利用集团公司增值税系统、税务风险监控系统、费用报销系统等信息平台的同时，自行研发资金回笼监控系统，有效压缩了审核环节所需时间，提高产品出厂资金收取效率达 20%以上。公司自主开发建设原油进厂跟踪系统，加强原油采购过程监控，优化原油采购结构，降低原油采购运输成本。

图 3　向税务部门争取税收优惠政策

三、实施效果

效果一：税务管理价值引领作用得到发挥

2019 年生产经营优化再创佳绩，全年销售收入 933. 14 亿元，实现税金 165. 88 亿元，上缴税金 195. 19 亿元，整体盈利 31. 71 亿元，炼油效益在炼化企业排名第 2，同比前进 1 位，有限公司在化工事业部托管企业中排名第 1。成本费用管控得到加强，股份分公司吨油完全费用 202. 78 元，比预算指标降低 9. 52 元；化工吨产品完全费用 657. 99 元，比预算指标降低 47. 01 元；有限公司吨产品完全费用 3232. 81 元，比预算指标降低 167. 19 元。

效果二：税务管理环境得到持续改善

落实税收优惠政策，2019 年全年实现节税增效 1890 万元，同时向总部申请，返还资本金 1592 万元；积极争取政策支持，通过延期缴纳税款节约财务费用 918 万元。结合国家鼓励创新的政策利好，梳理研究开发费加计扣除项目，降低税收 234 万元。针对增值税税率下调，第一时间研究税收政策，梳理业务流程，做好税率临界点的衔接过渡，最大限度防范税务风险。加强个人所得税政策宣贯，降低全员税负，企业员工获得感、幸福感进一步提升。

效果三：价值链各环节专业管理成效显著

生产经营再创佳绩，以“双增双节”为抓手，细化分解奋斗目标，推进跟踪 52 个项目精准落实，有力保障创效措施扎实落地。产品营销方面，密切产销衔接，做强创效产品，主要产品销售总量在集团公司名列前茅。资金运营绩效成果丰硕，持续强化资产负债率管控，加大资金运作力度，资产负债率同口径下降 8. 25%。加大票据使用盘活资金，收取化销华东银行承兑汇票 11. 60 亿元，获得总部奖励 3491 万元。公司先后荣获集团公司财务综合管理先进单位、全员成本目标管理先进单位等多项荣誉，《构建原油全流程管理信息系统，实现重大成本环节优化管控》课题被评为集团公司全员成本目标管理基层优秀成本管理项目。

效果四：融入节能减排工作，确保企业发展质量

将节能减排工作视为实现企业价值最大化的关键，充分发挥税务在节能减排工作的导向作用，落实安全环保设备、综合利用等税收优惠政策，推进绿色企业行动，2019 年公司非计划停工大幅减少，未发生上报集团公司级非计划停工，装置自控率和平稳率提高至 90%和 99. 4%，建立起长效管理机制，逐步形成特色鲜明的绿色企业文化，荣获全国最具影响力绿色发展企业品牌称号。节能降耗工作得到进一步推进，全年炼油综合能耗下降 1%，吨油取水下降 17%，达到近年来最好水平。见图 4。

图 4　公司荣获安全生产单位和绿色发展企业荣誉称号

原创单位感悟体会

税务管理历来是金陵石化提升企业经营管理水平的重要手段，过去是以财务部门为主，通过落实税收优惠政策、局部税务筹划等措施开展工作。随着企业高质量发展要求和各种新技术应用出现，金陵石化对税务管理的思考不断深化并大胆付诸实践，取得了明显成效。基于价值链的企业税务管理体系构建，就是金陵石化积极应对内外部生产经营环境变化，充分发挥财务价值引领作用，整合企业各项资源，实现了向经营型财务转型的适应性变革。通过深化税务信息化应用，筑牢“同心圆”税务管控体系，实施税务价值链管理，从税务的源头识别税务管控因素，对价值链各环节进行充分的税务分析，制订并落实税务风险防范和成本降低对策，为企业不断提高生产经营管理水平奠定了坚实的税务管理基础。

专家点评

该成果从不同层面进行分析，充分认识到基于价值链构建企业税务管理体系的必要性，在措施方面推进业财融合的有效做法，体现出财务主导推进税务管控的主动性和引领力，在管理实践中成效突出。另外，该成果在管理方法的运用体现还不够突出，如提出的同心圆管理方式，实际上是建立组织、强化知识分享、推进融合，同时在创新方面也需加强。

案例二　基于绿色价值链重构的润滑油全生命周期管理创新与实践

内容提要：润滑油公司在创建"绿色企业"的过程中，践行集团公司"清洁、高效、低碳、循环"的发展理念，以润滑油全生命周期绿色环保管理为目标，研判润滑油不同生命阶段的环境风险和矛盾，聚焦绿色价值管理"要点"和"痛点"，重构润滑油产业传统价值链，将绿色管理和科技应用到润滑油"研发、生产、使用、回收、再生利用"全价值链中，既减少了自身危废的产生，缓解了客户的环保压力，又降低了对环境造成的污染，较好地实现了环境效益、社会效益和经济效益的多赢。

一、需要解决的主要问题

问题一：如何开展润滑油全生命周期绿色环保管理，促进废物污染防治和生态文明建设

废物污染防治是生态文明建设的重要组成部分，在润滑油全生命周期中，会产生不同形式和种类的废物(图1)，对环境和生态造成不可逆、不同程度的污染和破坏。在润滑油全生命周期中，如何减少价值链中产生的危废，减轻企业环保压力，缓解对环境的污染和破坏，成为新时期亟待解决的综合性多学科管理新课题。

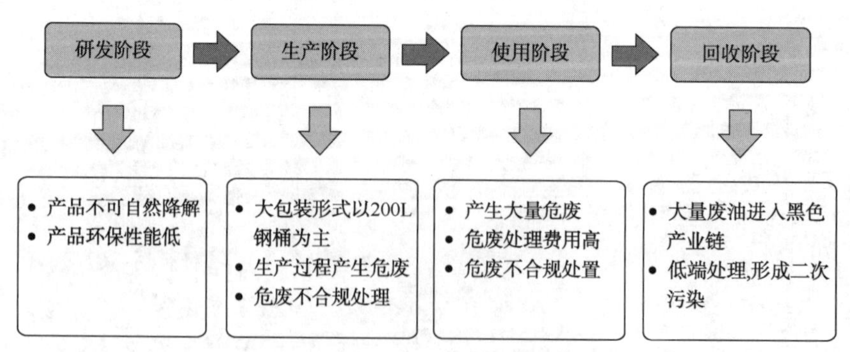

图1　润滑油不同阶段产生的废物

问题二：如何打造绿色价值链，满足社会和客户环保诉求

润滑油全生命周期产生的危废存在空间分布广、时间跨度大、种类多样、危废处置管理难、利用处置难、外委处置费用高及出路不畅等问题。如何兼顾产业链首末两端，打造绿色价值链，满足社会和客户环保诉求，是践行央企社会责任的应有之责。

问题三：如何实现绿色企业落地生根，发展绿色竞争新优势

《绿色企业行动计划》是中国石化集团公司深入贯彻党中央、国务院生态文明建设要求、践行绿色发展、拥抱“绿色革命”、打造绿色竞争优势的重大举措。如何推进绿色企业行动计划在润滑油公司落地生根，形成节约资源和保护环境的产业结构、生产方式，对于确保润滑油公司可持续发展、形成绿色竞争新优势具有重要的现实意义。

二、解决问题的主要措施

措施一：引入绿色价值，构建闭环绿色价值链

润滑油全生命周期绿色价值链重构，是将润滑油全生命周期作为一个整体对象统筹管理，将绿色价值概念引入到润滑油产业价值链中，关注润滑油不同生命阶段的主要环境风险和矛盾，统筹规划，聚焦润滑油“研发、生产、使用、回收、再生利用”不同生命周期阶段绿色价值管理“要点”和“痛点”，因教施策，打造覆盖全生命周期的管理新模式。

实施绿色管理、绿色技术和绿色服务改进。把绿色产品价值和绿色服务价值纳入价值范畴，以绿色低碳引领绿色价值发展、核心科技助力绿色价值升级、清洁生产驱动绿色价值提升、过程服务保障绿色价值创新、互联网思维延伸绿色范围、循环利用促进绿色价值增值，实现价值链的动态闭环连接，形成共同可持续发展产业新局面，实现重构绿色价值链。见图2。

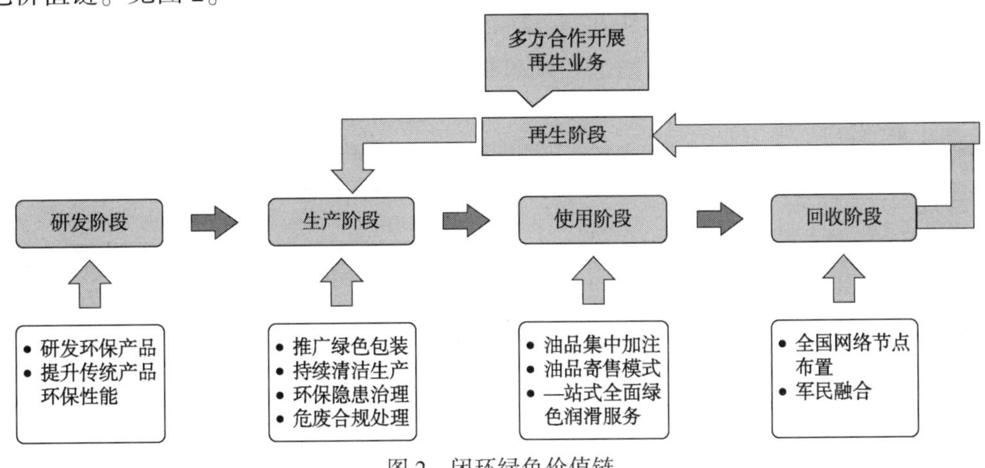

图2　闭环绿色价值链

措施二：统筹顶层设计，绿色低碳引领绿色价值发展

一是构建中国石化润滑油绿色发展体系，深化绿色环境一体化管理，形成源头、过程、末端协同的全生命周期绿色管理长效机制。按照大型化、一体化和集约化的绿色发展标准，综合考虑生态功能、环境质量、自然资源等因素，开展润滑油发展相关的生产改扩建项目，深入开展项目生态设计。

二是改造生产存量、优化生产增量。加快润滑油产业清洁化、低碳化和循环化改造升级，提高资源能源利用效率。

措施三：全面升级绿色技术，核心科技助力绿色价值升级

1. 科技引领，打造环境友好型产品技术群。

开发完善应对各种材料和极端苛刻工况条件下的绿色润滑产品技术、复合添加剂技术，形成环境友好型产品技术群。

一是持续加大对环保产品的研发力度，开发环保友好型产品。

二是提升传统产品的环保性能。研发长寿命机油，减少换油频次；综合考虑产品理化性能和生物降解性。

2. 对标新技术，树立行业技术绿色新标准。

积极参与国际、国家和行业标准的制定，不断提升在国内外相关标准制定中的话语权，带动行业产品环保升级和管理改善。在食品、医药、饮料等行业开展食品级润滑油脂应用研究，树立相关行业规范用油。

措施四：创建绿色企业，清洁生产驱动绿色价值提升

1. 创新绿色包装，实现废物源头减量。

一是整合资源，内部优化。面向系统内外部企业，打造绿色供应链，从供应链两端，大力推进添加剂绿色包装采购和绿色环保包装产品销售，减少 200L 钢桶使用。

二是为炼化企业提供绿色润滑服务。在炼化企业设备大检修期间，开展油品集中加注服务，解决用油高峰期危废集中产生的问题。

2. 依托精细化管理，持续开展清洁生产。

一是持续推进清洁生产。以生产润滑油全生命周期资源科学利用和环境保护为目标，推行生态设计机制，推动润滑油生产过程工艺、技术和装备优化，实现增产不增污的绿色管理目标。

二是多措并举做好环保持续提升。目前，累计实施环保持续改进项目 23 项，投入 9179 万元。

三是依法合规开展固废处置。按照法规要求，排查生产过程生态环境风险，确保生产阶段依法合规进行危废处置。

3. 统筹全局用能，实现资源利用效率最大化。

以“全局用能最优”为原则，推进统筹规划，集约化生产、储运布局，提高土地资源利用效率；推进润滑油生产过程采用新工艺、新技术、新设备、新材料，推广常温调和新工艺、快速加热器新技术的应用，持续推进节水技术改造；加强水资源梯级利用，推进再生水等非常规水资源应用。

措施五：创新绿色润滑服务，过程服务夯实绿色价值创新

1. 产用联动，推行一站式绿色润滑服务。

整合内外部资源，为客户提供全面绿色润滑服务，满足客户对于绿色价值创新需求。主要包含用油诊断、油品加注、油品监测数据采集、在用油过滤和特定指标改善、润滑系统清洗等绿色增值服务。

2. 资源整合，树立绿色润滑服务新标准。

以润滑技术服务中心为骨干，以四个研发中心为支持，完善绿色润滑服务业务内容和业务流程标准，形成覆盖全国的绿色润滑服务平台。

措施六：延伸生产者责任，互联网思维拓展绿色价值范围

1. 互联网大数据技术，搭建全国回收网络。

利用互联网思维，采用大数据技术，与有资质的废油回收处置企业合作，委托开展废矿物油回收工作。目前，全国 11 个省份已经布置废油处置网络节点。见图 3。

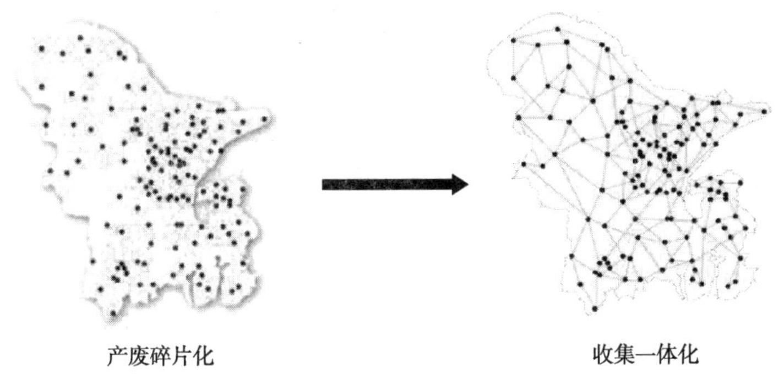

图 3　产废信息网络数据化

措施七：培育循环经济模式，循环利用促进绿色价值增值

1. 发展循环经济，推进资源再生利用。

注重资源循环再利用，规划开展废矿物油再生利用技术的产业化示范工作，推进废润滑油的回收和再生利用。

2. 多方合作，开创循环经济新模式。

以润滑油产业绿色循环可持续发展为目标，从规范市场角度出发，润滑油公司与环保主管部门建立废矿物油再生循环利用合作框架。重点对废矿物油环境管理政策、综合利用商业模式、区域化、集约化、规模化和废油再生技术研究等方面开展合作。

三、实施效果

效果一：建立了润滑油全生命周期绿色环保管理模式

将绿色管理和科技应用到润滑油“研发、生产、使用、回收、再生利用”全价值链中，既减少了自身危废的产生，缓解了客户的环保压力，降低了对环境造成的污染，又较好地实现了环境效益、社会效益和经济效益的多赢。

效果二：实现了社会效益、生态效益的统一

一是通过绿色技术升级，研发环境友好型产品，提高润滑油使用寿命，为社会减少产生 27. 9 万吨废油，减轻了环境的污染和破坏。

二是利用润滑油销售和服务体系，完善废油回收处置业务，降低了废油回收处置过程中存在的环保风险。

三是推广绿色生产、绿色包装、绿色服务，为客户减少危废处置费5610万元，推动润滑油产业可持续发展。

效果三：形成了较好的绿色经济效益

一是面向系统内外部企业，供应绿色环保型包装产品总量9.35万吨，2019年润滑油公司节省包装采购费用7387万元。

二是减少采购添加剂200L钢桶包装17.5万只，节省处置危废费用2100万元。

三是2019年同比减少能耗费用354万元。

四是绿色润滑服务业务实现营业收入1050万元，推动形成绿色竞争新优势。

原创单位感悟体会

润滑油公司将润滑油全生命周期作为一个整体对象统筹管理，将绿色价值管理引入到润滑油产业价值链中，关注润滑油不同生命阶段的主要环境风险和矛盾，分阶段、分节点开展绿色价值重构，实施绿色管理、绿色技术和绿色服务，满足产业不同群体的诉求和关切，实现绿色价值链的闭环连接。减轻废物产生对环境的污染和破坏，对于推动企业和社会绿色发展、循环发展、低碳发展具有重要的现实意义。

专家点评

本成果坚持问题导向，将绿色价值概念引入到润滑油产业价值链中，聚焦润滑油“研发、生产、使用、回收、再生利用”不同生命周期阶段绿色价值管理“要点”和“痛点”，打造覆盖全生命周期的管理新模式，实现了降低危废全覆盖，取得了环境效益、社会效益、经济效益共赢，具有在行业内较好的推广价值和示范意义。

案例三　资产分类管理体系创新与实践

内容提要：为贯彻落实高质量发展要求，实现国有资本保值增值，提升现有资产价值创造能力，中国石化结合整体战略部署，围绕"所有资产都应该通过有效运营为企业创造价值"这一理念，大力推进资产分类管理工作，采取分类评价促资产管理、资产运营促提质增效，切实提高资产运营效率和创效能力，在树立资产运营导向、创新资产运营思路方面作出了有益实践。

一、需要解决的主要问题

问题一：传统资产管理模式不能满足新形势的要求

传统资产管理更注重资产形成后的实物与会计账务管理，缺乏对资产全过程、精细、动态的管理，为适应国资委对中央企业高质量发展要求，实现国有资本保值增值，提升现有资产的价值创造能力，亟须找到管好资产的新方法和新途径。

问题二：资产规模大而不强问题凸显，亟须提高资产质量

中国石化是中国最大的一体化国有能源化工公司之一，位居《财富》世界 500 强企业前列，资产规模达到 2 万亿级次。然而，资本获利能力、资产运营能力等较世界一流企业仍存在差距，在一定程度上存在着"大而不强"的问题，资产质量和创效能力亟待加强。

问题三：资产价值管理观念薄弱，资产盘活处置方式单一

个别企业由于对资产运营理念认识不到位，多措并举推进资产创效工作的主动性不足，不良资产最终压降主要依靠计提资产减值、报废报损等方式，而通过对外转让、改革创新、技术进步等手段，从根本上实现盘活创效的方式运用不多。

二、解决问题的主要措施

措施一：构建资产分类管理体系

中国石化根据资产与企业战略定位的契合程度和对预期经济效益的实现程度，创新性地将存量资产分类为高效、低效、无效和负效资产，并进一步出台了《中国石化资产分类评价标准》，详细制定了各类资产的划分标准。同时，为各类低效、无效和负效资产制定增效盘活计划，监控计划的实施过程，定期报告资产的创效情况，在此过程中构建起了一套独特的资产分类管理体系。见图 1。

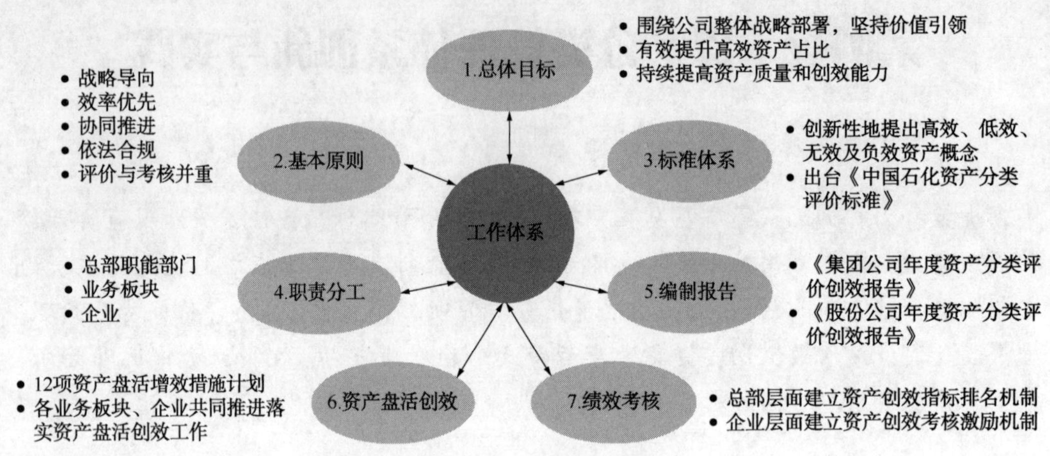

图 1　资产分类管理体系

措施二：落实职责分工，建立工作运行机制

资产分类管理工作需要对企业所有资产项目围绕全生命周期进行全流程评价和监控。纵向上，这项工作涉及总部、各业务板块和企业；横向上，需要统筹业务部门和财务部门，涵盖整个公司治理体系。中国石化按照一体化管理、专业化分工的管理思路构建资产分类管理组织职能架构，将总部确定为战略层，将业务板块确定为经营层，将企业确定为业务层，进而明确各层级在资产分类管理工作中的职责范围和权利边界。见图 2。

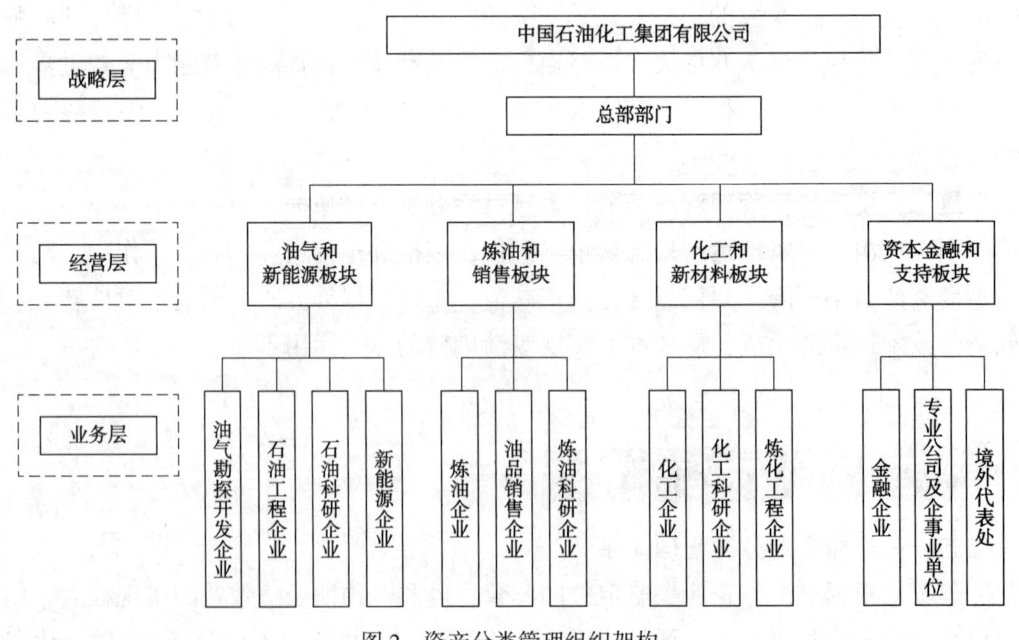

图 2　资产分类管理组织架构

一是总部各职能部门是资产分类管理工作的管理责任主体，负责组织、指导、协调和推动资产分类管理工作的开展。职责主要包括：牵头建立资产分类管理工作体系；制定整体资产分类评价标准；结合集团内外部环境及年度战略计划，下达资产分类评价创效工作计划；编制战略层资产分类创效报告，并据此制定下一年度的资产分类创效工作计划。

二是各业务板块是资产分类管理工作的监控责任主体，主要负责落实总部资产分类评价创效计划，跟踪、督导下属企业资产分类创效工作的开展情况。职责主要包括：结合本板块业务特点，细化资产分类评价标准；分解、下达战略层资产分类评价创效工作计划；对重点资产项目的分类情况进行二次审核，编制经营层资产分类创效报告；督导下属企业资产增效盘活工作，对其创效业绩进行考核评价。

三是各企业是资产分类管理工作的实施责任主体，在经营层的指导下实施资产分类评价创效工作。职责主要包括：结合本企业资产特点细化完善资产分类标准；对本企业资产运行效率进行清查盘点，客观反映评价结果；由业务部门根据职责分工，确定和落实低无负效资产的盘活增效措施；由财务部门分析本企业资产收益率情况，编制业务层资产分类创效报告；及时向经营层反馈资产管理工作进展，接受经营层督导和考核。

措施三：细化工作流程，实施全流程闭环管理

中国石化资产分类管理工作以年度为时限，形成一套闭环管理流程(图3)。具体分五个阶段实施：

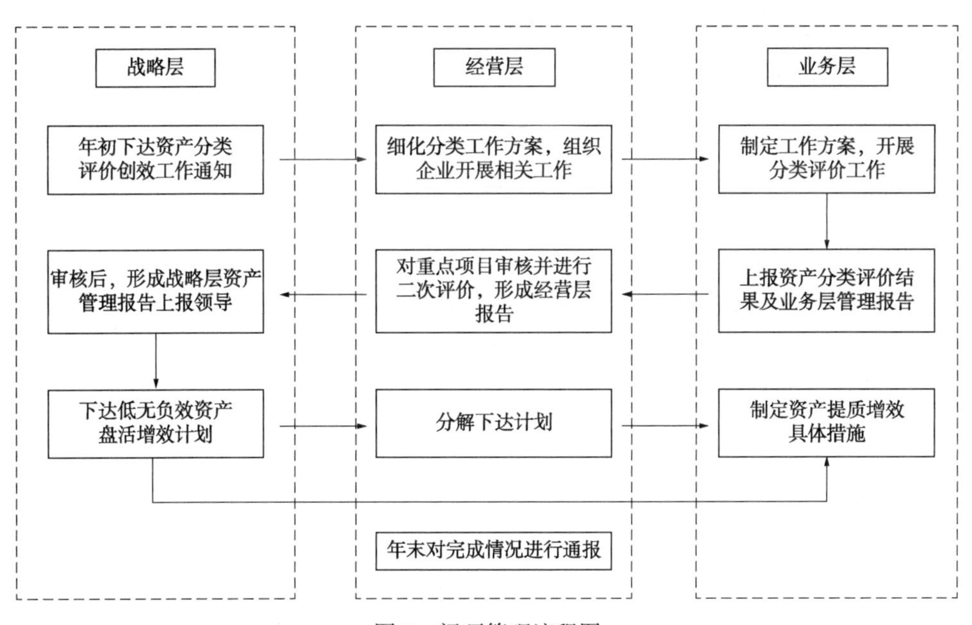

图3 闭环管理流程图

第一阶段是下达工作方案。中国石化总部先行制定并下发资产分类评价工作的总体标准和方案设计，各业务板块根据自身实际情况，制定具备板块特点的资产分类评价标准与方案，并下发给各所属企业。各企业再根据业务板块的标准和方案制定适合本企业实际情况的资产分类标准与方案。同时，每年结合公司管理重点和要求，对资产分类评价标准及方案进行修订，使其日益完善。

第二阶段是开展资产分类评价。由业务层根据资产分类工作总体部署和具体工作方案，对各类资产进行全面分类评价，并形成业务层资产分类统计报告，汇总到经营层；经营层结合板块业务特点，对业务层分类结果进行二次评价、重点分析，进而汇总至战略层。

第三阶段是编制资产分类评价报告。基于各业务板块、企业上报的资产分类评价结果及报告，总部对所有资产进行数据分析，充分暴露问题、揭示矛盾，并针对存在的问题提出对应的管理建议，最终形成中国石化年度资产分类评价分析报告。

第四阶段是监控资产盘活增效完成情况。自上而下制定资产盘活增效计划，落实各层级资产创效责任，动态监控后续资产盘活增效完成情况。

第五阶段是对资产分类管理工作进行绩效考核。总部层面建立资产创效指标排名机制，并定期对资产盘活增效计划完成情况进行通报；企业层面建立资产创效考核激励机制，并将资产分类管理工作纳入本企业年度绩效考核体系。

三、实施效果

效果一：统一思想，管理理念进一步提升

随着资产分类评价专项工作的深入推进，已经形成完善的资产分类管理体系。总部层面，中国石化党组领导高度重视，作为公司重点工作安排和部署，每年都要听取资产分类评价报告，主要领导多次作出指示批示。企业层面，各企业将资产分类评价工作纳入年度重点工作，企业上下牢固树立资产经营管理理念，推行领导人员资产经营管理责任制，强化资产经营管理考核，形成本企业资产分类评价工作体系，保障工作有效推进。

效果二：创新管理，完善资产全生命周期管控体系

通过资产分类管理工作，改变了传统资产管理注重资产形成后的实物与会计账务管理现状，强调从资产全生命周期进行管控，从投资计划到建设完成交付使用直至处置，建立以资产价值管理为核心的管理线条，构建资产全生命周期管控体系，最终实现对资产全过程、精细、动态的管理。

效果三：多措并举，提高资产运营质量和效率

围绕资产分类管理工作，中国石化采取多种方式加快推动资产盘活创效，通过对固定资产管理模块进行优化提升，完善了固定资产盘点清查、资产处置等功能，加强了对固定资产事前、事后的管理，夯实了资产管理基础；2017 年开发建设中国石化资产调剂平台，实现公司闲置资产内部出租、无偿划转和转让，为内部资源优化流转提供了有效的手段和工具；通过制定 12 项资产优化配置和盘活处置措施，提高资产运营效率和创效能力，从而提升企业竞争力。

效果四：持续推进，经营效益稳步提升

2016~2018 年，面对国内外严峻经济形势，中国石化坚持高质量发展要求，统筹推进生产经营、改革发展等各方面工作，大力推行资产分类管理工作，切实提高了高效资产占比，实现了经营业绩好于预期，总资产报酬率、净资产收益率均创近几年最好水平。同时，公司上下联动积极开展资产创效，各业务板块超额完成了当年低无负效资产盘活处置计划，进一步提高了资产质量，公司整体资产创效能力得到提升。

原创单位感悟体会

实施资产分类管理，统筹开展各类资产创效工作是提升中国石化整体资产创效能力的重点和难点。通过树立大资产价值管理理念，深入研究资产分类管理的模式和方式，打破传统资产管理思维模式，目前中国石化已形成较为完善的资产分类管理体系，建立了极具实操性的资产分类评价标准，并构建了较为全面的资产分类管理工作流程。实践表明，这一套资产分类管理体系能够成功推动企业资产质量的提升与改善，增强企业的效益和竞争力。

专家点评

该成果围绕中国石化资产管理现状和管理架构特点，建立横纵管理关系，明确总部、事业部、企业三个层级的管理定位、关系和具体职责，以强化资产管理。另外，若能体现事业部管理和企业管理的具体分类表现，将更有利于体现对资产分类管理的系统性和深入度。

案例四　国际 EPC 项目投标估算体系的建立与实施

内容提要：为推动共建“一带一路”高质量发展，适应日益激烈的国际工程市场竞争环境，炼化工程公司遵循国际造价工程通用规则及指导方法，汲取近年来与国际工程公司合作经验做法，创建了一套适用于海外 EPC 项目的投标估算体系。该估算体系是多专业、多学科交融的庞大的系统性工程，推进了工程造价精细化管理，提高了投标估算的准确度，有效防控风险。该体系填补了国内行业空白，对促进我国工程承包行业的发展起到了带动和示范效应。

一、需要解决的主要问题

问题一：我国工程建设行业没有一套适用于国际 EPC 项目的投标估算体系，更没有适用于利益相关方的英文版体系文件

由于海外 EPC 项目市场环境不同，国内传统的工程建设造价体系无论是基础设计阶段的概算还是施工图设计阶段的预算定额以及工程量清单法，在编制的思路、费用构架、费用结构组成、估算原则、方法和深度价格取定及价格水平等方面与国际通行规则不同，无法反映企业真实成本，已不适用于海外 EPC 项目投标估算。

问题二：我国工程建设行业没有制定和形成一套国际 EPC 投标报价估算阶段管控机制

比照国际工程公司，公司投标报价管理运行模式粗糙，精细化管理不到位，各类资源投入不足，时常发生到投标工作截止日前相关工作仍未完成的情况，报价质量难以保证。

二、解决问题的主要措施

措施一：创建和定义清晰的费用分解结构和费用组成

该体系根据 EPC 总承包项目通用的工作分解结构（WBS）定义了相对应的费用分解结构（图 1），对费用项目的内容和组成进行了详细定义，子目达上万条。见图 2。

措施二：开展报价设计提高工程量估算准确度

我国传统工程建设行业定额体系的设计深度，与 EPC 项目报价阶段的报价不匹配。为减少偏差以提高估算的准确度，投标估算体系作业手册规定了报价估算所要求的详细设计工作的内容和深度。在报价阶段，根据业主招标文件中 FEED 文件的情况，开展一定深度的详细设计工作。

手册主要内涵

估算方法

1. 设计各专业估算方法
2. 采购询价和运输的估算方法
3. 施工询价、临设以及营地费用估算方法
4. 服务费的估算方法
5. 杂项费用的估算方法:包括第三方费用、保函保险费用和培训费
6. 裕量、涨价和不可预见费的估算方法
7. 估算汇总及评审

附件1 估算所需设计资料

1	估算类型——准确性
2	实现2级估算精度估算所需的设计资料
3	主要设备参数表

附件2 各专业估算详表

设备	设备清单
	设备采购费用估算表
	设备施工费用估算表
管道(含阀门)	管道MTO
	伴热管工程量表
	管道特殊件工程量表
	管道平均吨单价估算表
	管道采购费用估算表
	管道施工费用估算表
电气	电气工程量表(采购、施工)
	电气采购费用估算表
	电气施工费用估算表
仪表	仪表工程量表(采购、施工)
	仪表采购费用估算表
	仪表施工费用估算表
土建	土方、混凝土结构数据表
	钢结构数据表
	建筑物数据表
	土方、混凝土结构施工费用表
	钢结构施工费用表
	建筑物施工费用表
防腐、保温及防火	防腐涂料施工费用表
	保温材料施工费用表
	防火涂料施工费用去
催化剂及实验室设备	催化剂、化学药剂采购费用估算表
	实验室设备采购费用估算表
	催化剂、化学药剂安装费用估算表
	实验室设备安装费用估算表
备品备件	备品备件费用估算汇总表
	试车 、开车、一年备品备件费用估算
	关键备品备件费用估算表
服务费	服务费费率
	项目管理组织机构图
	人力派遣计划
	服务费用分解表(含总包商现场的管理、设计、采购服务、供应商专利商现场服务费)
采购	采购询价状态表
	采购询价包代码表
	发给供应商有关NDA的邮件格式
	RFQ格式
	TBE.CBE的模板
	RFI模板以及样例(含所有专业的各个类型的采购询价)
	TBE样例
	物流费用估算表
	采购费用分解表(所有专业的各类设备材料按照单元分解)
采购	施工询价的邀请函格式
	施工投标须知
	施工分包协议草稿模板
施工	施工价格各个子目的价格明细组成表
	施工费用分解表(所有专业的各类设备材料按照单元分解)
	临设及营地费用估算表
其他	报价计划
	费用分解结构
	第三方服务费
	保险、保函费用
	培训费用
	专利费用
	税费
	偏差表
	风险清单
	费用汇总表

图1 手册主要内涵

Table L0
Overall Bid Estimate
Summary
L1 Cost Summary
for Unit 1
Unit 2
…
Escalation,
Contingency,
Overhead & Profit
L2 Summary of
Services Cost
L2 Summary of
Procurement Cost
L2 Summary of
Construction Cost
L2 Summary of
Misc.Cost
Table L3–1
Service
Discipline Cost
Breakdown
Table L3–2
Procurement
Discipline Cost
Breakdown
Table L3–3
Construction &
Erection Cost
Table L3–4
Temporary
Facilities &Camp
Cost
Table L3–5
Misc.Cost
Breakdown
L2 Summary of
Construction Cost
Table L3–3
Construction &
Erection
TableL3–4
Temporary
Facilities& Camp
Table L3–2
Procurement Discipline
Cost Breakdown
Table L4–2–7
Logistics Cost
L4–3–1 MEC
L4–3–2CSA
L4–3–3E &I
L4–3–4PIF
L4–3–5
Heavy Lifting
EPCand Owners
Temporary Facilties
EPC Camp
Establishment
Table L4–2–1
Equipment
Supply Estimate
Table L4–2–2
Piping Supply
Estimate
Table L4–2–3
Electrical Supply
Estimate
Table L4–2–4
Instrument Supply
Estimate
Table L4–2–5
Spare Parts
Table L4–2–6
CCL&Lab
Table L4–2–5(a)
Comm.&
Operation Spares
Table L4–2–5(b)
Capital Spares
Table L4–2–6(a)
Cat,Chemicals
&Lubes
Table L4–2–6(b)
Laboratory &
Workshop Eq
Table L4–3–1(a)
Eq.Erection
Estimate
Table L4–3–1(b)
Piping Erection
Estimate
Table L4–3–1(c)
Cat, Chemicals
and Lubes
Table L4–3–1(d)
Laboratory &
Workshop Eq.
Table L4–3–2(a)
Cl Construction
Cost Estimate
Table L4–3–2(b)
SS Construction
Cost Estimate
Table L4–3–2(c)
BD Construction
Cost Estimate
Table L4–3–3(a)
EL Erection
Cost Estimate
TableL4–3–3(b)
IN Erection Cost
Estimate
Table L4–3–4(a)
PA Construction
Cost Estimate
Table L4–3–4(b)
IS Construction
Cost Estimate
Table L4–3–4(c)
FP Construction
Cost Estimate

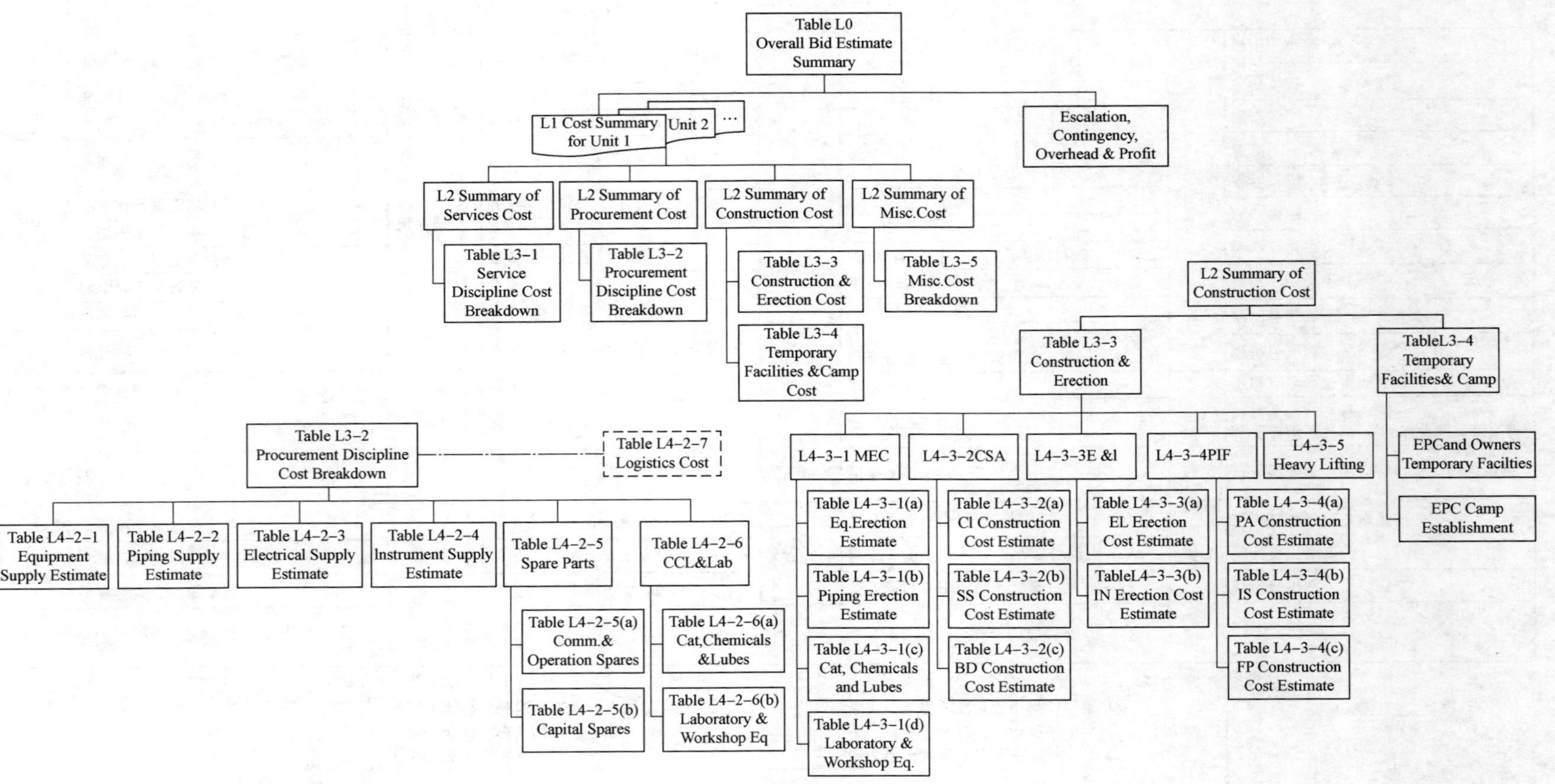

图2　费用子目

措施三：规范估算工作流程、工程量计算与统计方法

我国工程建设行业缺乏 EPC 项目投标阶段各专业工程量的标准明细清单和计量规则，以及计算方法和深度的统一规定。为此，该体系作业手册对设备、管道、土建和电仪等各专业工程量清单明细格式、计量规则、估算流程、界面管理、工程量统计方法及裕量等进行了统一规定。

措施四：规范和细分工程量裕量，优化取值

国内工程建设行业现行做法是，工程量的裕量笼统为一个数值。该体系将裕量细分为 MTO 完整度裕量、设计裕量、采购裕量三种裕量，并进行了清晰定义，减少估算随意性，便于评审。见图 3。

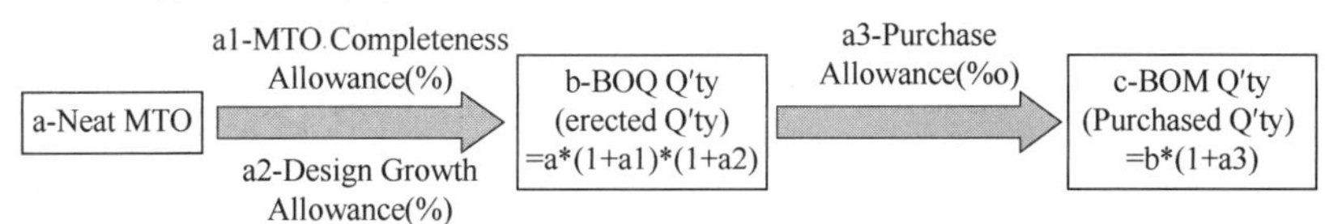

图 3 裕量明细

措施五：发挥设计、采购、施工和造价等各专业之间的协同效应

该体系要求项目的费用估算工作，包括工程量计算、填写、询价、价格分析及汇总都在统一的模板表格中进行，可以提高工作效率并避免可能的漏项，也便于各专业数据之间的快速传递和作业，方便协同工作。

措施六：创建系统和规范的采购询价和比价体系文件，提高工效

该体系从采购的价格和采购物品的质量上对费用加以控制，推行适质、适量、适时、适价、适地的“五适采购”，规范了询价价格的对比过程中的技术评审文件（TBE）和商务评审文件（CBE）。

措施七：建立系统和规范的施工分包询价体系文件，提高工效

该体系对施工分包等询价格式做了统一规定。询价技术文件的模板包括工作范围描述、工程量清单的编制方法、价格定义及计量、采购和施工辅材矩阵表，施工报价用图纸清单；商务询价模板包括邀标函（LOI）、投标指导（ITB）、商务标附件和价格格式、技术标附件格式等文件。

措施八：创建服务人工时和费用的计算方法

该体系按实际工作地点（总部和现场），分不同的部门、岗位，结合各个岗位在项目工作时间，估算管理人工时投入，根据各家公司自身的人工时费率确定管理人工费。

措施九：全面定义杂项费用，确保费用子项完整

体系对费用估算涉及的杂项费用包括第三方服务费、开具银行保函、现金流等财务费用、业主培训费、HAZOP 报告、当地许可、税费等也做了统一格式规定，弥补国内行业空白。

措施十：建立量化成本以外费用/不可预见费的计算方法

我国传统工程建设定额体系没有基于风险定量评估的不可预见费估算，没有考虑风险量化等费用。国际上通常在风险影响定量分析的基础上，通过风险分析模型(例如MonteCarlo)或期望值法等计算可能的项目整体费用的概率分布，从而根据公司风险偏好和市场竞争性确定不可预见费。

措施十一：精细投标估算的过程管控

该体系细化了投标阶段估算工作的过程管控，解决国内行业管理运行模式粗糙、精细化管理和作业不到位、投入不足、严重影响报价质量的问题。见图4。

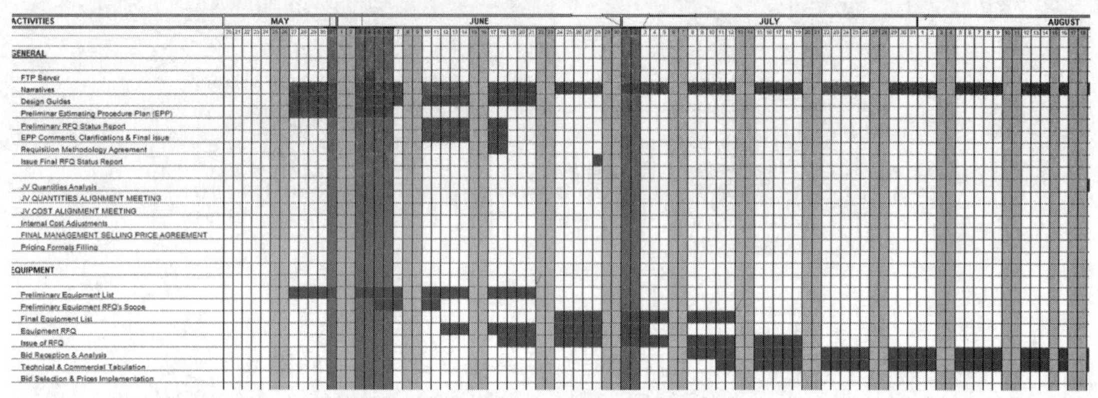

图4　投标阶段估算工作的过程管控

三、实施效果

效果一：高质量报价国际EPC总包项目，提升了中国石化国际影响力

基于该体系中主要作业文件及有关估算方法、管控模式的应用，近年来相继中标科威特、沙特和俄罗斯等一批EPC项目。这些项目的中标打响了中国石化的国家新名片，获得业主赞许与肯定，相继给予新闻报道，大大提升中国石化的影响力。同时，较好的解决当地劳动力就业、设备材料销售、增加当地税收等事宜，造福一方国土。

效果二：创造较大的直接经济效益，利润水平不断提升

公司近三年境外业务节节攀升。截至2020年4月，公司10家企业在境外12个国家共执行39个项目(62个承包合同)，其中EPC总承包合同18个，设计、咨询合同12个，采购施工合同5个，施工承包合同26个，保运合同1个。公司2017年境外毛利率为3%；2018年境外毛利率为3.5%；2019年境外收入97.10亿元人民币，境外毛利10.69亿元人民币，毛利率达11%，比2018年毛利率提高7.5%。

效果三：锻炼了海外报价队伍，提升了海外报价水平

该体系的使用和进一步推广、培训和应用，提高了公司国际EPC项目投标估算的准确性，降低项目风险，培养和锻炼了一批优秀的海外项目报价专家和骨干，提升了公司整体海外报价水平。

效果四：增强了国际合作机会，提升了海外品牌效力

该体系的开发和成功应用，论证了该体系符合国际惯例，无论是供应商还是施工分包商都能提供符合要求的有效报价。对于大型 EPC 投标项目，许多业主会要求以 JV 联合体模式参与投标，因此这个成果将会为公司与国际知名工程公司合作提供更多机会。

效果五：充分考虑了本质安全与环保的估算费用

体系中在第三方费用组成里清晰列入 HAZOP、SIL 和 LOPA 分析、噪声检测和防污染等子项目，在施工分包间接费里面单独列入 HSE 的费用子项目，已确保项目执行中充分考虑了生态平衡与生态保护。近年来海外项目 HSE 的成效明显好于国内。

原创单位感悟体会

为推动共建“一带一路”高质量发展，适应日益激烈的国际工程市场竞争环境，炼化工程公司遵循国际造价工程通用规则及指导方法，汲取近年来与国际工程公司合作经验做法，创建了一套适用于海外 EPC 项目的投标估算体系。该估算体系是炼化工程公司首次编制的国际 EPC 项目投标估算体系英文版作业文件，填补集团工程建设板块以及行业空白。

该估算体系具有国际性、先进性、实用性、标准化、精细化和防控风险等诸多创新点，解决了现行国际 EPC 项目投标估算工程造价方法粗放、估算精度低等问题，推进了精细化管理，提高了投标费用估算的准确度，并有效防控风险，对促进我国工程承包行业的发展起到带动和示范效应。

专家点评

国际 EPC 项目投标估算体系，着眼于炼化工程公司在国际竞争中估算精度不高的突出问题，按照国际通行规则，创新估算方法和管控模式，实现了对投标报价各项资源、管理要素和信息的综合集成和协同优化。该体系涵盖了工程项目全生命周期的主要环节，形成了科学化、精细化、标准化的方法体系，填补了国内石化工程领域空白，对其他工程公司也具有借鉴意义。

案例五　推动经络化价值管理提升创效水平

内容提要：北京石油突出问题导向，探索式地把中医经络原理与财务价值管理有机结合，形成经络化价值管理理论。他们依托数据化管理，将业务量、工作量目标转化为价值量指标，将工作任务转化为具体落地措施，统筹长短期效益，塑造了有质量、高收益的全环节价值链。突出一体化管理，通过打通“任督二脉”(即商品供应链和管理供应链)，各部门成为价值创造的行动一致人。通过相互配合、相互协调，有效推动各部门主动落实价值管理职责，以实现企业价值最大化的目标。

一、需要解决的主要问题

问题一：公司全面转型需要进一步探索新的管理方式

2018 年，北京石油确立了全面转型、全面领先“两个三年”和建设一流销售企业的发展目标。公司利用“望、闻、问、切”的手段，将企业转型加速落地，“望”是看大势；“闻”是找商机；“问”是与员工、客户加强沟通；“切”是切中要害，找准痛点、堵点。公司搭建了油非一体化、线上线下一体化的易捷加油新零售平台，在进一步发挥财务价值管理对公司业务转型的支撑方面进行了探索。

问题二：市场需求受冲击，竞争异常激烈，经营难度加大

一方面，新冠疫情严重影响了市场的需求。疫情刚暴发时，北京石油机出零售量不足同期的 30%。国内疫情得到有效控制后，国外进入暴发期，首都管控形势依然严峻，恢复程度在区内省市公司排名靠后，市场需求大幅萎缩。另一方面，国际油价暴跌且长期持续在“地板价”以下，国内地炼加工负荷持续提高，低成本资源充斥市场，导致批零价差扩大，民营加油站不断挂牌直降。同时，继滴滴平台之后，团油车主邦加入扩张，互联网平台营销力度逐步加大。据统计，与平台合作的社会加油站超过 140 座，占社会站总数的 60%，一季度末平台平均降幅扩大到 0. 66 元/升，北京市场稳价推价难度加大。

问题三：固定性费用偏高，抑制了创效能力的提升

一方面，受北京市疏解非首都功能、新能源替代带来的油品需求逐步萎缩趋势以及成品油零售经营资格审批权的下放等影响因素，愈来愈多的外资企业、民营企业加入营业网点的“争夺战”中，加之土地成本的自然、持续增长及地炼资源采零价差优势扩大等原因直接推升了北京地区营业网点的发展成本；另一方面，北京市月最低工资标准、小时最低工资标准在全国排名前列，企业用工成本存在一定压力。受上述两项因素影响，北京石油固定性费用大幅增加，直接影响创效能力提升。

二、解决问题的主要措施

措施一：将价值管理转化为可操作性的行动

北京石油将影响价值创造的商品供应链和管理供应链细分清晰，将公司已存在的各种资源包括原材料（企业组织的各部门、拥有的各类商品）、烹饪设备（企业的固定资产及无形资产）、厨师（人力资本）完美结合，形成了经络化价值管理“菜谱”。各种资源在价值链各环节精准定位、深耕细作，制作“珍馐美味”（价值创造）成为可操作性极强的具体行动。

措施二：将价值管理转化为每名员工的日常工作

经络化价值管理以落地措施及具体的事件为桥梁，改变原先层层传递命令、执行命令的粗暴管理方式，与每名员工进行上下全面、多次沟通，将价值指标转化为落地措施、转化为要做的具体事件。同时，将价值创造与薪酬激励相结合，引导员工积极主动的有效执行，使价值创造成为每名员工的日常工作。

措施三：将价值管理转化为可持续的流程

以价值体系、制度建设为基础，以健全的机制、专业化人员为保障，将成本费用控制、预算管理、经营分析、资金运作、资产管理、风险防范、税收筹划等财务管理手段，应用于以岗位操作规程、培训练兵、监督检查、考核奖惩为闭环的“四大管理体系”中，价值管理成为企业经营发展中的可持续流程。

企业价值链所承载的物流、资金流、信息流，以及价值链上各岗位人员的作业流，构成了一个有机的经络体系。公司经络化价值管理就是利用经络化价值管理手段，从事前控制、事中执行、事后评价三个阶段，将有机经络体系打通。

1. 事前控制

一是先行建设价值体系（图 1）。搭建“市公司–区公司/合资公司”两级价值管理架构；精准定位各部门在价值链的创效位置，拟定包括业务量/营业额、差价收入、成本费用及提质提效等四大类指标，细分出 120 项具体指标，形成价值管理指标池；通过“一对一”痛点对接，确定核心指标，形成两级独立指标体系。

二是滚动预算制度建设。按照横向到业务线条、纵向细化至九个区公司的方式，形成三个月逐月滚动的预算编制方案，使价值管理目标更贴近市场实际情况、更提振经营信心。

2. 事中执行

一是完善财务管理机制。建立月度预算准备会制度，使价值管理核心部门参与预算编制的全程；建立业、财协调机制，以“面对面”方式打通业务流程及财务流程，提升解决问题的效果和效率。

处室	A.业务量指标		B.差价收入指标		C.成本费用指标		D.提质提效指标	
	主指标	细分指标	主指标	细分指标	主指标	细分指标	主指标	细分指标
经营计划部	1.油气经营总量	汽柴油销量	1.成品油差价收入	配置资源考核价差	清净剂成本		地炼直采比重	
		航煤销量		外采价差（到配置价）				
	2.天然气销量			航煤价差及管输费				
				中油互供价差				
				物流优化奖励				
				管输让利				
				密度差效益				
				升降级价差				
			2.天然气价差					

处室	A.业务量指标		B.差价收入指标		C.成本费用指标		D.提质提效指标	
	主指标	细分指标	主指标	细分指标	主指标	细分指标	主指标	细分指标
零售中心	1.自营机出零售量	汽油	1.零售环节差价收入	自营机出差价(含并表)	1.营销投入	点对点竞争让价	洗车网点	
		柴油		橇装站差价		一键加油让价	吨油优惠	汽油
	2.汽柴油零售量	汽油		他有我营分利收入		会员积分成本		柴油
		柴油		升降级价差		奖励积分成本	采零差	汽油
		高标号汽油		零售增量奖励		油非互促成本		柴油
				三元全环节差价		易捷币投入	低无负效加油站	
						零售业务宣传费	人均零售量	
					2.客服成本			
					3.加油站修理费			
					4.外租宿舍费			
					5.加油站损耗			
					6.加油站水电费			

处室	A.业务量指标		B.差价收入指标		C.成本费用指标		D.提质提效指标	
	主指标	细分指标	主指标	细分指标	主指标	细分指标	主指标	细分指标
商客中心	1.直分销量	汽油	直分销差价	汽油	直分销配送运费		配送费用创效能力	
		柴油		柴油	信用客户资金成本		采批差	汽油
		E家机械销量		天然气				柴油
	2.天然气点供量			他有我营批发价差			终端销量比例	

图 1　机关部门价值管理指标体系——经营部门

二是行动任务清单化，落实价值管理目标。将“百日攻坚创效”任务逐项梳理、细分形成七大类、39 项具体可量化的工作目标；将细化任务逐月分解形成任务清单，并按月跟进完成进度。

三是利用财务机器人，实现大数据整合。运用机器人流程自动化系统，自动抓取相关系统数据、比对检验、按照事先设定规则计算分析，初步搭建了零售营销投入分析模型 1 个，自动出具各业务线条报表 5 张。

四是加快专业化团队建设。跨部门组建专家团队，推行项目负责制，针对价值管理课题提出系列化解决方案。

3. 事后分析

一是分类别、分层级监督评价。针对不同的业务线条经营特点，实现分类别监督评价；针对市、区两级管理层级，分层级监督评价。

二是建立财务绩效体系，实现闭环管理。建立完善的财务绩效体系，价值管理有目标、有评价、有监督、有考核，经络化价值管理实现了有效的闭环。

三、实施效果

效果一：经济效益

1. 提升了管理供应链价值。通过建立价值管理指标体系，用“一对一”痛点清单对接的方式，将经络化价值管理落实到岗位、落实到个人，业财融合又迈进了一步。通过与区公司对接价值管理指标，区公司更加关注经营量、非油品营业额及安全环保工作，更加注重价值创造的各业务环节、管理环节。

2. 提升了商品供应链价值。一是推进证照办理工作，完成停业站复业1座，实现创效24万元。二是落实国家在疫情期间给企业的帮扶政策，减少人工成本支出870万元；通过加大区公司用工调配力度，节约用工133人，节约支出82万元。三是借力大客户合作优势，调整营销直降力度，实现营销投入同比降低8035万元，同比降低88%；通过开展交叉营销，拉入第三方资源代替自有投入，节约投入300万元。四是利用疫情期间减少接触的安全要求，有针对性的引导客户减少使用银联卡支付，大力推广"一键加油"，推荐客户使用微信支付。当月使用银联卡刷卡充值金额环比减少3380万元，节约手续费9万元。目前，北京石油成品油市场份额同比提升0.5个百分点，成本费用硬压减9296万元。

效果二：社会效益

通过经络化价值管理，企业在稳步提升效益的同时，积极推进了"一键加油、一键到车、一键到桌"等新业务，中国石化实现了"油品不断供、商品不涨价、服务不打烊"的郑重承诺。"一键加油"推广不足一年半，已有280万人下载并使用易捷加油APP，实现了不下车就完成加油、支付、开票等一系列流程。"一键到车"业务使"不下车，不开窗，三天量，一整箱，一键送到后备厢"的安心"买菜"模式成为战疫新亮点。"一键到家"业务实现了"小时达"，在战疫期间取得了客户的赞誉，6万余条客户对口罩销售业务好评，"送货快"成为评价的标签及热搜词汇。

原创单位感悟体会

北京石油推进经络化价值管理工作已历时3年，经历了摸索期、发展期，目前正处于成熟期的第一阶段。在摸索期中，主要面临着公司业务转型、体制机制改革中业务转型与管理转型、财务转型的磨合等困难。发展期中，主要面临着业财对价值管理内涵及指标的认识误差及落地执行推进等问题。经过对上述问题的解决与完善，经络化价值管理最终处在成熟期的第一阶段。未来，随着业、财转型加速，北京石油将进一步完善经络化价值管理模式，在公司发展优势、B端及C端方面持续发力，实现线下加油流量向线上转化、加油向购物转化、一人加油向全家购物转化，形成油品非油品一体化、线上线下一体化、供给需求一体化的综合服务管理模式。

专家点评

北京石油通过将中医经络原理与财务价值管理有机结合，形成了经络化价值管理理论，实现了业财有效融合，提升了管理供应链和商品供应链价值，企业效益实现了稳步提升。该成果对企业经营管理创效面临瓶颈、需通过提高企业价值管理业务流程的可操作性、调动全员参与价值管理创效的中国石化系统相关单位具有一定的借鉴意义。

第七章

制度建设与依法治企

案例一　基于责权归位的大型油田业务流程再造

内容提要： 胜利油田在向现代企业管理模式迈进的进程中，以“构建现代化企业治理体系”为目标，积极探索了更加精简、高效的流程管理方法。通过流程再造，推动了机关、开发单位、管理区“责权归位”，革新了“重审批、轻监管、少服务”的经营管理方式，引入了服务型机关、标准管理、分级授权等管理理念，提高了内外部市场化水平，取得了良好的管理变革成效。

一、需要解决的主要问题

问题一：流程架构碎片化，过程不清晰

流程架构是流程体系的骨骼，是对流程体系的顶层设计。胜利油田过去基本以组织架构来确定流程架构，原流程由 7 个 A 类目录，23 个 B 类目录组成，每个目录下流程均归属于一个部门，各个大类互相独立，没有直接关系。流程架构碎片化导致业务各环节的流程分散在各个大类中，业务开展过程难以清晰描述。

问题二：流程目标不明确，效果不显现

公司主要管理工具是制度，流程以刻画制度及风险和控制为主，流程只是制度的图形化复现，没有体现流程的管理目标，为了做流程而做流程，导致除了在系统中落地的审批流程之外，其他流程对管理的现实意义不大，被“束之高阁”。

问题三：流程节点偏操作，颗粒度不统一

流程节点是流程的具体内容，描述业务开展的具体环节。油田原流程中，各节点所描述业务环节的颗粒度不一。由于以往流程的设计由部门自己完成，设计人对于本部门内的业务非常清楚，精确落实到岗，而对于同一流程中其他部门的处理过程，设计人往往并不熟悉，只能在部门/单位这一层级进行模糊的描述，导致跨部门节点不能指导具体工作、职责划分不清，部门内节点刚性过大，束缚管理人员提升管理质量的主动性积极性。

问题四：流程链条长，运行效率低

部分业务流程链条过长、运行缓慢，流程运行效率成为企业运营的制约因素。机关部门习惯于以审查审批的方式开展日常管理，部分业务领域的权力下放不到位，无论大事、小事都要到公司进行审批，重审批、轻监管、少服务的现象大量存在。流程参与角色责权不清，部分在业务过程中征求建议或备案告知的节点也被定义为审查甚至审批，大量增加了审批控制点。

二、解决问题的主要措施

措施一：构建结构完整、价值导向的流程架构

胜利油田流程再造基于价值链理论和 APQC 流程模板，将各项业务进行分解，梳理出支持创造价值的四大主营业务和八项管理支持业务(图 1)。通过评价业务对创造价值贡献的大小，明确了哪些业务纳入流程管理；通过端到端梳理业务创造价值过程，明确了管控该业务的流程数量和流程间承接关系，构建了油田流程架构体系(图 2)。

坚持党的领导

业务流(48)	油气勘探管理(12)	油气开发管理(13)	生产配套设施工程管理(14)	油气生产与销售管理(9)	监督流
管理流(134)	公司决策(4)				纪检 审计 QHSE监督 全覆盖
	投资与资本运营(11)				
	人力资源管理(10)				
	财务管理(26)				
	物资装备管理(16)				
	科技信息管理(25)				
	企管法规管理(32)				
	QHSE管理(10)				

图 1　业务流程架构

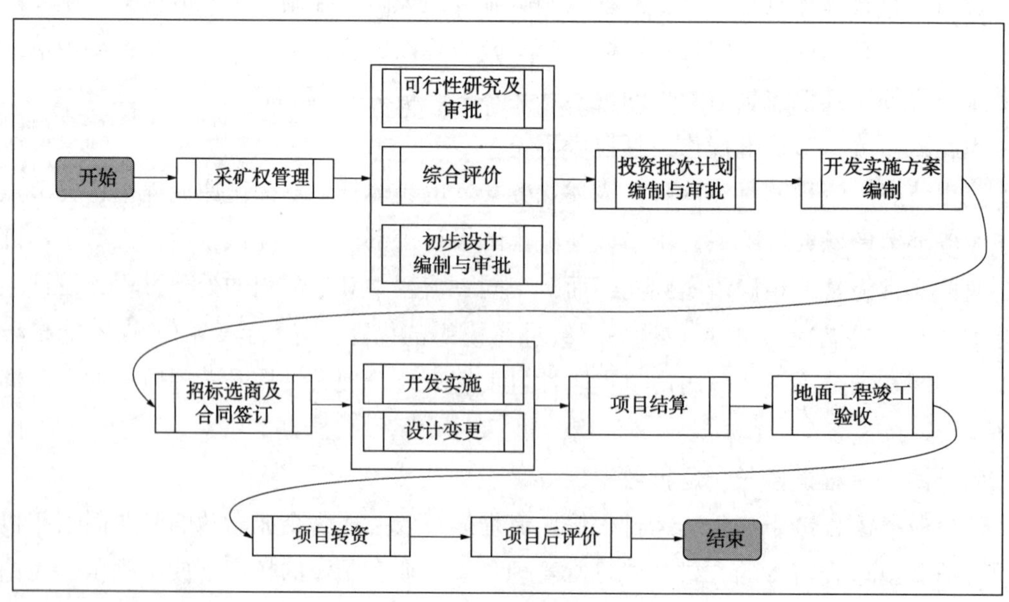

图 2　油气开发管理端到端业务链

措施二：构建责权分明、高效简洁的业务流程

依据油田管理思想、流程再造原则及设计方法，设计完成了182支流程，全面覆盖油田业务价值链及管理支持活动，新流程实现了流程数量、步骤、审批环节的大幅优化，主要体现在以下五个方面：

1. 明确各层级角色，实现责权归位。

一是明确分公司的宏观管控责任，油田机关部门在计划策划、制定制度标准中要做到“统筹引领”。例如油气勘探业务共设计13个流程，主责均为机关部门；油气开发业务中统筹油田资源、开发前期决策的流程主责均为机关部门。

二是明确开发单位的增量增效、区域管理责任。油气开发业务共14个流程，10个流程的主责部门是开发单位，机关部门不再审批管理。例如开发新井设计编制及审批改由开发单位自行牵头组织，各专业部门仅按需参与提供专业意见(图3)。

三是明确管理区的油藏经营管理责任。管理区对存量生产负责，油气生产的计划、执行及相关生产技术决策、招标、合同等主责均是管理区。例如对于“设备检维修管理”全权由生产主体自主负责(图4)。

2. 改进经营管理方式，减少“以批代管”。在流程设计中加入多元化的管理方式，解决“不让审批就不会管理”的问题。

强化标准管理。机关部门在管理中对于业务办理方式、常见问题、遵循原则等要善于总结提炼，对于可以制定标准、应制定标准的业务，以标准来约束运行，保证质量，避免一事一审、一事一批，逐步构建标准化的运行体系。例如工程预算审核，由建设单位根据价格标准，自行进行编制、审查，代替审批，大幅提高了预算编审效率。

增加分级管理、授权管理。采取单项授权、条件授权、定时授权等形式逐级授权，改变靠上级指令行事的局面，机关部门主要关注重大事项、例外事项，二级单位、采油管理区对日常一般事项有自主优化空间。

3. 加强业务指导服务，推动职能转变。油田机关部门要发挥高平台、大视野、实践经验丰富的优势，通过提供指导服务的形式，真正帮助二级单位、基层单位提高业务水平、能力素养，发挥其主动性、积极性，形成良性运行体系。

4. 提高内外部市场化水平，形成高效机制。加强承包商管理，打好市场化基础。优化建立两级市场准入管理模式，实行油田层面准入管理和二级单位层面准入管理，并引入对承包商优选排名及淘汰机制。

推动内部资源优化，盘活闲置资产。例如“资产调剂”(图5)，将原有3个流程、15个审核环节优化为资产所有单位自主负责，调入/调出单位达成意向即可，专业部门通过系统信息或备案手段控制风险。

5. 加强体系融合，实现一体化管理。与内控风险管理体系融合。将内控风险管理融入具体流程体系中，一方面在流程设计过程中，充分考虑内控因素，给予必要的节点控制；另一方面在工作程序中，对所有业务办理步骤进行详细的风险识别，落实到岗。

与HSSE管理体系融合。对比HSSE管理体系要素职责的内容，确保与流程设计一致。

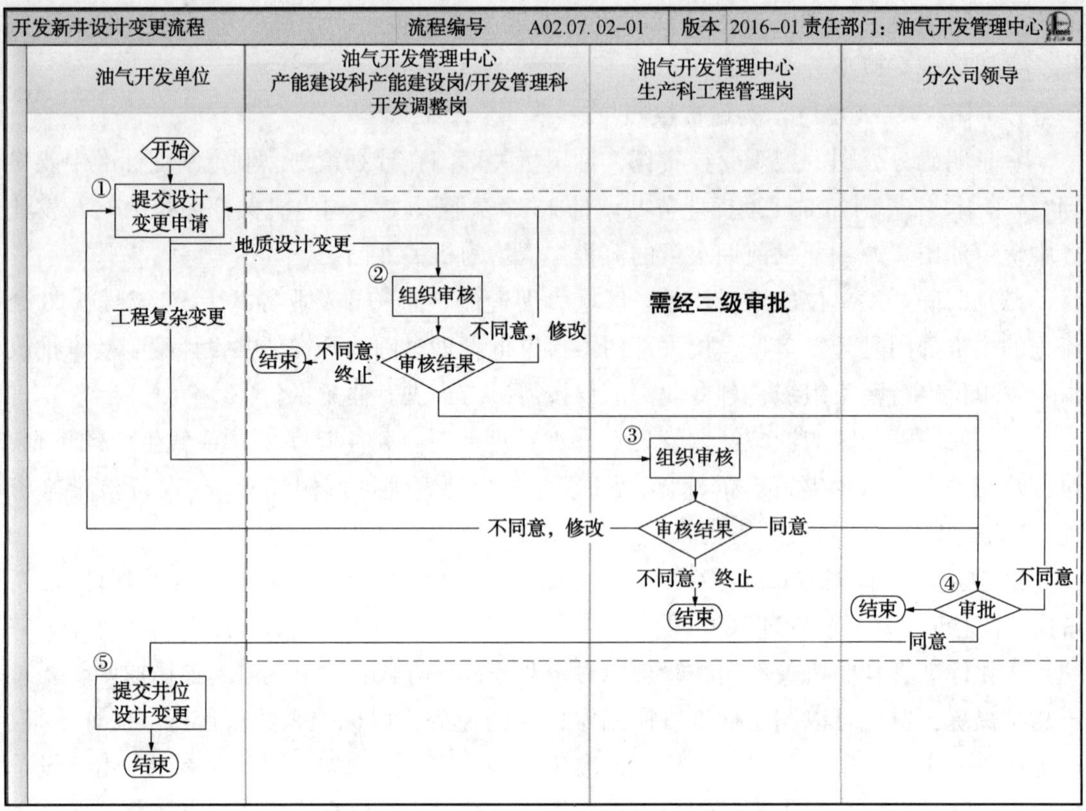

开发新井设计变更流程
流程编号
A02.07. 02-01
版本
2016-01
责任部门：油气开发管理中心
油气开发单位
油气开发管理中心
产能建设科产能建设岗/开发管理科
开发调整岗
油气开发管理中心
生产科工程管理岗
分公司领导
开始
①
提交设计
变更申请
地质设计变更
②
组织审核
需经三级审批
工程复杂变更
不同意，修改
结束
不同意，
终止
审核结果
③
组织审核
不同意，修改
审核结果
同意
不同意，终止
结束
④
不同意
结束
审批
同意
⑤
提交井位
设计变更
结束

开发单位
服务单位
油气开发管理中心
工程技术管理中心
7天
T
1a.编制新井设计
1c.按需提供新井设计
的编制服务
1b.提供新井地质设计
的技术规范
1b.提供新井钻井工程、
采油工程设计技术规范、
钻井实施方案要求
由开发单位自行组织审查
2天
T
2a.组织新井设计审查
2b.按需提供地质设计
的审查意见
2c.按需提供钻井工程
设计和采油工程设计
的审查意见

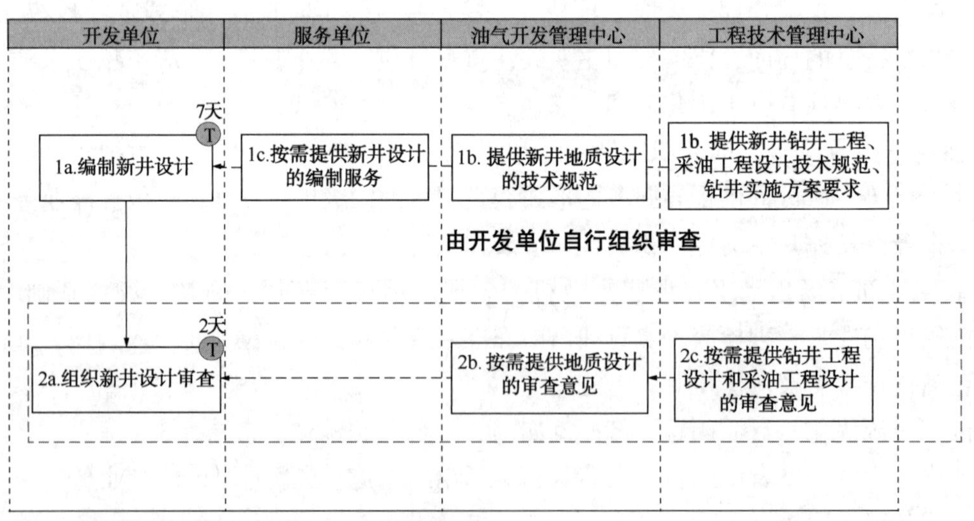

注释:1.本流程描述开发项目新井设计的编制与审批过程；
2.服务单位包括油田研究院、外部设计院所等。

图 3　油气开发管理——开发新井设计编制及审批

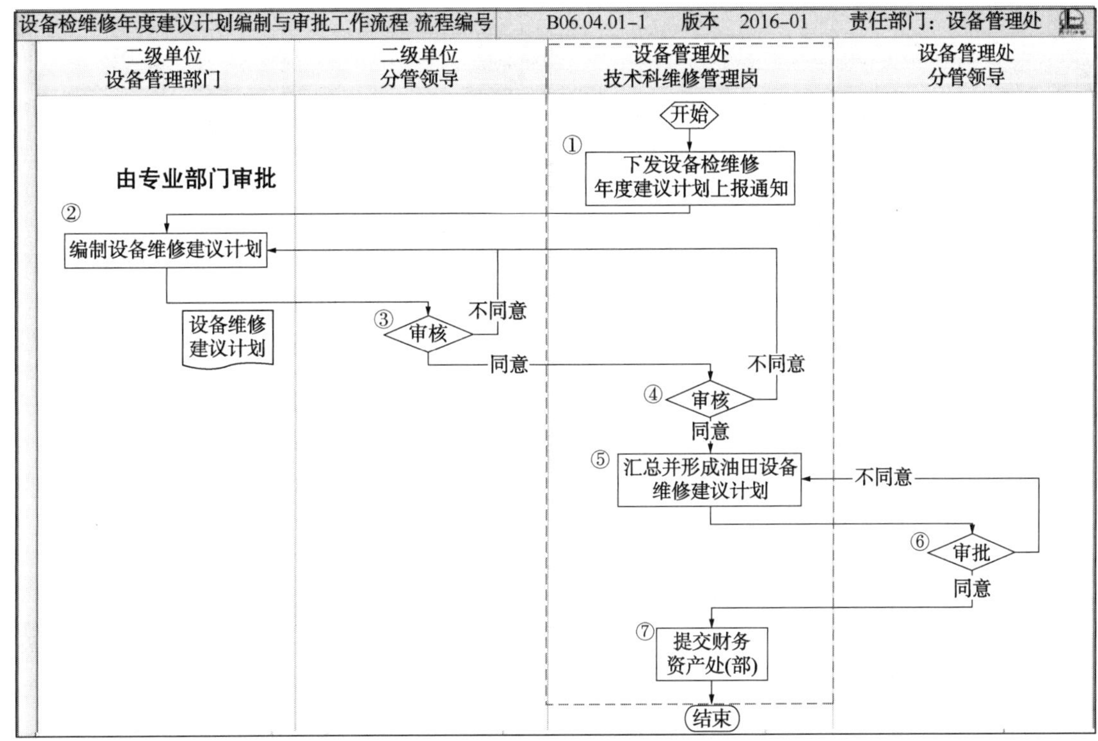

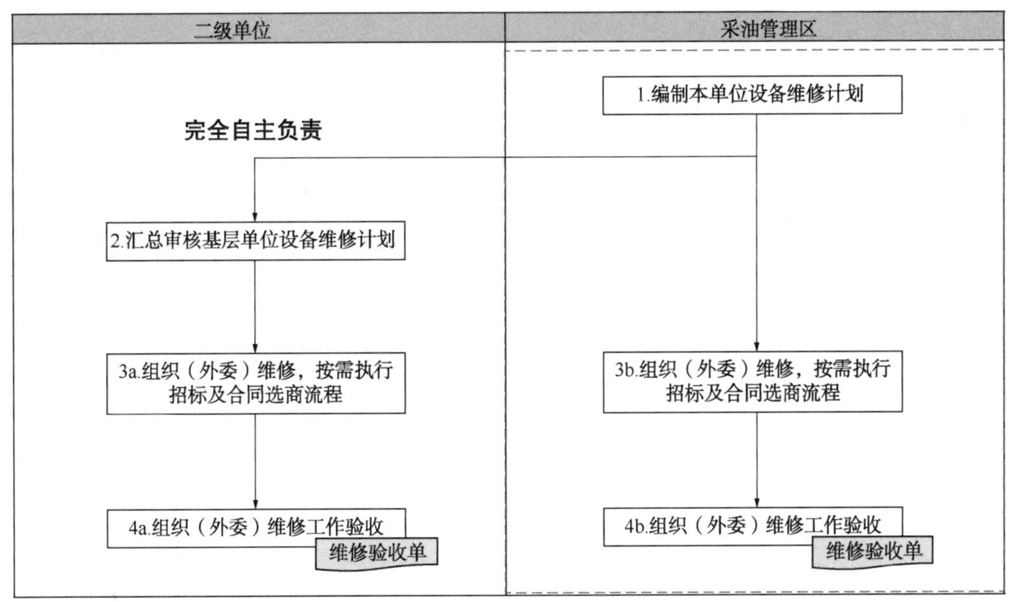

注释：本流程描述设备运行过程中的检维修管理。

图 4　油气生产与销售管理——设备检维修管理

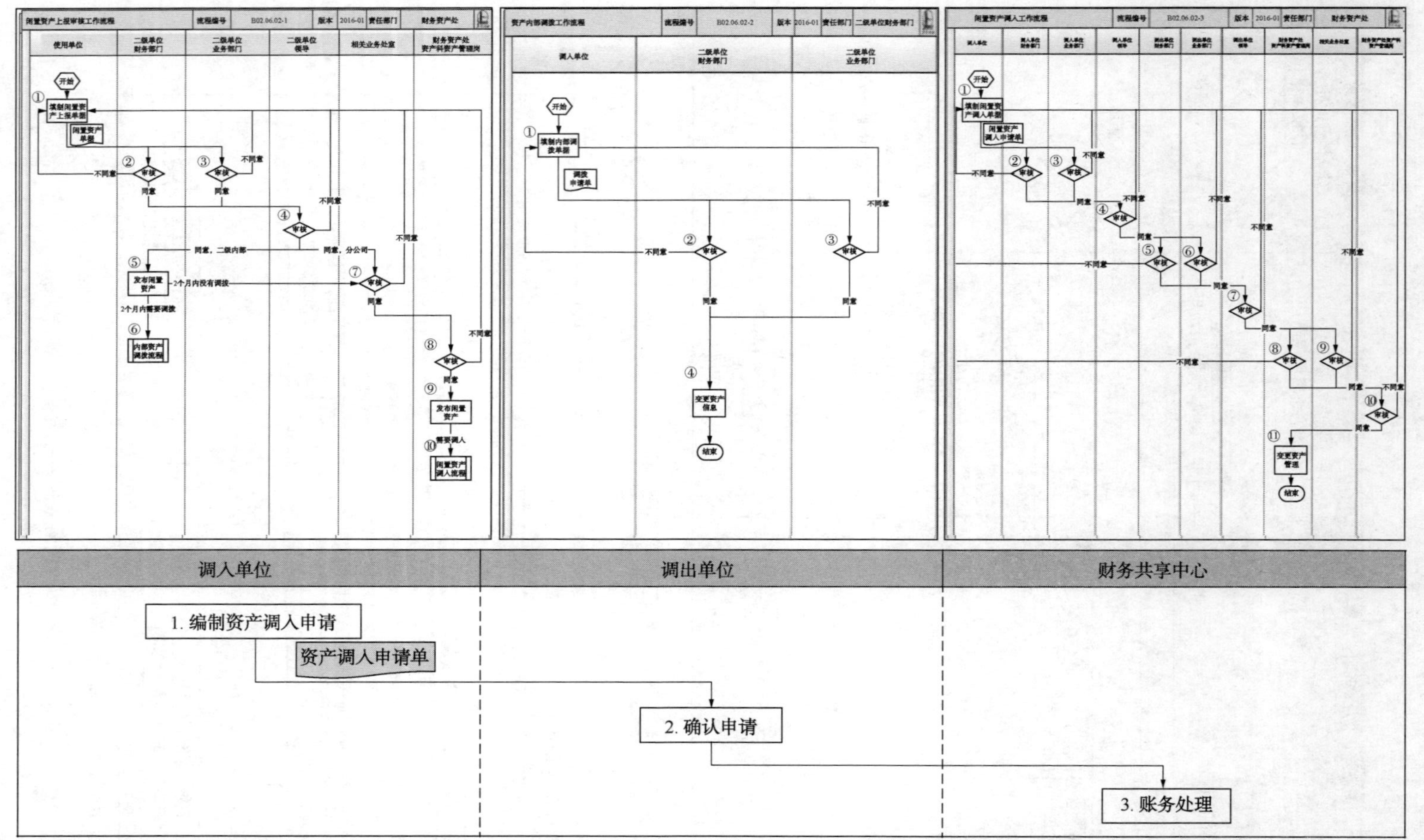

注释：1. 本流程描述对同一法人主体下的资产调拨调剂管理过程。资产调拨后归口专业部门通过信息系统了解调拨情况或由调入单位进行备案。
2.资产分类归口专业部门负责，其中油气开发中心归口管理油气水井类资产，工程技术管理中心归口管理油气集输及处理设施、管线类资产，生产运行管理中心归口管理海上设施、生产区房屋、构筑物、电力设施类资产，公共事业管理部归口管理非生产区房屋类资产，信息化管理中心归口管理计算机、软件、办公设备资产，设备管理处归口管理油田非安装设备、注采输设备、海洋开发设备、船舶、发电设备、炼化设备、应急设备等设备类资产，油地工作处归口管理土地类资产，油气销售中心归口管理原油库、外输管线等油气存储及销售类资产，物资供应处归口管理物资资产。

图5　财务管理——资产调拨管理流程

措施三：构建围绕流程、保障执行的工作程序

配套业务流程，根据明确的制定原则与建议，由各个部门自主开展工作程序的制定工作，明确在管理单元内部，具体如何处理业务。工作程序中明确了分解到岗的业务活动内容，负责岗位，业务办理所需材料及表单，工作完成时限以及对应到业务活动的相关风险内容、控制措施、负责人。通过工作程序，可以指导实际工作，是具体的操作程序，也是流程体系的最后一级。

三、实施效果

效果一：促进管理方式转变

业务流程再造推动了机关部门由管理向服务转变，赋予了二级单位、基层单位在开发生产中充分的自主决策权，充分激发了基层降本增效的工作积极性，进一步降低了油田整体运行成本。

机关部门从“审批式管理”中解放出来，将目光更多地聚焦在规则的制定、方向的把控和过程的监督上，由业务管理向战略管理的转变。通过“大流程”管理思想的贯彻，部门间打破专业壁垒，“跨部门协作”成为常态，由职能管理向流程管理的转变。通过管理单元“内部工作程序”的自主定制与管理，基层可以更多地采取“并联”“混联”“会商”等工作方式，解决了“串联梗阻”问题，提高了管理的弹性和柔性，由层级管理向网络化管理的转变。

效果二：提升流程运行效率

业务流程再造从流程数量、流程步骤、审批环节等多个方面对流程体系进行全面瘦身，实现了“主干清晰、旁路减少、回头路消失”。业务流程由原有的 859 支(不含党政工团、纪检、审计等业务流程)优化后缩减为 182 支；流程流转步骤由原有的 8514 步优化后缩减为 1274 步；流程审批环节由原有的 3467 个优化缩减为 310 个，业务综合运行效率得到有效提升。

原创单位感悟体会

流程再造是对胜利油田传统管理理念、管理方式和管理模式的一次重要改变，概括为四个方面：一是对传统管理的“再思考”，引发了各级管理人员对企业管理现状的深刻反思和对变革的广泛共鸣；二是对既有管理模式的“再设计”，引入了现代企业先进的流程化管理思想，打破了管理人员固化的管理思维和行为准则；三是对岗位职责的“再定位”，各级组织“责权归位”，各岗位员工对自身定位重新思考，释放了主动作为、主动执行的工作活力；四是对公司管理人员的“再教育”，打造了一批具有先进管理思想、掌握先进管理工具的管理专家团队。整体取得了显著成效，助推了改革发展。

专家点评

实施业务流程再造是企业解决责权不清晰、责权不对等的前提，是厘清管理层级、明晰职责职权的根本，是推动高效协作、提高审批时效的关键。胜利油田以“构建现代化企业治理体系”为目标，通过业务流程再造，实施从单一流程优化向系统性流程体系优化的转变，系统推进管理变革的更新、管理方式的改变、运行效率的提升，有助于油田构建精简高效、管控平衡的流程体系，有助于推进机关管理转型、建立服务型机关，有助于激发各层级管理活力动力，这必将为持续深化体制机制改革起到积极的推动作用。

案例二　特大型炼化企业流程管理体系构建与实施

内容提要：茂名石化通过对标世界一流企业，聚焦提升管理质量和效率，建设系统集成、协同运作、角色执行、绩效导向为特征的业务流程管理体系，对业务进行端到端梳理，打通业务流和信息流，从而使流程和制度、风险控制高度融合，并通过信息系统固化执行，增强了公司管理体系的生命力。

一、需要解决的主要问题

问题一：管理机制不适应现代企业发展趋势

公司管理机制设计仍拘泥于过去长期形成的传统管理思路，各级管理者缺乏以效率为核心的管理思路和方式，被动执行上级指示，围着上级临时指令打转转，把大量精力放在完成上级交代的任务上，与业务驱动的理念不相称，已经成为企业管理进步和效益提升的无形障碍，必须进行革命性的改变。

问题二：集约式管理未实现充分整合

目前公司建立了多个管理体系，如何将这些管理体系有效整合管理起来，共同为企业发展战略服务，是企业管理的核心内容。公司各管理体系的融合还有很大空间，需要通过流程把各管理体系要素整合起来，实现互相协同，有效达到企业运作目标，真正发挥企业管理利器的作用。

问题三：管控能力有待进一步提升

管理的重要职能就是控制，在具体的业务执行过程中，由于制度条款操作性不够强，操作步骤和操作要求分散于不同制度不同条款，或同一制度不同条款，员工难以直接和全面掌握操作步骤和操作要求，无法明确、清楚地知道自己什么时候该做什么事，做事情要达到怎样的标准。因此，需要通过流程整合制度管理的各项要求，解决执行不力的顽疾，提升管控能力。

二、解决问题的主要措施

措施一：搭建流程架构，完成顶层设计

一是梳理业务能力。从业务运行本质出发，开展流程管理现状调研诊断和根因分析，以企业价值链为主线梳理业务能力，并将业务能力与制度、能力、组织进行匹配，保证业务不重不漏，流程无缝链接。

二是搭建流程架构。参考 APQC、IPO 等流程框架，通过分类分层方式展示流程架构，编制流程架构说明卡，清晰定义公司应该具备的流程，以及流程间的边界、输入输出关系、层级关系。见图 1。

措施二：围绕企业价值链，确定流程建设路标

一是规划流程建设路标。按照选取业务主线核心流程带动主线上其他流程同步或分步开发的原则，对主价值链上的业务流程及目前的信息化支撑情况进行分析评估，规划和设计公司端到端流程建设路标。见图 2。

二是选定业务主线。围绕公司主价值链，选择生产运营业务主线作为核心流程进行开发，选择产品研发、营销问题解决作为跟随业务主线流程进行开发。

措施三：开发流程建设规范，提供流程开发依据

一是设计流程建设流程。在深入分析、识别流程建设过程的角色、活动、关键控制点、流程绩效指标等信息的基础上，确定流程建设的设计、开发、试点、推行等四个阶段子流程。

二是适配流程文件模板。根据流程规范，逐一适配流程方案模板、试点/推行计划模板、试点/推行准备度评估检查表、试点/推行总结报告模板等实施过程相关模板，保证流程开发实现标准化、规范化。

措施四：推行流程开发试点，积累建设经验

一是筛选试点流程。通过收集业务部门的试点项目需求、调研执行层业务痛点和需求、访谈业务人员等方式，确定试点流程的筛选范围，按照业务痛点突出、关联流程少、改进难易程度、用户数量、IT 系统少、短期成效显著等原则进行试点流程评审，确定 IT 事件管理、检维修管理 2 个公司试点流程、招投标管理、产品价格管理等 5 个跟随试点流程。

二是设计试点流程。按照整体流程最优化的目标，通过流程设计-流程开发-流程验证-流程推行的总体开发路径，进行试点流程开发，将制度、风险控制所承载的业务运行过程及管理要求融合到流程各项活动，实现流程中每一个活动增值最大化，减少无效或非增值的活动。

措施五：围绕业务主线，全面铺开流程建设

一是引入矩阵式管理。组建流程开发项目群团队，负责组织本业务主线上各业务流程项目团队的组建、运作和开发管理，实现业务主线上各流程及其信息系统的开发、上线和投入运营。

二是实行主管负责制。确定牵头项目经理和项目群经理的职责，做到六明确：明确目标、明确职责、明确权限、明确主要措施、明确考核规则、明确考核结果，从而实现流程开发和投入运营的总目标。

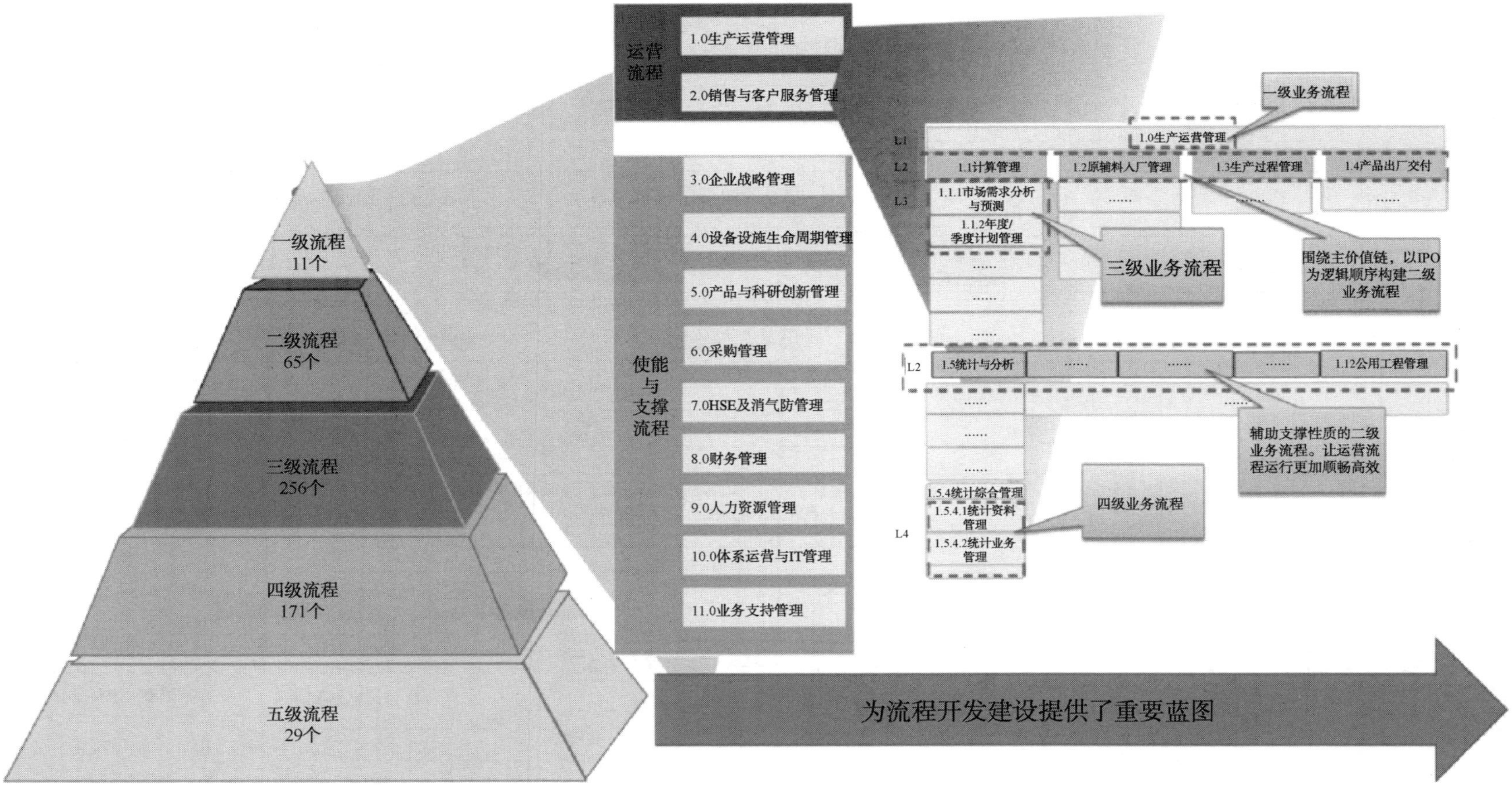

一级流程 11个
二级流程 65个
三级流程 256个
四级流程 171个
五级流程 29个

运营流程
1.0生产运营管理
2.0销售与客户服务管理

使能与支撑流程
3.0企业战略管理
4.0设备设施生命周期管理
5.0产品与科研创新管理
6.0采购管理
7.0HSE及消气防管理
8.0财务管理
9.0人力资源管理
10.0体系运营与IT管理
11.0业务支持管理

一级业务流程
L1 1.0生产运营管理
L2 1.1计算管理 1.2原辅料入厂管理 1.3生产过程管理 1.4产品出厂交付
L3 1.1.1市场需求分析与预测
1.1.2年度/季度计划管理
三级业务流程
围绕主价值链，以IPO为逻辑顺序构建二级业务流程
L2 1.5统计与分析 …… …… …… 1.12公用工程管理
辅助支撑性质的二级业务流程。让运营流程运行更加顺畅高效
1.5.4统计综合管理
L4 1.5.4.1统计资料管理
1.5.4.2统计业务管理
四级业务流程

为流程开发建设提供了重要蓝图

图1　流程架构示意图

客户、集团总部、政府机关
需求
缺乏流程、渠道方法
市场信息
国家政策、总部要求
问题
产品与科研创新管理
信息收集与调研
创新需求管理
需求
需求
新产品开发管理
产品开发流
缺失跨领域、跨专业统一协调流程
需求
客户开发与准入
产成品销售
订单
产品出厂交付
销售计划编制
销售计划执行
结算
订单
生产运营管理
年度/季度计划管理
原辅料需求计划管理
制定生产经营计划
原辅料入厂管理
制定生产方案
生产执行
产成品与互供料入库
产品
合同、收款
采购管理
采购需求管理
确定供应商/承包商
签订采购合同
采购合同履行
运输管理
物流
合同履行流
验收、开票
预测能力渐弱,原油计划与生产计划配合不佳
物流运输不可视、不合理
财务管理
资金计划管理
资金收付管理
应收管理
资金流
销售与客户服务管理
售后服务
承包商安全管理缺乏统一流程管理
问题解决流
投诉管理混乱、不可视
设备设施生命周期管理
HSE及消气防管理
人力资源管理
体系运营与IT管理
业务支持管理
产品
服务
客户、集团总部、政府机关

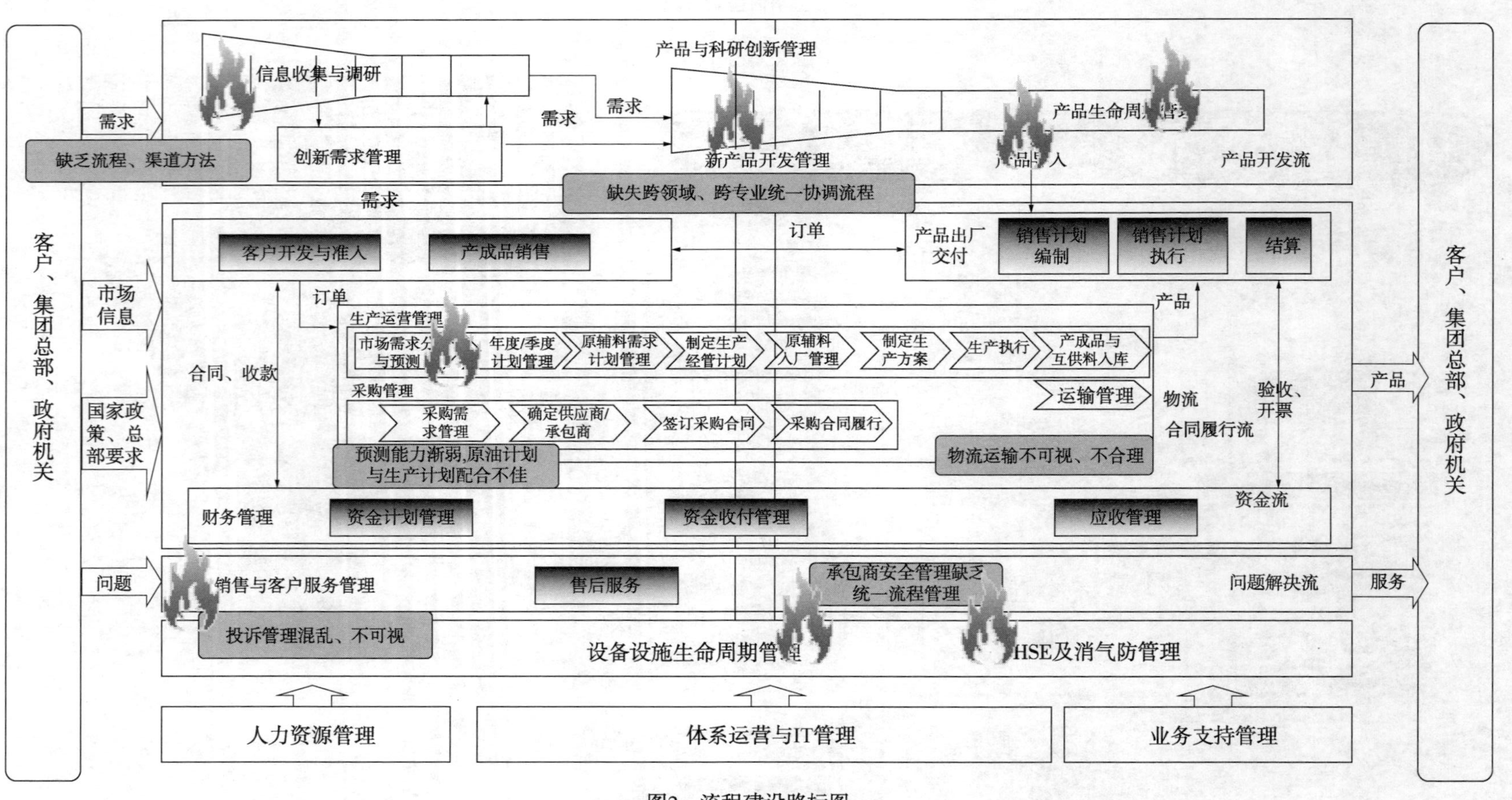

图2 流程建设路标图

三是实施挂图作战。“挂图作战，图在墙上，事在心中”，将项目团队名单、里程碑计划、工作要求上墙。制定项目里程碑控制点，按照里程碑点监控流程开发保进度和交付质量。

四是形成内外合力。对内，通过流程辅导员辅导，指导项目团队按计划按规范开展流程开发；对外，对于一些梳理较为复杂的非主线扩展流程，请教咨询专家，提高流程开发质量。

措施六：设计流程运营规则，保障流程持续改进

一是设计流程运营流程。从流程遵从性、运营规划与运营目标管理、运营执行、度量与评估、持续改进、需求管理6个方面设计流程运营流程。

二是开展流程执行督导。通过自查和帮查方式，引导和规范各单位基于流程开展业务活动，对流程的使用情况、取得效果和存在问题进行剖析。流程责任人对督导中发现的问题落实相关整改措施，对流程及其执行过程进行优化，实现流程的优质高效运行。

措施七：建立流程信息化机制，实现流程固化

一是打造流程信息管理平台，固化流程管理体系。实现流程设计、开发、建模、发布、变更、查询、检查、考核、各业务流程信息系统集成等主要功能，为流程管理体系、流程架构管理、流程建设管理、流程运营管理提供技术支撑。

二是建立流程信息化标准，规范流程落地。搭建各业务流程信息化系统，即用信息系统固化流程内容，通过施行流程信息化集成开发，做好顶层设计和源头管控，识别业务流程与周边系统接口及集成关系，辅以信息流结构化、集约化展示，实现流程运行的可视化、自动化和线上操作，实现流程系统的互联互通。

三是创建流程监控平台，实现流程监控。通过建设流程“标准时长”量化评价指标，对流程监控活动、场景配置、标准时长进行设置；通过流程运行情况进行监控，当某个流程的某个项目的某个活动的某个进行中的(未完成的)步骤超时，对超时活动进行报警，推送给该步骤的执行人，提醒执行人该步骤已经超时需尽快处理，从而起到警示作用。

三、实施效果

效果一：经济效益同行领先

公司全面完成集团公司下达的各项目标任务，连续多年经济效益保持前茅。实现了安全环保无事故，成为中国石化首批绿色企业，连续第二年盈利突破百亿大关，达到102.3亿元，稳居中国石化炼化企业第二位、同规模企业第一位，连续9年成为广东省第一纳税大户。

效果二：管理效率显著提升

专业管理和业务指标再有进步。如预算管理原来未设专门机构进行规范管理，2018

年专门成立预结算中心，同时配套建立预算管理流程，实现了费用提前控制和把关，预算费用的准确率从70%提高到95%；投标管理流程实现“看板操作”，采购方案模板由“填空题”改为“选择题”填报，减少退回修改比约30%。

效果三：流程运行可视化

实现工作动向发生任何异常都能够机动进行处理与改进。如，计量数据发布流程实现了所有业务数据在流程信息系统上自动流动，通过地铁图等方式展示流程每一个环节，并建立预警功能，彻底解决以前计量系统数据不准、异常无法处理，计量问题无法追溯等的情况。

效果四：流程信息共享集成

通过流程梳理，将相关流程信息系统拆分、合并、完善、规范等，实现数据共享集成。如设计检维修管理流程一站式平台，打通ERP、采购管理、财务管理等相关信息系统之间的数据接口，实现一站式管理，极大地加快了数据提取、上报、汇总、分析等速度，一定程度上解决了信息孤岛问题。见图3。

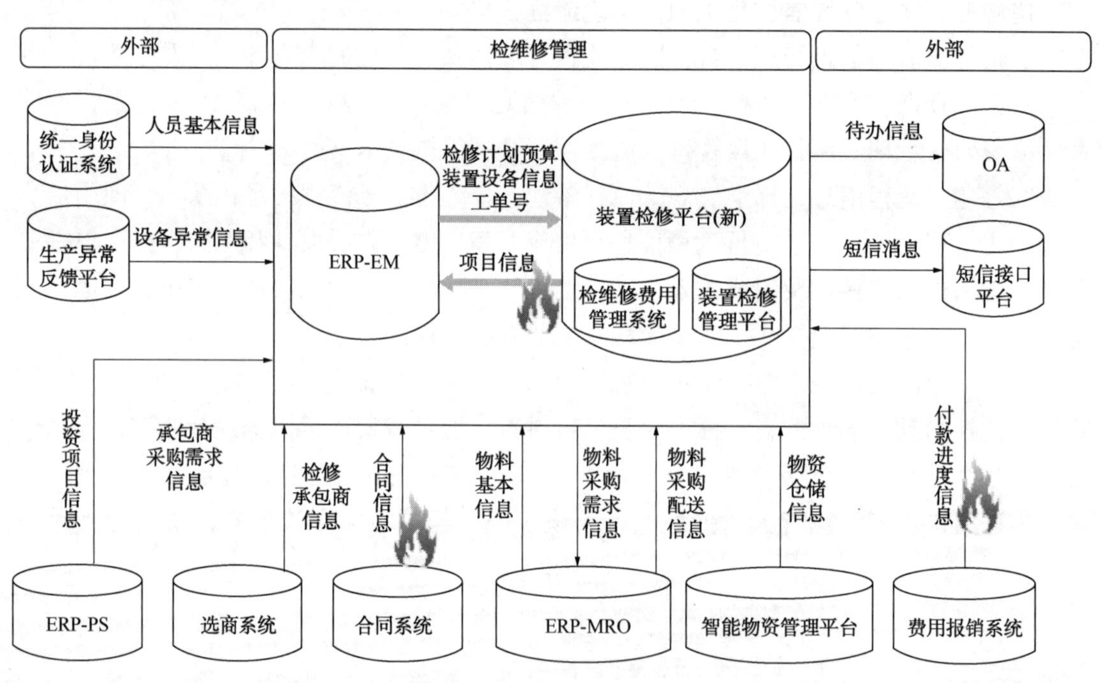

图3　检维修流程信息系统集成图

原创单位感悟体会

流程管理体系构建与实施切合公司发展战略需要和当前工作实际，流程将人、组织、目标、业务运营、风险和绩效有效融合起来，减少和消除传统管理习惯性的弊端，有效解决因管理体系交叉重复、业务多头管理所产生的问题，发挥管理作为企业第一支撑的作用，确保公司业务运行在流程上统一协调、有效运转，实现整体管理效率和效益最优。

专家点评

茂名石化自觉对标世界一流，聚焦企业效能、效率与效益，全面建成了系统集成、协同运作、角色执行、绩效导向为主要特征的业务流程管理体系，使流程运行与制度、风控等要求高度融合，有效增强了企业管理体系的生命力。该成果理念超前、方法先进，具有比较鲜明的创新性和实用性，值得在中国石化系统内同类企业中全面推广应用。

案例三　基于维护石化企业权益的立法源头参与工作机制建设

内容提要：立足转变企业传统维权观念，在国家赋予企业、公民参与国家立法权利的时代背景下，积极提出有利于国有企业可持续发展的意见建议，不仅提高国家立法质量，同时也为企业长远发展获得一些立法支持。河南油田通过不断的立法建议实践管理，创新形成了一套立足于维护企业权益的立法源头参与工作机制，充实了企业在实现权益上的创新管理内容。

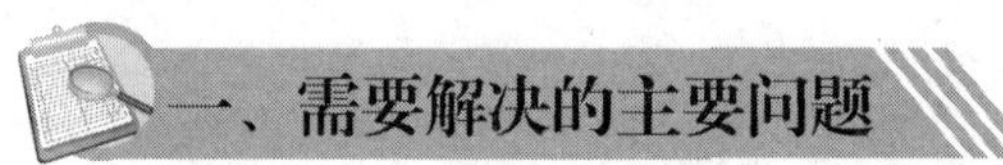

一、需要解决的主要问题

问题一：企业践行国家立法精神需要构建立法参与工作机制

企业立法参与工作机制建设可以将企业可持续发展的需求和愿景，以及行业员工在生产生活中的实际需要真实地反映给国家作为立法考量的依据，从而为国家实现科学立法、民主立法发挥企业应有的贡献和作用。

问题二：企业提出高质量立法意见建议需要不断健全立法源头参与工作机制

如何使企业长期自发地关注、参与立法活动，如何实现企业高质量地提出立法意见建议，需要建立一套长期稳定的立法源头参与工作运作机制，从管理上要求企业各部门、人员按照建立的工作制度进行合理分工协作，各司其职，按照固化的工作流程进行运作管理，充分发挥工作机制的能动性，确保企业能够充分论证立法意见的合法性、合理性并提出切合实际的立法意见建议。

问题三：立法源头参与工作机制建设能够促使企业更加全面推进依法治企

企业在参与国家立法过程中，必然会重视立法研究相关工作，通过建立长效的立法参与工作机制，主动学法、知法、用法，促进企业法治思维的提高和依法治企水平的提升。同时，企业研究对比立法前后的法律法规，更能深刻理解立法者本意，使企业能够在发展经营中不偏离法律轨道，充分发挥企业的创造能力。

二、解决问题的主要措施

措施一：加强组织领导，确保立法参与项目顺利实施

油田构建了横向协同、纵向联动的组织管理保障体系，确保上令下行，顺利实施和推动立法参与项目。以领导小组为组织机构，以具体参与立法项目为核心，以项目顾问组为专业支撑，横向上统筹立法项目活动管理，加强各部门的协同配合，分工合作，充分调配专业资源。纵向上构建项目组报告机制加强集团公司对河南油田立法建议活动的指导及信息沟通传递，形成有效的上下联动研究和信息共享机制。见图1。

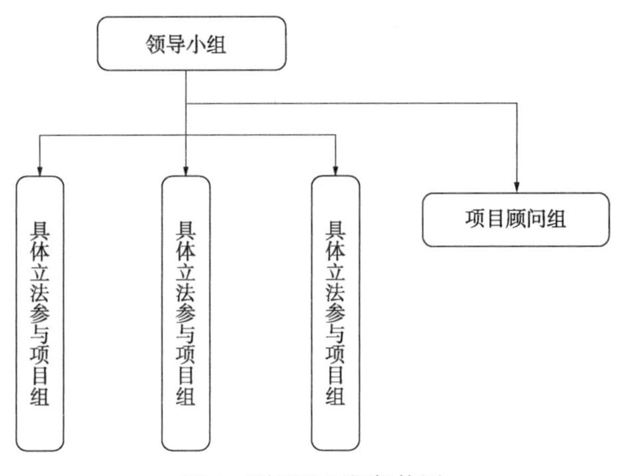

图1　项目组组织架构图

措施二：建立工作管理流程，推动立法参与项目高效运行

按照"管理制度化、制度流程化、流程信息化"的管理理念，设定管理流程，由领导小组副组长组织召开立法项目启动会，会议确定主要组织成员、项目运作的方向和工作计划安排等事宜，听取领导小组组长关于此立法项目的要求和意见。会议后，根据工作部署，由具体项目组成员按照工作机制流程开始搜集与项目相关的资料，并进行整理汇总，按照设定的渠道形式向企业员工广泛发布征求意见和建议，项目组顾问开展项目调研工作，将调研意见建议交项目组汇总。项目组成员将全部意见建议梳理汇总后形成立法意见建议初稿，交领导小组副组长初审，并由领导小组牵头组织召开草案研讨会，广泛听取相关部门以及专家、公司律师和基层等相关单位意见，对意见初稿进行讨论修订。领导小组副组长向组长专项汇报草案修订情况及进展情况。项目组成员将修订后的意见按照项目流程设计报项目组顾问进行审查，并逐级上报项目组审查审批。审批完成后形成定稿，通过企业全国人大代表参与立法等形式向国家提出立法意见建议。项目组成员关注跟踪立法项目的颁布实施情况，形成立法后评估报告及建议，逐级交领导小组组长进行审核并整理归档。见图2。

措施三：完善配套机制，提升立法意见建议质量和水平

一是创建专业资源效能机制，发挥专家队伍力量。建立"专家资源"库，将具有专业素养的油田专家、公司律师和社会中介机构等职业群体分专业建立入库，通过完善职责内容、增加合同服务内容，将专家资源库成员推向油田参与立法活动的前沿，发挥他们的专业优势；开设"专家立法参与"渠道，对于未纳入专家资源库，但具有基层长期实践经验或在某一专业领域较为突出的技术等人员，也纳入河南油田重点征求对象。

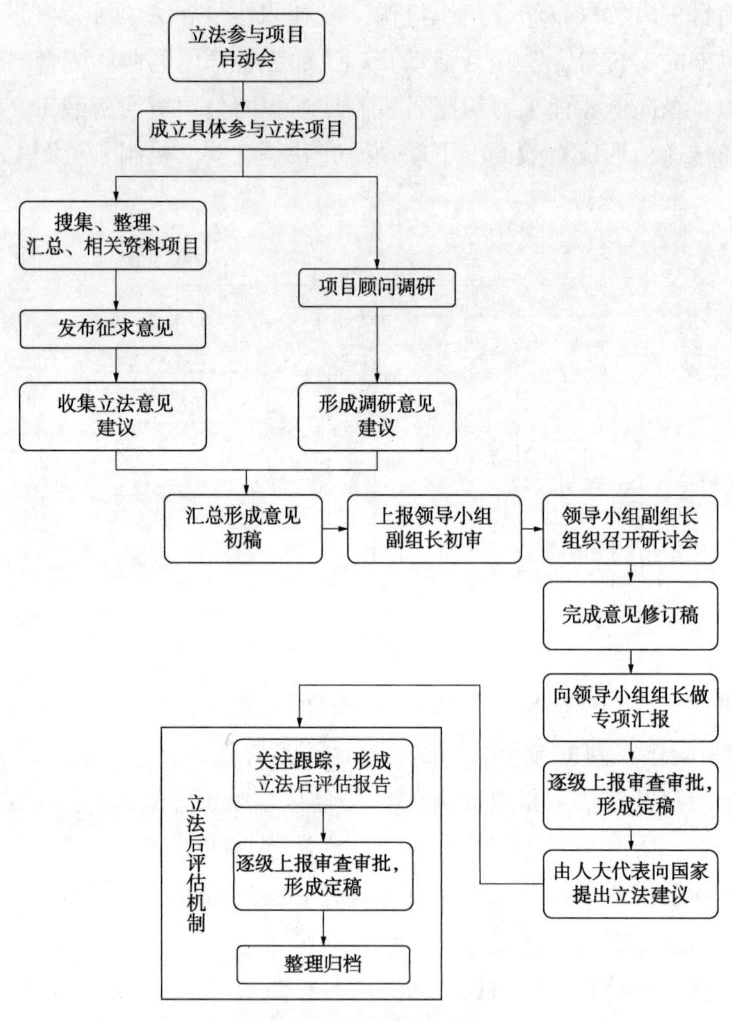

图 2　工作制度流程图

二是创建学习调研机制，提升油田参与立法活动的软实力。建立“专家请进来、我到群众中”的学习调研机制。邀请系统外专家顾问进行学术讲座，通过对法律法规、专业知识全面系统的讲解，帮助油田了解国家形势变化、发展趋势及新应用技术推广等，进一步开拓思维。油田主动重心下移、关口前置，积极组织立法考察，深入基层，开拓立法视野，收集资料，拓宽听取意见的渠道，确保油田提出的立法意见建议更加专业、更加务实。

三是创建员工参与机制和回应机制，为立法意见建议提供广泛的群众基础。油田建立员工广泛参与机制，充分利用企业内网窗口、多种媒体舆论宣传，报纸、网络通信等手段，构建了企业-员工参与互动渠道。搜集和整理立法草案相关资料，并对需要最迫切、与职工生产生活最密切相关的内容以通俗化文字加以解读和注释，通过多种互动渠道向企业员工公开，多让员工体会，让企业员工真正参与到立法建议工作中，确保了立法意见建议贴近实际、来源生产、着眼发展。建立立法建议回应机制。利用搭建的信息交流平台与窗口，充分尊重员工提出的意见建议，及时反馈采纳情况，营造出油田与员工互动参与的良好氛围。

四是建立常态化的立法后跟踪评估机制，确保实施效果评价。通过实践和后续的监督、评估，确定立法建议的质量和效果，从而实现参与立法项目建议工作的科学化、规范化、制度化，确保油田不断提升参与立法工作质量。建立定期清理制度，对涉及生产经营领域的相关法律法规汇编，并对现行法规进行定期清理，及时修改或删除与上位法相抵触的条文，确保油田始终在现行的法律法规框架轨道上运行。

措施四：发挥人大代表桥梁作用，充分表达石化企业声音

人大代表是国家权力机关的组成部分，肩负人民重托，具有广泛代表性，是保证立法决策公平公正、贴近民意的重要渠道。油田充分利用总经理陶光辉全国人大代表的身份，将凝聚出的立法意见建议通过人大代表渠道直接向国家传达企业声音。

三、实施效果

效果一：有助于提高国家立法质量，维护石化能源企业权益

油田通过立法源头参与工作机制建设，积极提出反映企业实际发展和意愿的意见和建议，有助于国家提高立法质量，促进国家法律法规更加公平、合理、完善。其中提出的《资源税法(草案)》《矿业权出让管理办法(征求意见稿)》《民法典侵权责任编》等十五部法律草案意见建议等，得到了与会人大代表们的充分肯定，部分意见被国家立法所采纳，给予了一定的减免政策。

效果二：增强了企业抵御法律风险的能力

油田通过立法源头参与工作机制建设促使各单位持续关注新法变化，主动学习和研究与企业相关的法律法规，熟悉企业经营所处的法律环境，从而准确识别法律风险，进一步增强企业抵御法律风险的能力，提高了企业法治思维能力和依法治企水平。

效果三：国家立法给予一定的减免政策

2016 年 5 月 17 日审议通过的《烟草专卖许可证管理办法》采纳了意见建议，中国石化在非油品领域的烟草业务获得了国家立法支持和保障。2019 年 8 月 26 日表决通过的《中华人民共和国资源税法》采纳了油田提出的“继续保留稠油、高凝油及三次采油资源税减免”的建议，每年为油田减免 5000 万元左右的资源税，中国石化按上述三项资源税的减免将达到 14 亿元。

原创单位感悟体会

以实现国家立法质量为目的，始终树立从立法源头维护企业权益的法治思维理念，坚持国家立法原则，从企业根本利益出发，整合集团公司内部资源，健全组织领导体系，充分发挥和利用专家、公司律师的专业素养和知识，建立企业调研机制和员工广泛参与机制及配套完善常态化的立法后“跟踪”机制，通过企业人大代表参与立法的渠道形式向国家交出一份真实反映企业呼声和意愿的答卷，干部员工的法治思维能力显著提升，效能显现。

专家点评

构建立法源头参与工作机制是企业坚持从自身根本利益出发、提高国家立法质量的必然要求，是中国石化维护企业权益、反映石化企业意愿的重要途径，是推进依法依规治企、完善合规体系建设的必然要求。河南油田以维护石化企业权益为目的，充分整合企业内部法律资源，推进实施立法源头参与工作机制建设，不断提高中国石化肩负的法律责任和依法合规、诚信经营的良好企业形象，有助于企业增强法治意识、防范法律风险，有助于提高全员关注法律、学习法律、遵守法律的意识，有助于规避法律损失、提高企业效益，为中国石化发展提供了全方位的法律支持和保障。

案例四　制度执行检查体系的构建与实施

内容提要：江苏石油以系统为依托，以问题为导向，以检查为核心，创新性地构建制度执行检查体系。他们开发制度检查系统，通过提升检查环节的工作质量，推动了制度化建设中制度的执行、制定及优化、检查环节的全过程优化提升，强化了企业治理体系和治理能力建设，提升了企业管理的效率及效果。

一、需要解决的主要问题

问题一：制度制定及优化环节的问题

一是制度的系统性不够。部分制度存在重复、缺失、不一致等现象。二是制度的操作性不强。部分制度要求不明确或不易理解，不便于基层对照执行。三是制度更新不及时。部分制度的制定与执行相脱节，无法了解制度的执行情况从而没有及时对制度进行更新改进。

问题二：制度执行环节的问题

制度执行环节的问题主要表现为：一是“有章不循”，部分制度制定下发后，未执行或执行不到位。二是“循章不力”，制度的执行效果欠佳。三是“循章吃力”，制度执行的效率不高。

问题三：制度检查环节的问题

一是检查标准不统一。不同人员的检查标准各不相同，导致评价不客观，基层无所适从。二是工作效率不高。检查信息及数据的线下记录工作繁琐，员工工作负荷大，效率低；检查信息及数据的储存、分享困难，应用难。三是结果应用不充分。一方面对检查出的问题没有进行闭环管理，另一方面检查过程产生的信息及数据较为零散，无法对多次及长期检查结果进行综合分析及应用。

二、解决问题的主要措施

措施一：开展需求调研

为确保制度执行检查体系符合实际应用，江苏石油重点围绕制度执行、检查环节现状及问题、需求及建议，以现场调研及研讨会的形式开展调研，调研对象包括省公司机关、地市公司机关、县级公司、加油站全层级。通过调研，了解了制度建设工作中存在的问题及需求，明确了建立制度执行检查体系的思路，确立了四个基本原则：一是问题导向。以解决制度执行中存在的问题，制度化建设过程中存在的问题为目的。二是简单易行。体系服务于检查工作，不增加各层各级的负担。三是线上线下结合。运用信息化手段推动线下检查流程，提升检查工作的效率及效果。四是标准化。统一检查标准，实现制度的执行及检查标准化、统一化。

措施二：搭建线上平台

江苏石油开发建设了制度检查系统，系统设置基础信息模块和检查过程两大模块；设置五项主要功能，分别是机构人员管理、检查条目库建设、检查计划配置、检查过程管理及检查结果统计分析(图 1)。为提升系统实用性及便捷性，满足检查工作实际需要，制度检查系统进行了集成开发。一是开发手机端操作功能。利用企业微信平台开发制度检查模块，与电脑端系统相互集成，便于“四不两直”检查等移动应用场景。二是与 OA 系统集成。在 OA 系统设置制度检查系统待办提醒及增加登录功能，便于员工在日常办公中及时看到制度检查系统待办信息。

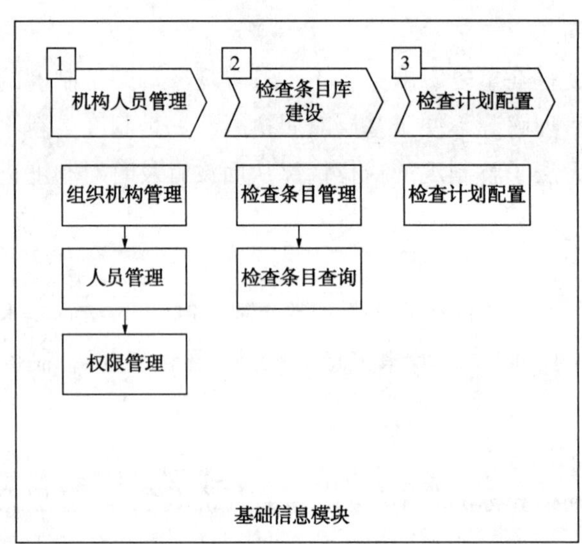

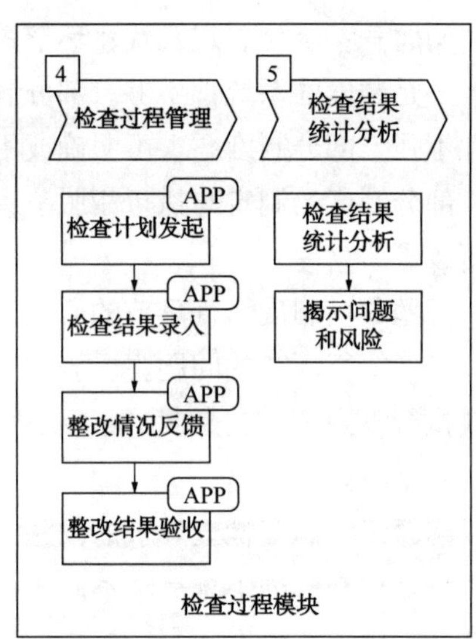

图 1　江苏石油制度检查系统功能模块

措施三：维护基础信息

1. 机构人员管理

以便于使用为原则，打破原有分层级的组织机构设置，江苏石油将系统内组织机构设置为“机关管理部门”“加油站”“油库”三类，在“机关管理部门”下维护省公司、地市公司组织机构及人员信息，在“加油站”下维护各地市公司加油站及人员信息，在“油库”下维护各地市公司油库及人员信息。角色权限包括“系统管理员”“部门负责人”“部门待办处理人”“检查条目管理员”“检查计划发起人员”等，按照“谁的业务谁负责”的原则分条线差异化配置。

2. 检查条目库建设

检查条目库建设是制度执行检查体系构建中的一项至关重要的工作，重点是将制度转化为可执行、可理解、可检查的标准化条目，既为员工提供执行依据，也为管理者提供检查依据。检查条目库分“一级指标”“二级指标”“检查条目”三级管理(图2)，便于从不同维度及层级查询、使用及分析条目，每条条目具体包括检查内容、检查方法、分值、评分标准、检查频率等信息。一是分类建设。按照“谁的业务谁建设”的原则，由各专业条线分别开展条目库建设。二是分层建设。按照“先基层、后机关，先地市公司、后省公司”的顺序，分层级开展条目库建设。三是分步建设。对重要领域率先开展条目库建设。目前已覆盖零售、直分销、非油品业务及安全环保设备管理领域。

一级指标	二级指标	检查条目
安全管理	合法依规-建设资质	……
	合法依规-经营资质	……
	合法依规-岗位资质	……
	安全投入-安全生产费	……
	安全投入-修理费	……
	……	……
设备管理	设备台账	……
	加油设备及附件	……
	油罐及附件	……
	输油管线	……
	液位仪、潜油泵	……
	……	……
环保管理	油气回收	……
	排水管理	……
	水上站	……
	土壤和地下水	……
	一般固体废物	……
	……	……

图2　检查条目库示例

3. 检查计划模板配置

检查计划模板配置即针对不同应用场景及检查类型配置相应的检查内容、检查关系及发起方式，为检查计划的发起提供标准化模板，并可以根据需要进行适当调整。检查计划模板的配置由各条线检查计划管理员根据实际情况，从检查条目库中选择检查内容，设置检查部门、被检查对象及整改验收部门。

措施四：实施制度检查

利用系统开展线上、线下相结合的制度检查工作。首先，线下提出计划需求，线上发起检查计划。其次，线下进行检查，线上录入检查结果。再次，线下对问题进行整改，线上录入整改结果，并对整改结果进行验收。最后，在线上录入验收结果，推动检查过程的闭环管理(图3)。为进一步将制度检查系统产生的大量信息及数据充分利用，江苏石油还开发了统计分析报表，可分专业、分区域、分时间等多维度对检查结果进行综合分析及应用。目前已开发检查结果问题明细表、问题统计报表、检查综合信息报表等。下一步，系统可根据实际工作需要持续拓展统计分析功能。

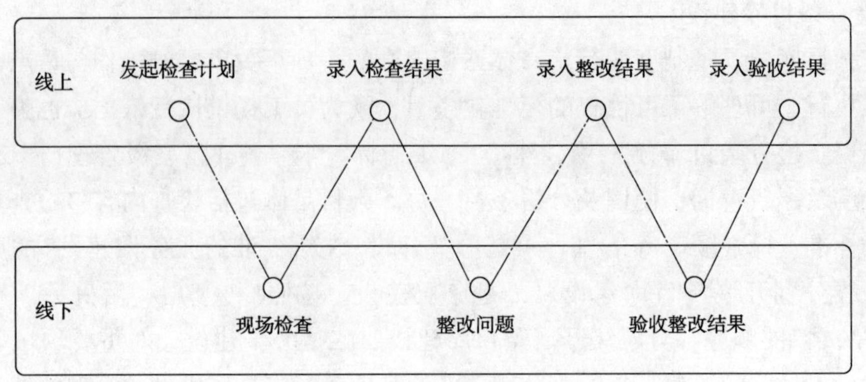

图 3 线上线下相结合的制度检查工作流程

三、实施效果

效果一：实现制度的有效转化

制度执行检查体系的构建实现了制度要点向检查条目的转化，实现了检查条目的标准化，便于员工理解、记忆、执行、检查制度，便于管理者对照开展标准化检查。检查条目库的建设在制度的制定与执行环节之间增加了转化环节，契合了基层员工作业繁忙等实际情况，完善了制度化建设流程。

效果二：推动制度的有效执行

一是通过对单次检查结果进行闭环管理，对多次检查结果进行综合分析应用，强化了对问题的管理，推动了问题的有效解决，提升了制度的执行力。

二是通过制度检查压实员工落实制度的责任，制度执行力再次提升。

效果三：强化制度的针对性检查

一是建立检查条目库，统一检查标准，制度检查更加客观科学。

二是通过开发制度检查系统，实现线下检查与线上推动相融合，制度检查工作全流程信息化，减少了线下检查手工记录的工作量，提升了检查效率；统一了信息及数据记录方式和标准，便于储存、分享、应用，提升了检查效果。

三是检查结果可撷取、可分析、可评比。将大量的制度检查结果录入系统后，形成了丰富的信息及数据资源，可用于统计分析并全面运用分析结果。

效果四：优化制度的制定

一是在建设检查条目库的过程中，可发现制度重复、缺失等不合理的情况。

二是在运用制度执行检查体系开展大量体系化的制度检查工作后，可通过综合分析发现员工在某些制度的执行过程中频繁或重复出现的问题，并结合实际情况深层次剖析，判断问题根源是否为制度本身不合理。对于制定不合理的制度，可有针对性地开展制度的修订，反向推动制度的制定及优化。

原创单位感悟体会

制度化建设是企业治理体系和治理能力现代化建设的关键环节，是深化国有企业改革、建立现代企业制度的重要内容。江苏石油聚焦提升制度检查工作，实施了制度执行检查体系的构建工作。一是在制度执行和检查前，开发建设制度检查系统，建设检查条目库；二是在制度检查的过程中，通过线上线下融合，将发起检查计划、录入检查结果过程的信息维护到系统中，提升检查结果的记录质量和效率；三是在制度检查完成后，利用系统对单次检查中发现的问题实施闭环管理，对多次检查中发现的问题进行统计分析，强化结果的综合运用。江苏石油通过构建制度执行检查体系，制度执行更加到位、制度检查更加有效、制度制定和优化更趋合理，制度化建设更加闭环化、科学化。

专家点评

该公司针对制度执行中的问题，创新性地开发了制度检查系统，坚持以问题为导向，以检查为核心，推动制度化建设中制度的执行、制定及优化、检查环节的全过程优化提升，是对公司现有制度管理体系的完善与补充，实现了强化企业治理体系和治理能力建设的目的，对促进企业制度执行力提升具有很好的借鉴价值。

第八章

风险管理与内部控制

案例一　以从严管理、双向管理、自主管理为递进推进承包商安全管理升级

内容提要： 镇海炼化结合企业发展实际，深层次分析承包商管理问题，以累计积分考核办法为核心，注重过程管控，增加承包商项目团队处罚标准，向项目管理人员传递安全管理压力；利用承包商对属地单位反向评价机制，督促各属地单位在从严管理的同时，坚持眼睛向内、刀刃向内，提高自身的管理标准和服务行为规范，向承包商提供安全的作业环境和高效的工作服务，建立"从严管理、双向管理、自主管理"3 个层级的承包商管理机制，递进推进承包商安全管理升级。

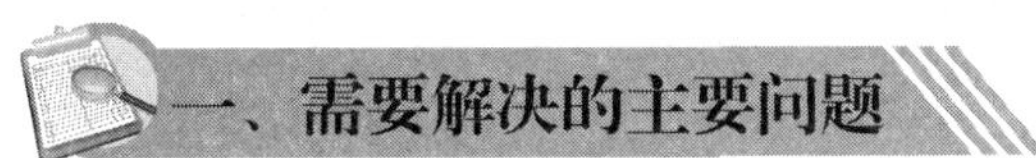

一、需要解决的主要问题

问题一：炼化行业承包商事故频发，安全生产形势严峻

从安全管理看，中国石化安全生产形势虽大局稳定，但事故多发态势没有根本遏制，安全生产形势严峻而复杂，特别是工程、检修作业环节事故多发，占炼化企业事故总数据的 70%左右。根据集团公司党组"两个三年、两个十年"的战略部署，致力于在"十四五"期间把镇海炼化打造为 4000 万吨级/年炼油和 400 万吨级/年乙烯的"世界级、高科技、一体化"石化基地，建设与发展任务艰巨，承包商安全管理直接影响镇海炼化发展大局。

问题二：甲方 HSE 管理要求在承包商管理层、分包管理层、直接作业层逐步衰减

近年来，炼化企业不断加大承包商违章处罚力度，从扣考核分、违约金至"黑名单"管理、暂停业务、"一票否决"处罚，但现场承包商违章仍居高不下，其深层问题一是甲方严格管理的压力未层层传递，累计积分处罚和违约金都只是到承包商总部和违章个人，对具体负责项目的管理人员没有影响，甲方的强势管理、强势考核无法真正触动承包商项目管理人员，无法真正促进其自主管理。二是承包商管理人员履职不足。承包商单位领导介入公司承包项目管理少，未重视并常态化指导项目管理；部分承包商项目关键管理人员身兼多个项目职务，长期不到岗；或不了解公司安全管理制度和管理要求，现场管理流于形式。三是承包商直接作业人员流动性大，基层班组建设良莠不齐，施工人员安全技能薄弱。

问题三：甲方在承包商管理上缺乏体系管理思维，"保姆式""强势"安全监管问题突出

一是甲方业主"保姆式"安全监管，导致承包商自主管理不足，高度依赖甲方检查，

放松自身安全管理体系运作和应尽职责，形成“甲方严格、乙方松懈”的被动管理局面。二是近年部分安全事故虽然发生在承包商作业环节，究其原因存在甲方未能提供安全的工作环境、安全交底不全、随意变更施工项目、违章指挥等问题。

二、解决问题的主要措施

措施一：聚焦承包商关键岗位人员，推进从严管理

重点聚焦领导干部、压实责任，聚焦承包商关键岗位人员到岗履职，聚焦承包商班组管理，聚焦特种作业人员、特种设备人员资质排查、技能验证。

一是抓承包商领导干部，持续传递公司安全管理压力。镇海炼化完善 HSSE 例会制度，将参会范围拓展至公司主力承包商及其分公司主要负责人；拓展会议内容，每月例会通报承包商累计积分情况和直接作业环节重点问题，向承包商负责人传递压力。

二是抓项目关键管理人员履职能力和到岗履职。细化“五大员”管控要求，列入项目合同约定；开展项目 HSE 经理、安全负责人面试审核，通过现场询问、模拟隐患检查等方式考查能力素质；利用信息化手段，在承包商管理系统中实现“五大员”到位情况的监控和自动提醒，采取抽查门禁、检查劳动合同等方式对承包商“五大员”到位情况开展常态化检查，对长期无门禁记录、未按要求办理人员变更手续或项目管理人员无现场检查记录的采取约谈、通报和“罚款扣分”等处罚。

三是抓承包商班组建设，打造“三标班组”（标准化配置、标准化管理、标准化施工），以《承包商 HSE 组织机构管理程序》明确“三标班组”建设职责、管理要求、创建标准、检查机制和奖励方案。通过打造承包商基层“三标班组”，以点带面规范承包商班组建设，着力打造打硬仗、可信任、零违章的基层作业队伍。

措施二：聚焦双向管理，推进过程管控

一是突出从抓结果管理向抓过程管理拓展。以累计积分考核办法为核心，注重过程管控。突出从抓结果管理向抓过程管理拓展，由以往主要以工作量来确定承包商累计积分基础分，修订为综合考虑承包商安全业绩、SAI 指数、施工难易程度、进场人数等多种因素，建立测算矩阵来确定承包商累计积分基础分。施工单位及个人本年度的累计违章积分将被引入下一年度安全积分额度，引导承包商强化过程管控，减少日常违章。见图 1。

二是突出从抓单位和个人管理向项目团队管理拓展。镇海炼化在原有承包商单位和个人管理要求的基础上，建立承包商项目团队考核机制，在现有约谈承包商负责人、暂停承接公司新业务的考核方式上，增加了承包商项目团队的考核标准，并区分工程项目和检维修项目，分别设置了项目团队经理或 HSE 经理因累计考核需调整的具体分值。同时，明确项目经理调整后，一年内不得担任公司范围内的项目经理或项目负责人职务，三次被调整项目经理的团队，该项目团队人员一年内禁止进入公司作业现场。向承包商项目团队人员传递管理压力，促进承包商加强自主管理。

三是推进承包商对属地单位反向评价。鼓励承包商对镇海炼化各运行部作业安全交底、作业措施落实、作业环境安全、作业监护、HSSE 考核、廉洁从业等十个维度进行反向评价。从乙方单一考核向甲方、乙方同步考核拓展，督促各属地单位在从严管理的同时，坚持眼睛向内、刀刃向内，提高自身的管理标准和服务行为规范，向承包商提供安全的作业环境和高效的工作服务。见图 2。

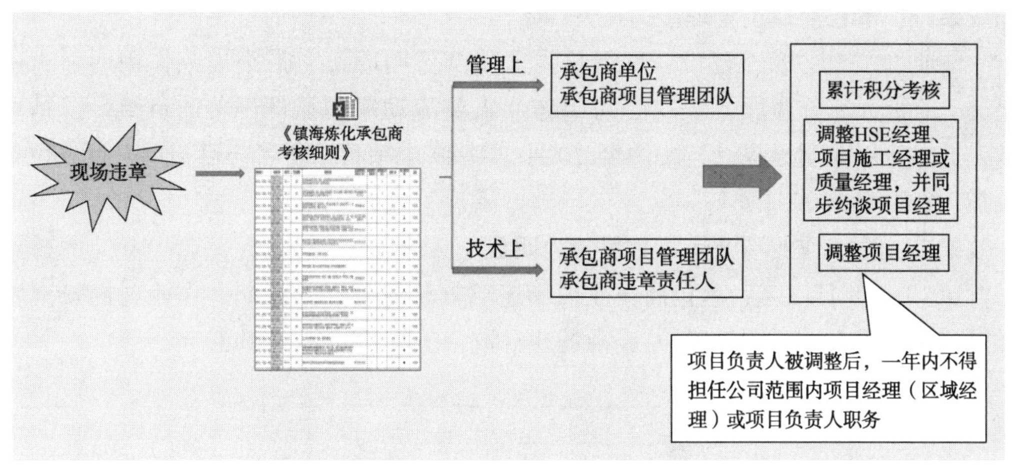

图 1　项目承包商项目团队考核示意图

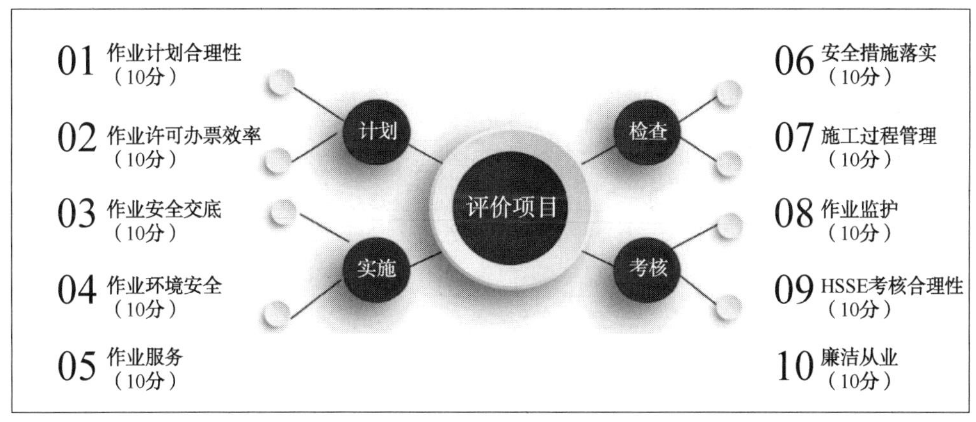

图 2　承包商对属地单位反向评价内容

措施三：聚焦“两个延伸”，推进承包商自主管理

镇海炼化坚持“甲方乙方都是一方，你们我们都是我们”的承包商管理理念，严格管理、真情关爱、靠前服务。一方面将 HSE 管理体系向承包商延伸，开展第二方审核，为承包商把脉，进一步将公司管理标准和作业规范以及风险防范措施延伸到承包商；对安全累计积分高、重复违章多的承包商，“解剖麻雀”、开展 HSE 帮扶，通过制度建设、标准解读、现场诊断、业务指导和经验交流，帮助承包商提升 HSE 管理水平。另一方面将安全文化向承包商延伸，从优化入厂手续、提升信息化应用、提高办票效率、稳定施工队伍入手，解决承包商提出的入厂效率、办票效率、作业效率等问题；同时提供施工人员现场就餐、休息等后勤生活设施，让承包商员工保持舒畅的心情和充沛的体力，更体面、更有尊严地工作和生活，全身心投入企业的发展建设。

三、实施效果

效果一：承包商自主管理能力提升

一是通过“三标”班组建设，班组长主动亮身份明职责，带头模范作用明显，班组安全员、监护人充分履职，“三标”班组作业人员流动率明显低于普通班组。二是项目关键人员岗位履职明显提升，2019 年 10 月，对 89 个项目 224 名项目管理人员到位率进行检查，到岗率 100%。

效果二：直接作业环节违章数量减少明显

自 2019 年 8 月以来，承包商作业现场违章数量得到有效控制，作业现场安全管理水平得到显著提升，至同年 12 月，现场违章数量下降 50%。见图 3。

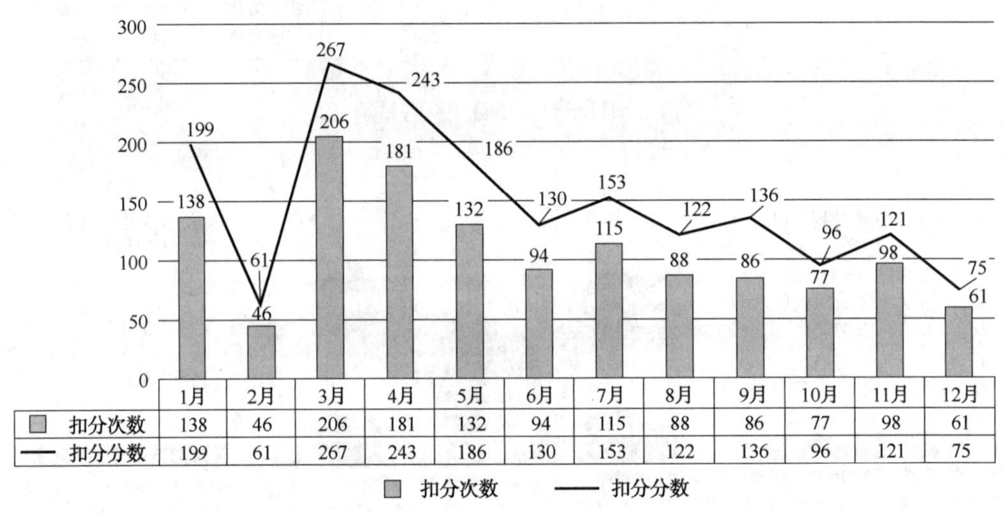

	1月	2月	3月	4月	5月	6月	7月	8月	9月	10月	11月	12月
扣分次数	138	46	206	181	132	94	115	88	86	77	98	61
扣分分数	199	61	267	243	186	130	153	122	136	96	121	75

图 3　2019 承包商累计积分扣分情况

效果三：通过双向管理形成业主与承包商互相监督、共同提升、高效工作的“命运共同体”

自 2019 年 10 月承包商的双向管理机制实施以来，镇海炼化每月做好意见收集、跟踪落实。不仅让承包商感受了企业严格管理和真心关爱，理顺了心气，以更积极的心态投入镇海炼化的项目建设；也让公司各单位眼睛向内、刀刃向内，提高自身的管理标准，提高工作质量和工作效率，努力为承包商提供良好的作业条件，真正将“甲方乙方都是一方，你们我们都是我们”的理念落到实处。

原创单位感悟体会

以从严管理、双向管理、自主管理为递进的承包商安全管理，借鉴党内政治生活中“关键少数”的表率作用，聚焦承包商关键人员，严抓关键环节；通过双向管理和真情关爱，形成业主与承包商互相监督、共同提升、高效工作的“命运共同体”，有效推进承包商自主管理。

专家点评

该成果深刻分析承包商安全管理逐层衰减、甲方严乙方松的深层次问题，递进推进管理升级，与承包商形成安全管理“命运共同体”，尤其是树立“甲方乙方都是一方，你们我们都是我们”的管理理念，变对单位和个人评价为对项目团队评价，推动了“我们要安全”文化的建立和向承包商延伸。

案例二 构建具有销售企业特色风险管理体系的探索与实践

内容提要： 风险管理是企业经营管理的核心，关系到企业战略目标的实现，关系到企业持续、健康、稳定的发展。中石化森美(福建)石油有限公司以建立全面覆盖、全员参与、全程管控、高效协同、防范有力的风险管理体系为目标，持续推进风险管理工作理念、思路和模式创新，实现了事前防范、事中监控、事后监督，公司风险防范意识显著增强，风险防范能力显著提升，经营效益稳步增长，管理效率持续提升，实现了“速度、效益与风险”的内在平衡。

一、需要解决的主要问题

问题一：防范化解重大风险的需要

防范化解重大风险是以习近平同志为核心的党中央着眼新形势新任务作出的重大战略部署，也是新时代中国石化推动高质量发展、打造世界领先洁净能源化工公司的必然要求。提高防范化解重大风险的政治站位，打好防范化解重大风险的有准备之仗，增强防范化解重大风险的能力本领，打赢打好防范化解重大风险攻坚战，是实现企业高质量发展、完善中国特色现代企业制度的应有之义。

问题二：全面依法合规治企的选择

在新常态和低油价叠加的背景下，一些经济高速发展期被掩盖、被忽视的潜在风险逐步暴露出来，各类融资性贸易陷阱、债务拖欠风险、租赁站违约等集中显现，新业务模式拓展带来的合规风险压力日益加大。随着十八大以来依法治国进程的加速，在安全生产等领域立法和执法监管的进一步趋严，巡视、审计、监察监督和违规问责力度的加大，对于既要积极参与外部市场竞争，又要经营各项油气业务的成品油销售企业来说，依法合规经营面临新的考验。建立健全风险管理体系，实现对风险有效识别和管理，提升依法合规经营水平，是企业持续稳定发展的必由之路。

问题三：实现战略发展目标的前提

高效风险管理是实现成本管理优化、提高运营与发展上限的基础和前提。在当前经济发展新常态、行业竞争加剧、企业改革转型的大形势下，成品油销售企业面临的风险逐渐加大，管控难度也进一步增加，如何更精准控制风险，对确保企业战略发展目标的全面实现至关重要。加速构建风险管理体系，能够在最大程度上推动内部各业务组成的改进与完善，实现对风险与危机良好控制，增强企业的综合实力，最终实现战略发展目标。

二、解决问题的主要措施

措施一：构建业务全覆盖的“四层三类”立体风险管理架构

以公司组织机构为主体框架，公司各项业务为风险范围，构建“四层三类”业务全覆盖的立体风险管理架构。“四层”即按照公司组织层级，分为总裁班子、职能部门、分公司、加油站(油库)四个管理层级；“三类”即按照公司管理模式，将风险分为流程风险、岗位风险、变更风险三大类；业务全覆盖即将公司所涉及的业务全部纳入风险管理范围，从管理层级、风险类别、风险范围三个维度形成风险管理立体架构，构建组织机构横向到边、全员参与、业务纵向到底、全业务覆盖的风险管理新格局。见图 1。

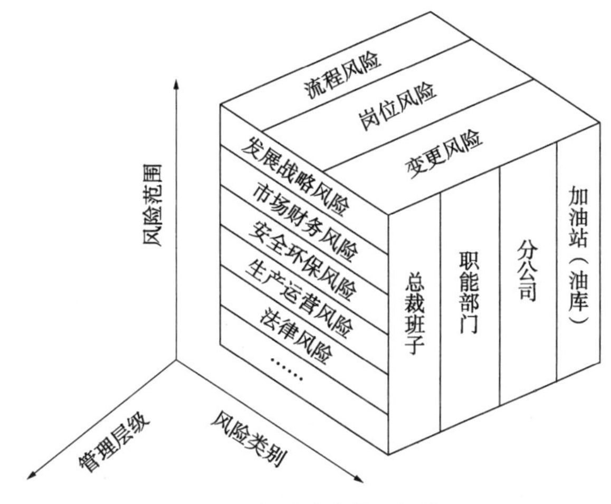

图 1　公司风险管理架构

措施二：建立一套管用实用的风险管理制度体系

建立以《财务及管理监控框架》为蓝本，《风险管理办法》为基础，流程、岗位、变更风险管理制度为主要内容的风险管理制度体系。见图 2。

措施三：创新形成高效运转的运行管理机制

1. 以标准化管理流程为抓手，促进遏制风险“增量”。

将公司所有业务纳入 230 项标准化电子业务管理流程，全部业务实现“线上办理、线上审批、线上备案”，避免以往“权责不清、违规办理、推诿扯皮”现象，践行了“管理制度化、制度流程化、流程信息化”的系统监控理念。以人力资源管理为例，设立用工管理、教育管理、劳动关系、招聘管理、员工调配等 19 项工作子流程，人力资源管理做到“线上全覆盖”。

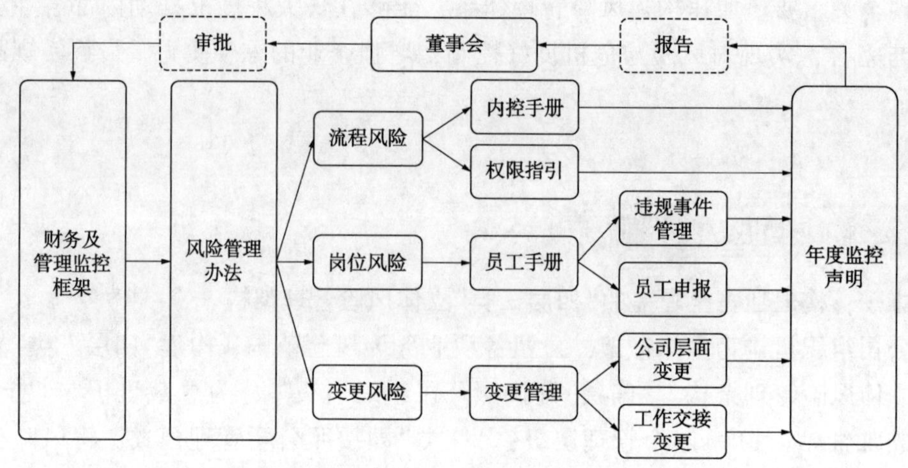

图 2　公司风险管理制度体系

2. 以违规管理为抓手，促进减少风险“余量”。

公司制定《违规事件上报及管理办法》，明确规定违规事件分类、分级、上报、调查、报告、处理、统计与分析、责任追究、未遂违规事件、工作汇报等一整套工作流程，为规范公司违规事件管理提供了行动指南。违规事件按“四类五级”模式管理。“四类”是指违规事件范围，主要包括公司员工(包括劳务工、代理制员工)违反商业道德、利益冲突、公司资产、出任董事四大类公司政策。“五级”是指违规事件级别，按照违规事件涉及金额及性质划分为1~5级，其中1~2级为重大违规事件。通过对违规事件的闭环管理，有效减少风险“余量”，避免次生风险的发生。见图3。

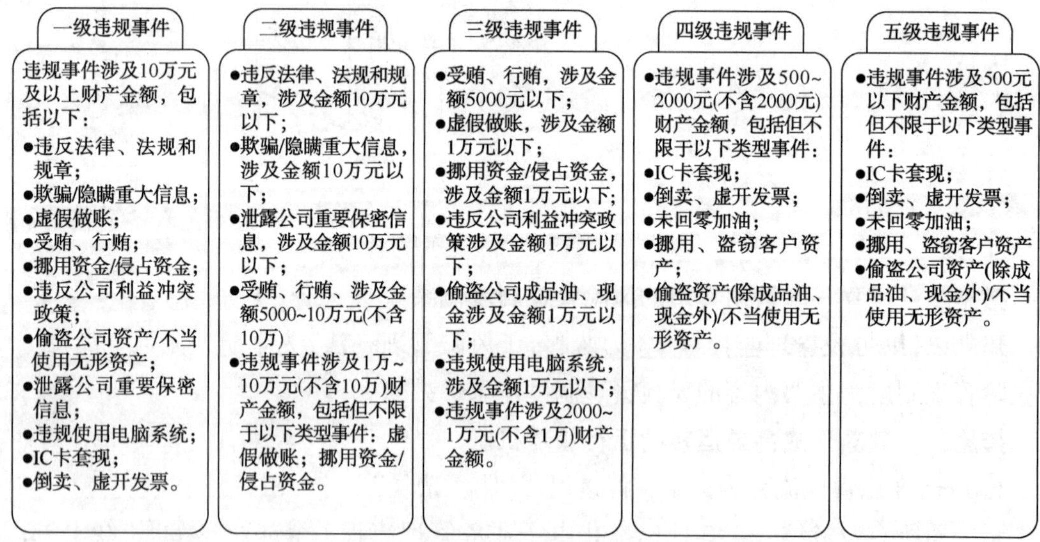

图 3　违规事件分级

3. 以变更管理为抓手，促进管理风险“变量”。

注重变更管理，将变更分为公司层面变更和工作交接变更，并将公司层面变更作为管理重点，明晰8类变更事项范围，形成了全生命周期管理机制。以变更管理一览表的模式，通过列举变更事项的变更前、变更时、变更后全生命周期内的主要考虑事项，提醒主管部门在重要变更之前做好变更计划，认定及分析主要变更步骤，做到规范有序变更。

4. 以年度申报为抓手，促进监控风险“存量”。

公司年度申报主要包括三部分：员工申报、各单位(职能部门与地市分公司)申报、管理层申报，通过各层级申报，有效监控风险“存量”，为董事会决策提供重要依据。

员工需每年对遵守《员工手册》中的公司政策进行申报，具体申报内容包括在其他单位担任董事等 5 种情形。

各单位对本单位当年风险工作开展情况进行自查评估，列清存在的问题及对应控制措施，并向公司总裁班子提交本单位的《年度监控声明核查表》。

公司总裁班子综合整体风险管理情况，向董事会提交本公司《年度监控声明书》，为董事会审阅本公司风险管理情况提供依据。

三、实施效果

效果一：融入中心促发展成效显著

通过加强风险管理体系建设，规范风险管理流程，创新标准化电子业务流程，完善绩效考评办法，将风险管理理念、风险管理架构、风险管控机制、考评监督机制嵌入企业管理过程之中，实现了风险管理与生产经营的有机融合，为推进企业改革发展提供了坚强有力的保障。“十三五”期间，公司实现市场占有率每年增长 1%的目标，报表利润总额连续 5 年排名销售企业省市公司前 4。

效果二：依法合规治企水平显著提升

坚持依法合规治企，把“依法合规，诚信经营”作为企业安身立命之本，围绕投资管理、物资采购、非油品管理、招投标管理等重点领域，以制治为准绳，从技防、人防、物防着力，切实增强风险管控能力。依托信息手段，做好各类支付方式的系统支持、资金确认工作，有效防控资金收付风险；抓实合同闭环管理，强化法律服务职能，关口前移规避法律风险；用好内控、审计等手段，落实问题整改。近三年来公司违规事件逐年下降 50%，2020 年被中国石化集团公司评为法治工作 A 级企业。

效果三：可持续发展能力显著增强

坚持“全员、全过程、全覆盖”的风险管理理念，按照“管业务必须管风险”原则，强化日常管理，严格考核机制，增强制度执行力，严防案件和风险事件发生。同时采用点对点、点对面等方式开展培训，不断提升员工的风险自觉意识。通过综合施策，违纪违规行为和“微腐败”现象得到明显遏制，企业管理生态积极向好，“风险管理，人人有责”的工作氛围不断加强。公司自 2007 年成立以来，连续 14 年被中国石化集团公司评为“安全生产先进单位”。

原创单位感悟体会

中石化森美(福建)石油有限公司按照全面风险管理工作要求，积极借鉴埃克森美孚等先进经验，探索形成和确立了全面覆盖、全员参与、全程管控的风险管理体系。该体系有三大特点：一是通过董事会履行《财务及管理监控框架》审批权、《年度监控声明》审议权，将风险管理融入企业发展大局。二是形成一个环环相扣、紧密相接的管理链条，落实闭环管理要求，提升风险管理体系的严密性与逻辑性。三是通过创新实践违规事件管理、变更管理、员工申报、年度监控声明等一系列工作方法，让风险管理体系"接地气"、有实效。该体系建立实施以来，公司违规事件逐年递减，风险管理成效显著，对销售企业构建同类风险管理体系具有积极的借鉴意义。

专家点评

中石化森美(福建)石油有限公司通过建立"四层三类"业务全覆盖的立体风险管理架构和全套风险管理制度体系，将风险管理有效融入经营管理，提升了企业依法合规的治企能力。该成果对风险管理相对薄弱、需通过构建全面风险管理体系、提升企业整体风险防范能力和强化全员风险防控自觉意识的中国石化系统相关单位具有一定的借鉴意义。

第九章

“智能+”与数字化发展

案例一　打造私域流量体系　构建数字营销生态

内容提要： 为认真贯彻落实中国石化集团“提质增效、转型发展”战略方针，广东石油积极推动企业转型发展，创新提出“打造私域流量体系，构建数字营销生态”理念，运用小程序矩阵、卡包券、无接触式营销购物等手段，借助大数据支撑，借力外部平台资源，深入探索智慧化加油站、数字化加油站建设，增强了企业拓客能力，降低了成本，拉动了消费。尤其是在“抗疫复产”大环境下，体现了国有企业的示范带头作用，整体提升了企业品牌形象和综合竞争力。

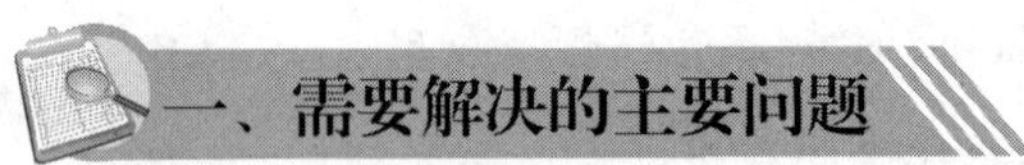

一、需要解决的主要问题

问题一：“互联网+”背景下企业扩销增效困难重重

在国内成品油市场供大于求，尤其是处于改革开放前沿的广东，市场竞争比其他地区更加激烈。而中国石油、中国海油及其他社会加油站等纷纷借助“互联网+”拓客和会员营销，也造成广东石油获取流量的成本越来越高。面对荆棘丛生的市场环境，如何突出重围，尽可能地将公域流量转化为企业私域流量，拉动客户消费，是促进广东石油量效齐增的关键，也是大环境下扩销增效的需要。

问题二：企业为客户提供服务方法单一

客户是企业生存和发展的基础，市场竞争的实质就是争夺客户资源。但在目前成品油市场面临着产品同质化、价格战愈演愈烈的情况下，通过直接有效的客户沟通，优质、便捷服务来提升客户满意度，进而增加客户忠诚度，已经成为企业扩销增效，提升竞争力的必要手段。如何打造私域流量体系，深入挖掘客户需求、不断改善客户体验，从而有效促进销售增长，是急需解决的一项课题。

问题三：企业发展需提升信息技术应用水平

在打造私域流量体系的过程中，如何借助大数据技术，构建会员客户画像和模型、实现客户精准触达、指导营销方案合理设计、开展营销效果评估，从而形成获客-营销-评估-持续改进-客户留存的有效闭环，是提升客户数字化运营能力的关键，为全面培育数字营销新生态提供技术支持和保障。

问题四：抗疫复产期间需提供有力支撑

疫情期间，进站加油购物客户数大幅减少，客户主动保持社交距离，也让员工“开口营销”越来越难。在“抗疫复产”大环境下，广东石油借助私域流量体系，打造全新的无接触式营销和购物体验，线上下单，线下无接触提货，安全又省心。稳定市场、带动消费，充分体现出国企担当，是“百日攻坚创效”的有力抓手。

二、解决问题的主要措施

为触达和转化公域流量客户，维系企业原有客户，降低企业获客成本，广东石油积极推动数字化转型，创新提出“打造私域流量体系，构建数字营销生态”的理念，开发数字营销产品承载公域客户流量转化，创新客户运营和营销模式，提高私域客户活跃度和黏性，持续将外部公域客户转化为企业私域客户，并有效激活和留存，增强了企业的获客和留客能力。见图 1。

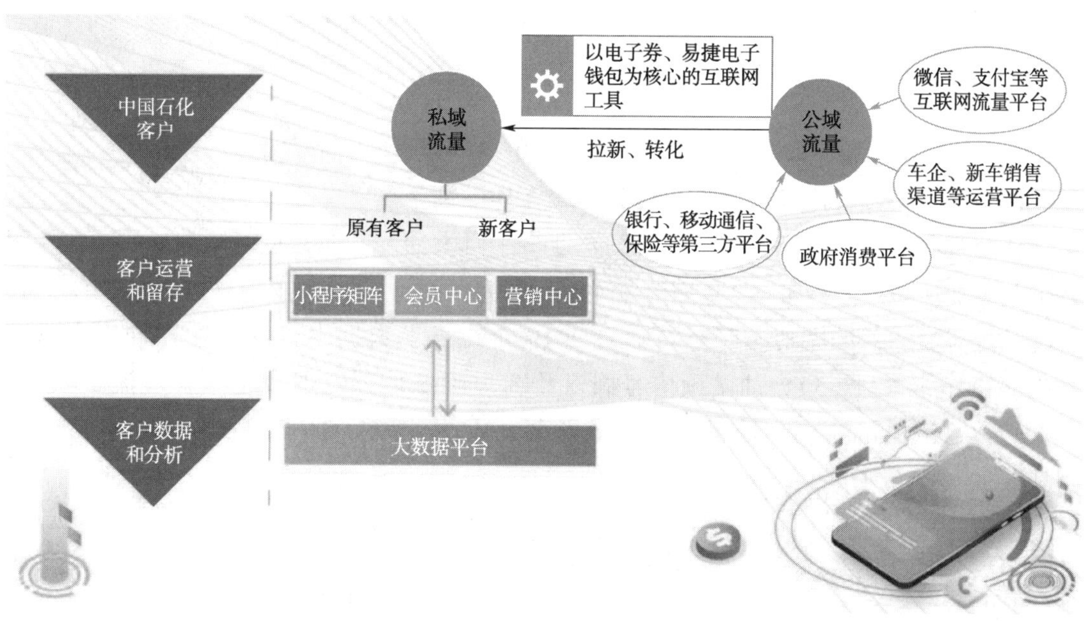

图 1　私域流量体系概览

措施一：引流目标客户群体，构建私域流量体系

2019 年，广东石油积极与外部平台进行探索合作，搭建了线下汽车生活驿站和线上车主服务两大平台，整合阿里、腾讯、银行、移动通信、保险等行业平台。通过建设微信卡包券、小程序、天猫旗舰店等流量入口的探索，从互联网平台获得接触目标受众的机会，触达非石化客户群体，搭建属于广东石油的私域客户体系，通过拉新、转化等方式，将公域用户转化成广东石油的私域用户。

措施二：打造数字营销工具，承载公域客户转化

公域流量向私域流量的转化，需要用合适的互联网工具作为载体。而原有的加油卡、易捷卡等实体卡片不具备数字化属性，无法承载上述功能。广东石油专门打造易捷电子券、易捷钱包等数字化产品(图 2)，作为流量转化的媒介，搭建了公域流量到广东石油私域流量的桥梁，达到私域引流、客户拉新转化、资源共享、合作共赢的目的，促进了私域流量体系快速发展，推动了企业数字化转型工作向纵深拓展。

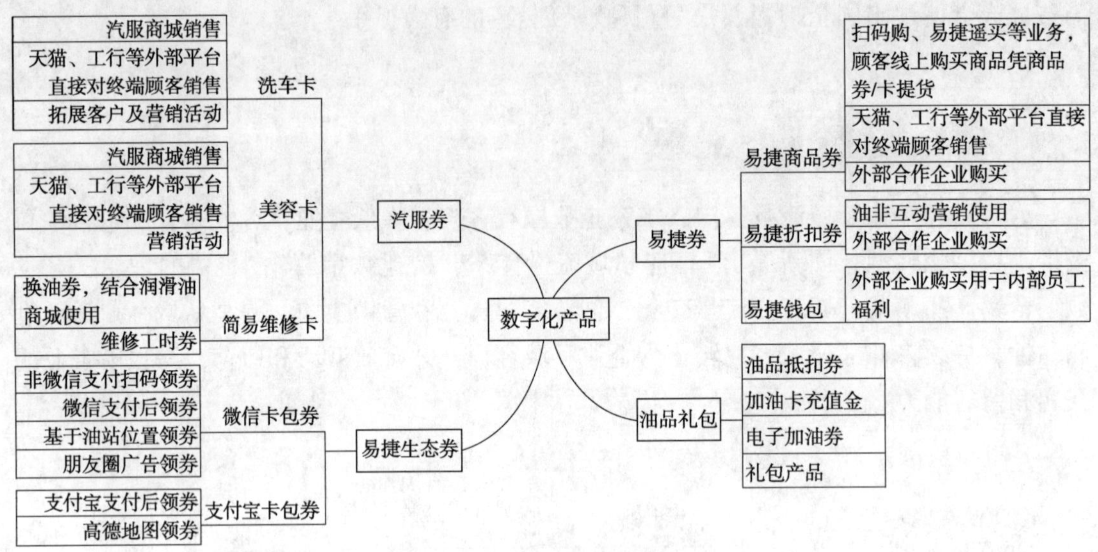

图 2　数字化营销产品结构图

措施三：建设客户运营体系，提升私域客户黏性

移动互联网发展对拥有实体门店的企业带来巨大冲击，尤其是疫情带来的冲击使得各企业更加注重线上业务。“私域流量”逐渐成为各企业积极攻占的核心战场，纷纷建立起私域流量运营的渠道。广东石油自 2019 年在云上数据中台支撑下开始逐步搭建小程序矩阵体系(图 3)、油站微信客群以及客户画像体系，形成了从客户流量获取、流量转化、流量沉淀、流量运营的有效路径，助力广东石油实现私域客户运营生态闭环。

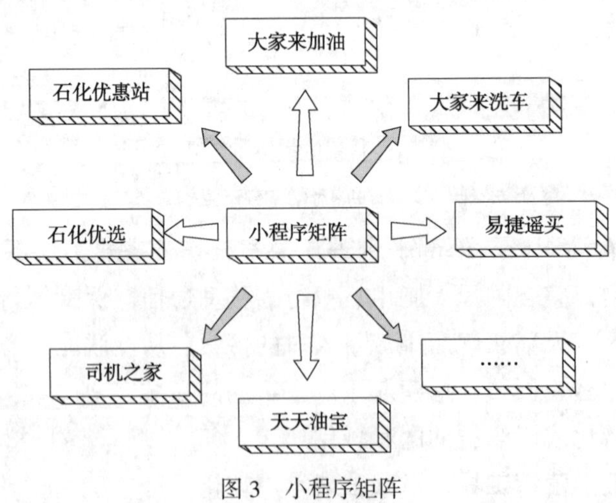

图 3　小程序矩阵

措施四：创新客户营销模式，促进私域客户留存

为加强企业数字化营销能力，提升私域流量客户价值，广东石油利用大数据体系支撑，创新打造数字化客户营销模式，通过推广微信卡包券、广东加油节、天猫旗舰店和易捷遥买等新的营销模式和平台，提高了私域客户转化、活跃和留存，带动了客户消费，促进了量效增长。

措施五：搭建云上数据中台，打造数字营销支点

私域流量客户从拉新、转化、留存的全过程，会沉淀下大量客户数据，这些数据记录了客户的消费偏好、行为痕迹等重要信息。广东石油基于石化阿里云，利用云计算、大数据、机器学习相关技术，搭建了云上数据中台，集成了会员客户的基础信息、消费信息、行为信息，并以此为基础构建会员客户标签和会员客户模型，全面支撑基于会员客户画像的私域客户数字化运营。

三、实施效果

效果一：实现精准营销，促进销售增长

一是通过培育数字营销生态，提高了营销水平，促进了销售增长。二是新增会员及激活沉睡会员累计 476.3 万人，带动油品消费 28.57 亿元，拉动非油品销售额同比增长 16.4%，毛利润额同比增幅 15.4%，剔除自然增长因素，合计增效 1.82 亿元。

效果二：创新消费体验，满足客户需求

通过创建私域流量体系，培育数字营销生态，创造更多客户价值，实现增效 1.4 亿元。其中，2019 年无接触消费新模式 3334.26 万笔，交易金额 78.24 亿元；减少现金收款，节省上门收款费用 133.68 万元；通过造节营销，拉动非油品营业额 11.96 亿元，利润 8000 万元；通过跨界营销合作，引入外部资源 6.1 亿元；通过私域流量拓客，每年节省拓客成本过千万元；通过无接触式购物，每年带来非油品增量约 2000 万元；通过企业微信号平台，每年预计带来非油品增量约 1000 万元。

效果三：丰富消费模式，降低人工成本

通过推广无感支付功能，减少员工工作量，降低人工成本 2371 万元。其中：2019 年个人客户自助充值比例 51%，月均充值笔数 107 万笔，月均充值额 9.6 亿元，每次充值按 3min 计，相当于全省节省员工 310 人，按人均年工资 5.2 万元计算，节省劳务费 1612 万元。目前加油无感支付比例约为 20%，单个客户单次支付耗时 4min，单站每日员工卡加油笔数约 8 万笔，自助支付比例为 30%，单站员工一日节省的工作时长 1066h，按照每个员工每天上班 8h 计算，目前已实施无感支付的 500 个站可以节省人工 146 人，节省劳务费 759 万元。

效果四：提升管理水平，实现转型升级

随着国内疫情基本得到控制，政府刺激经济政策初见成效。广东石油通过卡包券体系，配合政府消费券发放工作，全力拓销增量的同时，促进区域经济恢复，累计发放城市消费券 25.8 万张。通过整合银行等跨界资源，使用无感支付功能，面向全省新车客户派发 20 万份价值 2 亿元的加油消费红包。

原创单位感悟体会

广东石油通过培育数字营销生态，加快了营销品牌化进程，营销活动持续化、差异化、常态化、品牌化运作的特点尤为突出。2019 年私域流量体系推广至今，有效促进企业数字化转型，提升企业的拓客能力和服务水平，改善客户加油和购物体验，维护融洽的客企关系，提升中国石化品牌价值。通过新平台、新体系、新生态，增强了销售公司拓客能力，提升了销售企业的市场竞争力，提高了企业人均劳效。同时，降低拓客和维系客户成本，提高管理水平，防范营销风险，提升企业核心竞争力。

专家点评

该成果充分应用数字化转型，创新提出“打造私域流量体系，构建数字营销生态”的理念，利用大数据开发数字营销产品承载公域客户流量转化，创新客户运营和营销模式，提高私域客户活跃度和黏性，从而实现精准营销、减少人工成本、促进消费增长，对油品销售企业营销平台构建有很好的借鉴价值。

案例二　智慧加油站系统在销售企业的应用

内容提要：为认真贯彻落实中国石化集团“提质增效、转型发展”战略方针，广东石油积极推动企业转型发展，创新提出“新零售、新智慧”理念，运用互联网、视觉识别、大数据、物联网等技术手段，深入探索集智慧导航、智慧识别、智慧营销、智慧支付、智慧服务、智慧管理六大板块于一体的智慧加油站体系，创造客户价值，挖掘大数据潜力，高效防控风险，整体提升企业综合竞争力。

一、需要解决的主要问题

问题一：市场竞争日趋白热化，竞争手段互联网化

近年来，国内成品油市场供大于求、竞争激烈。广东省内中国石油、民营油站纷纷借助互联网手段开展会员积分、移动支付等业务，同时滴滴、团油、喂车车等互联网企业进入加油行业，他们通过搭建线上平台，整合民营加油站资源，形成了互联网化集群优势，加剧了市场竞争态势。

问题二：传统经营管理模式不足以满足当前竞争需要

传统商业及营销模式下，加油站争夺客户资源手段相对单一，营销活动基本依赖普惠降价，加油站现场服务效率和水平仍有待提高。同时加油站管理存在员工日常管理和监督措施有限、设备设施信息智能化监测技术应用不足等问题。

问题三：客户引流及服务体系不够完善

市场竞争的实质就是争夺客户资源。目前，成品油市场存在着产品同质化、价格战愈演愈烈的现象，企业亟须通过优质、便捷服务来提高客户满意度，进而增加客户忠诚度，提升市场竞争力。

二、解决问题的主要措施

通过打造智慧加油站（图 1），从吸引客户进站（智慧导航）→识别客户身份（智慧识别）→定向精准营销（智慧营销）→创新支付体验（智慧支付）→创造客户价值（智慧服务）→提升管理效率（智慧管理），构建以客户为中心、以大数据为支撑的数字化闭环营销体系，为客户创造价值，为加油站赋能，实现增量增效。

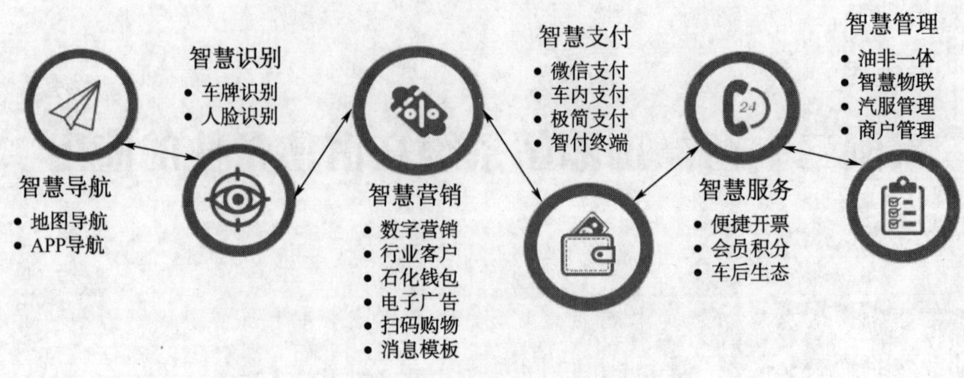

图 1　智慧加油站功能架构

措施一：智慧导航，引导过往车辆进站消费

广东石油利用自身 APP 及外部导航软件，展示油站信息及服务内容，包括加油站基本信息、加油站服务信息、促销活动信息等。同时，提前向附近客户推送加油、购物、餐饮电子优惠券，吸引客户到站消费。通过智慧导航引流，改变了以往守株待兔或依赖站长开拓发展客户的模式，借助互联网工具将油站服务、促销等信息直接触达客户，提高了过往车辆进站率，降低了客户开拓成本。

措施二：智慧识别，支撑加油站数字化营销

利用计算机视觉识别技术，对加油站车辆图像和人脸图像进行结构化处理，转化为有分析价值的数据格式，进而根据经营分析和客户营销需要形成各类数据报表，支撑经营决策。一是将全新智慧识别体系与原有视频监控系统集成，降低整体实施费用。二是车辆识别，精准分析车流数据，支撑数字营销开展。三是人像识别，完善客户身份识别和认证体系，支撑经营管理。四是轨迹识别，分析站内加油车辆停留、排队等情况，辅助优化现场引导及油枪布局，优化站场效率。五是员工识别，自动匹配员工信息，强化员工到岗、站场安全等管理。

措施三：智慧营销，打造精准高效的营销工具

广东石油基于 APP 及微信平台打造了电子优惠券券包、行业客户、电子广告、会员定制、消息模板等互联网化营销工具，借助线上线下融合，实现加油站零售、非油品业务营销的全面互联网化。同时利用精准的客户画像和大数据分析，收集客户信息及运行数据，客户群体由标签化管理变为营销资源的定向、精准投放管理。

措施四：智慧支付，提高油站现场运转效率

为进一步推广自助加油，为打造无人加油站打下基础，推行智慧支付方式。一是微信支付、支付宝等第三方移动支付全面覆盖线上线下主营业务，提高支付便捷性。二是整合银行资源，通过系统对接，开展银行信用卡在线申请、银行卡支付充值加油卡等业务，实现平台互通、资源共享、客户互融。三是开发应用智付终端、加油闪付、加油简付等设备及服务，提高客户支付体验，降低人工成本，提高油站运转效率。见图 2。

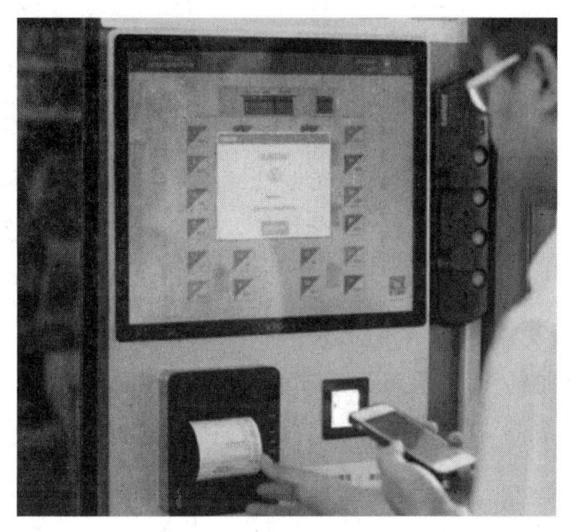

图 2　客户通过智付终端支付加油款

措施五：智慧服务，构建车主高价值生态圈

以提高客户服务质量为目标，广东石油依托线下“人·车·生活”驿站和线上车主服务两个平台，借助互联网技术、移动支付技术等，为广大车主提供多元化、便捷化的车后服务，为车主构建了高价值生态圈，锁定了客户群，提升了市场竞争力。一是推广电子发票系统，提高客户便捷体验的同时降低纸质发票成本。二是建立汽油、柴油及直分销业务会员积分体系。上线积分商城，按照会员级别提供相应的免费违章提醒、免费违章办理、加油积分翻倍、生日礼包、24h 道路救援等增值服务，增强了客户黏性。

措施六：智慧管理，提高油站经营管理效率

借助物联网等信息化技术，整合联通加油站各项技术设备，消除信息孤岛，实现加油站经营管理信息的集成化监控管理。一是油非一体化整合。利用触屏油非一体设备，整合油品及非油品系统，简化收银台布局，降低员工操作门槛，提高工作效率。二是制定统一设备及系统接入标准。智能集成油气回收、双层罐监测，弱电防雷监测等设备，提升管理水平。三是建设光伏发电设备，发展安全无污染、投资回报快的自行发电体系。四是建设统一汽服管理平台，实现汽服业务统一管理营销，防范经营风险。五是搭建外部商户合作平台，支持油站合作商户销售，支撑整合营销开展。

三、实施效果

效果一：提高营销水平，促进销售增长

通过实施智慧加油站，打造精准高效营销工具，广东石油主业营销实现全面互联网化，并结合人脸识别、车牌识别等技术，完成客户真实身份认证，实现营销资源精准、高效投放。2017 年，广东石油全年油气总销完成 1660.1 万吨，同比增 4.3%，成品油总销 1639 万吨，同比增 4%，其中零售量完成 1300.8 万吨，同比增 2.5%；非油品销售额 104.4 亿元，同比增加了 33.1 亿元，增幅 46.5%，毛利润额 6.8 亿元，同比增幅 45.3%。

效果二：提升客户体验，满足客户需求

依托智慧加油站智慧支付及智慧服务功能，满足了客户对移动支付的迫切需求，并为会员客户提供丰富增值服务，创造了更多客户价值。2017 年智慧支付 5760. 58 万笔，交易金额 155. 68 亿元；减少现金收款，节省上门收款费用 266 万元。加油卡沉淀资金从 66 亿增长到 81 亿，按年化收益率 2. 6%计算，增加收益 3900 万元。通过搭建互联网平台、打造电子化营销工具，推动车后生态业务不断拓展和增长。2017 年车后生态业务累计交易 19. 6 万笔，累计收益 400 万元。

效果三：推广自助业务，降低人工成本

通过实施智慧加油站，大力推广客户自助充值、加油自助支付、发票自助打印等服务，鼓励客户自助办理业务，减少员工工作量，降低人工成本。2017 年个人客户自助充值比例 51%，月均充值笔数 105 万笔，月均充值额 9. 2 亿元，每次充值按 3min 计，相当于全省节省员工 300 人，按人均年工资 5. 2 万元计算，节省劳务费 1560 万元。2017 年加油自助支付比例约为 10%，单用户单次支付耗时 4 分钟，单站每日员工卡加油笔数约 8 万笔，自助支付比例约为 20%，单站员工一日节省的工作时长 1066h，按照每个员工每天上班 8h 计算，已实施自助支付的 500 个站可以节省人工 133 人，节省劳务费 692 万元。

原创单位感悟体会

传统意义上的加油站，以“油品+商品”销售为主要形态，以挂牌优惠、降价促销为主要营销手段，缺乏对客户的深层次认知，缺少对数据的深入挖掘和利用。而基于互联网及物联网技术打造的智慧加油站，是以“新零售，新智慧”为核心理念(图 3)，以“线上线下一体，油品非油融合”为主要形态，以视觉识别、数字化、移动支付、物联网等信息技术为主要手段，以数字营销、油非互动为主要营销方式，构建起了集数字化营销、客户消费新体验、员工轻松工作环境为一体的新型加油站，赋能油品销售企业“新零售”商业变革，升级加油站“新智慧”管理模式。

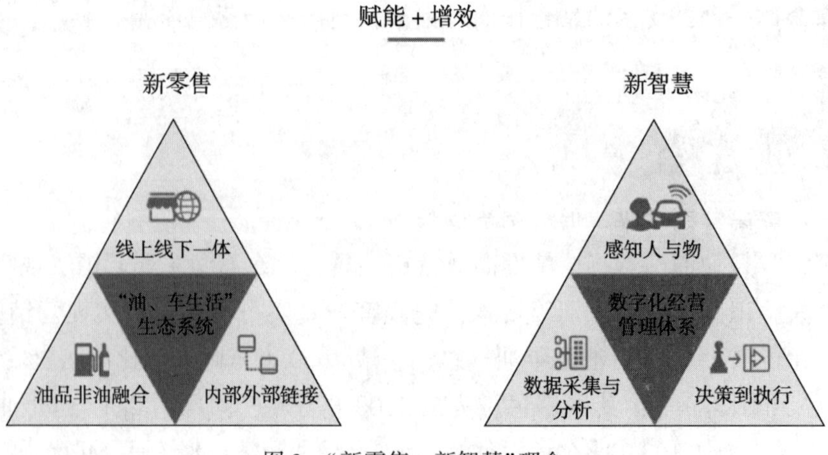

图 3 “新零售，新智慧”理念

专家点评

该公司基于互联网平台，通过云计算、移动支付、计算机视觉识别、物联网等信息化技术，打造了集智慧导航、智慧识别、智慧营销、智慧支付、智慧服务和智慧管理六大板块为一体的智慧加油站体系，优化了客户体验，降低了人工成本，促进了销售增长，在油品销售企业数字化、智能化探索建设方面做出了有益尝试，具有一定的借鉴价值。

案例三　成品油销售企业"一键加油"智能营销管理应用

内容提要： 北京石油通过开发应用"一键加油"，实现加油消费模式"三变"(有卡变无卡、线下变线上、模糊变精准)，加油卡业务"三保"(保留忠诚客户、保留沉淀资金、保留数据、加油机等主要资产)，在较短的时间内实现加油站支付便捷化、操作移动化和营销智能化，有效应对其他移动支付工具和互联网平台的竞争，提高加油站通过率和精准营销能力，引领成品油零售的发展趋势。

一、需要解决的主要问题

问题一：市场需求萎缩，恶性竞争加剧

依照供给侧结构性改革部署，北京成为全国第一个"减量"发展的城市。由于抑制新增车辆和外埠车辆消费需求等政策性因素以及新能源、清洁能源发展，成品油零售需求自2016年后出现持续萎缩。民营加油站则采取了高强度的价格竞争措施，严重扰乱了成品油零售行业市场经营秩序。传统的价格竞争模式，易被竞争对手模仿和跟随，且民营加油站承压能力强，难以通过竞争战、速决战稳定市场价格，容易形成跟随战、消耗战。

问题二：面临客户流失风险，运营效率需要进一步提高

近年来，加油站通过硬件智能化能够显著提升运营效率。从2016年起，滴滴依托其在出行市场的客户、车辆、数据和支付方面的优势，开始涉足成品油零售市场。民营加油站通过滴滴获得客户流量，滴滴则利用掌握的客户信息和交易数据，不断提高与加油站的议价能力，控制这些民营加油站，颠覆成品油零售行业市场格局。随着客户消费习惯与商业环境的改变，线上线下界限更加模糊，对新零售或实体零售企业"跨界"的挑战更为明显。如何用好互联网工具，稳定现有客户，对北京石油提升营销管理水平提出了严峻考验。

问题三：北京石油加油站现有支付方式便捷性不够

中国石化2004年在全国率先推出加油卡，在当时网络环境尚不完善的背景下，提供了稳定性高、支付便利性强的加油体验。但随着时代的发展，以大数据、物联网为代表的新一代互联网技术成为新的发展趋势，互联网新技术与传统行业的结合日益紧密，加油卡办理、充值、圈存程序繁琐，客户识别难度大，信息触达效率低，营销策略变化少，功能开发周期长等问题日益突显，并且无法对客户进行更深层次的分析和营销。打造具有石化行业特色且不易被复制的新零售营销管理平台，成为油品销售企业应对市场竞争和转型发展的重要课题。

二、解决问题的主要措施

措施一：搭建整体架构，完善平台功能管理

通过搭建客户应用端 APP 管理和员工应用端 POS 管理 2 个前端操作管理系统，完善电子钱包管理，完善 POS 交易、POS 管控台、加油卡管控 3 个关键环节控制管理，实现会员营销平台电子券系统、客户发票系统、零管系统等 3 个系统功能提升，为搭建“一键加油”智能营销平台提供条件。

措施二：建立关键流程，改进无感加油支付管理

一是抓好客户“人、证、车”等基础信息管理。客户使用手机号注册“一键加油”，使用有效身份证件开通电子账户，绑定车牌号，可完成“人、证、车”信息采集。二是抓好高效支付管理。客户通过“一键加油”下单后，系统将根据 GPS 定位自动匹配加油站，将订单信息传送至加油员手持智能设备，识别客户身份后自动扣款，全程无需客户任何操作。

措施三：强化系统集成，完善零售管理体系

一是通过“一键加油”与加油卡管控、发票、资金平台、零管等现有零售管理信息化系统优化集成，减轻一线员工劳动强度，提高加油管理效率。二是通过加油卡管控系统统一控制“一键加油”的班次交接，保证加油卡和电子钱包账户的交易流水匹配。三是加油卡管控系统把支付成功的订单明细实时传输到零售管理系统，无需员工手工录入，既确保了账务数据的准确性，又降低了员工的劳动强度。四是把现金、银联卡、加油卡、一键加油、微信等支付数据纳入平台统一监管，有效提升资金监管水平。五是“一键加油”默认提供电子发票，客户自行申请开票，有效避免了员工虚开、错开发票。

措施四：确保便捷支付，提高智慧化水平

一是提升加油支付结算效率。客户免办卡、免圈存、免下车，在车内即可完成注册、圈存、充值、消费及开票等业务。二是降低现场操作难度。除后台信息系统开发投入外，加油站硬件投入方面单站费用投入不足 1 万元；客户使用“一键加油”只需一键点击下单，其余操作均由加油员完成，对员工简单培训 5min 即可操作使用。三是提高了加油站综合安全水平。手持 POS 机通过安全防爆认证，符合危险化学品经营场所的安全监管要求。GPS+APP 的客户身份识别模式避免了车牌识别、人脸识别、二维码识别等误差。四是保障客户数据和油站资金安全。“一键加油”拥有完全自主知识产权，能够避免交易数据和客户信息外流，并且提前锁定客户账户，避免现金交易出现逃单。

措施五：加强大数据应用，推动精准营销管理

一是提高精准“画像”水平。可根据车牌号、客户证件信息与原加油卡信息等识别出租车客户和新增客户，根据相关平台和企业提供的车牌号信息实现客户分类管理。二是精准开发新客户。与网约车平台建立合作关系。对出租车公司进行调研、座谈，建立运营性客户微信群，组织专业团队通过微信朋友圈精准投放广告。三是分类实施精准营销。根据客户类型和消费量实行分类分档优惠，优惠幅度动态调整，分网点、分时段、分品种、分客户精准设置。四是精准召回流失客户。根据客户历史消费规律、消费能力，发放不同的满减券，建立客户价格敏感度测试模型，实现千人千面、一户一策。五是精准分析大数据应用。将“一键加油”产生的交易数据，与液位仪、ERP 等生产系统数据统一集中存储，消除信息“孤岛”，初步打造以实时数据为特点的经营分析平台。

措施六：创新商业模式，整合线上线下资源

一是打造线下加油和线上购物相结合的油非互促新模式。客户使用“一键加油”时，可根据重点商品推介信息提示，在“易捷加油”新零售平台上购物，通过第三方直接配送到家；以易捷币为载体开展营销活动，对客户加油、充值、线上和线下购物等行为进行激励，实现油非互促。二是发挥平台引流作用，推动行业伙伴合作共赢。三元石油公司 20 余座加油站已加入该平台，日均实现增量 80 吨；14 家在京成品油经营单位，为平台提供 20 余款非油商品。三是打造汽车服务生态圈，交叉营销提升会员增值服务。“一键加油”平台整合会员服务功能，通过与金融、旅游、汽车后市场等领域商户开展交叉营销获取免费资源，丰富积分兑换项目和营销活动。

三、实施效果

效果一：经济效益

1. 促进油品增量。“一键加油”有效发展新客户，精准召回流失客户，带动日增量，使长期处于劣势的低标号汽油市场结构得到扭转。综合持卡比例大幅提升，客户忠诚度有了进一步提升。营销成本大幅降低 70%，真正做到了“精细、精准、灵活”。按照新增销量×(外采价差-营销成本)，可得出每天可增加直接经济效益 89 万元，年度增加直接经济效益 3.2 亿元。

2. 实现非油品线上引流。“易捷加油”新零售平台签约供应商多达 200 多家，商品超过 11 万个 SKU，日活跃用户(DAU)达 16 万人。2019 年 4 月，通过“一键加油”实现线上引流 70 余万人，购物用户 23 万人，日均交易额 180 万元，超过了线下便利店 10 年的销售增长。在稳定市场价格和盈利水平的同时扩大了客户份额，提高了油品、非油品的综合竞争力。

效果二：管理效益

1. 提高加油站运营效率。“一键加油”通过便捷支付、加油优惠等功能，节省了客户进店办理充值、开票、购物等业务的时间，大幅提高了加油站现场的车辆通过率，高峰期加油机每小时服务客户数提高15%。

2. 确保客户数据安全。“一键加油”高效采集客户“人、证、车、油”四个维度数据，能够实现客户实名制加油、异常加油数据联网报警等功能。下一步可满足首都地区特殊的安全保障要求。

3. 推动销售企业整体智能化进展。为进一步发挥典型做法的示范和引领作用，“一键加油”已在河北和内蒙古等兄弟单位率先试点推广，有效促进销售系统整体激发活力，提质增效。

效果三：社会效益

1. 提升客户体验。积极探索了“互联网+加油站”的发展模式，通过对客户需求的深层次分析，打造自有的移动支付工具，利用互联网+实现数字化、智慧化，可更好地满足消费者需求升级的需要，满足消费者多样化的支付需求。

2. 引领行业发展趋势。“一键加油”在满足客户移动支付需求的同时，引领了成品油行业的发展趋势，有利于全面提高首都加油站智慧化水平，推动行业健康可持续发展。

原创单位感悟体会

在推进“一键加油”智能营销管理工作中，北京石油做了调研、探索和实践，创新商业模式初显成效，得益于集团公司深化改革、提质增效、转型发展的战略指导，得益于销售公司在政策、技术和业务方面的大力支持。下一步，北京石油拟在前期新零售平台等项目试点探索基础上，采用“总体规划、分步实施”的建设策略和“敏捷开发、快速迭代”的开发模式，进一步完善以加油钱包为核心，以轻量级电商为辅助，具有石化自主知识产权的新零售平台，加快推进新零售商业模式探索，为打造具有中国石化特色和行业领先优势的新零售平台而奋斗。

专家点评

当今世界，唯一不变的就是“变化”。北京石油以变应变，构建了“一键加油”智能营销管理体系，既实现客户消费模式转变和数据沉淀，有效提高了加油站现场效率，推进精准营销，又体现了“客户为中心”的经营理念，提高了客户满意度。此成果同时借助互联网技术，打造“智能化+数字化”加油站，在“两化融合”方面进行了有益探索，具有相当的借鉴意义。

案例四　数字化转型在企业安全环保管理中的探索与实施

内容提要：以信息化建设为手段，以数字化管理为引领，建立高效快捷的网络化管理架构，整合系统资源，加快绿色科技的推广应用，构建大数据平台，强化数字应用，充分发挥"安全生产风险地图"和"环保监控地图"的全面感知、预防为主、科学决策作用，实现安全环保管理从末端治理向源头防治转变，从事后整改向超前预防转变，从被动应对向主动谋划转变，努力打造引领高质量发展的绿色竞争优势。

一、需要解决的主要问题

问题一：引领新一轮产业变革需要数字化转型

探索数字化转型，就是利用信息化技术实现人、机、物的连接，大幅提升生产效率；利用大数据带动资金、技术、人才等资源的优化配置，实现经济发展的质量变革、效率变革、动力变革，提高全要素生产率。

问题二：践行党的生态文明建设要求需要探索安全环保数字化转型

"坚持生态优先、走绿色发展之路"是国有企业必须尽到的政治责任。中国石化于2017年启动"绿色企业"创建工作，传统意义上的"人盯人"安全监督管理模式已不能适应发展需求。

问题三：天津石化建设世界一流绿色企业需要实施安全环保数字化转型

天津石化现有的管理模式和手段存在着不足。一是缺乏高效的管理体制机制。二是缺乏现代化的管控技术。监测系统多、人工监测点多，分散在各个装置现场，多系统多用户相互取数，数据存在口径不统一、可靠性低等问题。三是缺乏有效的风险防控手段。传统的安全监督和环保治理是对事件的结果评价，无法对生产过程进行有效的干预，未能实现本质安全。

二、解决问题的主要措施

措施一：实施体制机制改革，建设适应数字化转型软实力

找准数字化转型关键要素，确定转型"四步走"策略。即明确业务转型核心要义，实现“三个转变”；实施组织与管理变革，培养具有“数字”意识的管理者和企业文化；实施信息化基础建设和数字化技术部署，为数字化转型提供技术条件和硬件支持；强化数字应用。

建立“1 部 3 队(中心)*N* 站(科室)”网络化组织架构，赋予数字化管理职能。在组织架构变革中，提前嵌入数字化转型要求，通过近 3 年持续的专业化重组和机构整合，建立符合数字化管理需求的安全环保管理组织架构——“1 部 3 队 *N* 站”网络化组织架构。

建立“安全生产风险地图、环保监控地图”两图管控机制，大数据管控业务清单显现雏形。“安全生产风险管控地图”具有风险信息识别、风险点统计分析、风险分类展示、现场风险异常信息推送及在线处置、电子作业票证审批、变更风险识别等信息化功能。“环保监控地图”具有对国(市)控源、VOCs 排放源、环境空气质量、污水分级控制等十项环保重点业务的数据集成、穿透查询、预警处置等信息化功能。

深化“双重”预防机制建设，提升安全治理能力。建立“1+10”制度防控体系。“1”是“双重”预防机制，即《公司生产安全风险分级管控和隐患排查治理双重预防机制管理办法》；“10”是涉及安全、风险的主要制度，即《危险源辨识、风险评价控制程序》《安全隐患治理控制程序》等。实施风险管控，加大隐患排查和治理。持续开展安全风险识别评估。公司统一组织，专业具体负责，开展基层岗位风险识别，确保风险识别全覆盖，形成岗位风险事件清单几千项。

措施二：加快安全环保关键项目建设，打造适应数字化转型硬基础

深化环保技术应用，提升环保治理能力。深化环保领域信息化建设，提升环保监控地图数据完整性、运行可靠性，对各类污染源和环保设施强化监控、实时预警，推动环保监控地图由“观全局”向“管全局”转变。高科技助力异味治理。常态化应用走航监测技术，打造异味监测“移动雷达”，实现厂区 VOCs 异味源移动监测、全天覆盖、精准溯源，对无序排放形成有效震慑。加快污染因子高效治理。持续巩固雨污分流成果，加快含油污水管线可视化改造，实现污水系统硬隔离，彻底解决雨污互串顽疾；加强废水排放源头管控，做好雨水外排在线监测，持续改善六米河水质，实现河道雨水回用回调。严格固体废物管理，实行危废包装密闭化，打通关键堵点环节，确保含油污泥全部内部消化。

措施三：构建安全环保天眼网络，提供数字化转型的技术支撑

组建视频监控室，构建安全环保“天眼”网络。在组织架构优化中，天津石化率先谋划，科学布局，创新性设置了视频监控室，并集合各专业管理需求，成为生产管理、安全环保、设备设施、工程项目建设、治安保卫、技术质量等六大视频监控综合性业务的督查管理科室。公司配备 2 名管理人员及 8 名专职视频监控督查人员，设置安全、环保两部监督举报热线电话，先后安装 1826 台摄像头，负责对 3000 多个点位的视频监控，完善了视频监控全覆盖，拓展了 HSSE 督查手段。利用物联网监控技术，实现了 24h 全方位 HSSE 督查，逐渐将安全管理从“结果管控”转变到“过程管控”和“关口前移”，打通安全生产“最后一公里”。

整合资源、集成数据，打造环保大数据信息平台。一是完成环保管理信息系统、实时数据库、LIMS 系统、视频监控系统、空气质量监控平台、运输车辆自动识别系统等各种信息系统的集成，确保数据的唯一性和准确性。二是完成异常排污申报、环保设施管理、危废处置、环保项目“三同时”管理等业务流程的信息化建设，确保环保业务高效快捷处置。三是完成公司污染源“一张图”综合展示，实现污染源动态可视化管控。

措施四：数据驱动安全环保管理转型，实现数字化应用

大数据分析推动建立预警应急响应机制。一是实现数据值的预警。针对不同的污染物控制模块，设置预警值、报警值，进行数据实时监测。二是实现设施运维的预警。加强业务异常报警，包括数据传输中断、数据恒值、数据零值报警、环保治理设施停运、固废未及时处置等业务。三是实现管理措施落实情况的预警。预警应急响应机制的建立，一方面防止污染物超标，另一方面控制事态发展，实现了“数据预警-安环分析-向专业反馈信息-指导生产操作调整”的防控，倒逼生产操作实现本质安全，做到了关口前移。

大数据应用推动企业绿色文化建设。公司始终秉承绿色低碳发展理念，步入机关大楼，在大厅西侧的“8m×5m”大屏幕上，每天滚动公示国控源污染物实时排放情况。数据引领，天津石化在各专业中深植绿色文化理念，全面推进企业绿色文化建设。

三、实施效果

效果一：激发管理活力，提升管理效率

“两图”的信息化建设及数字化应用，把安全环保管理人员从分散的、大量的监控点位中解放出来，即提高了劳动效率，也保证了数据的可靠性、真实性。公司安全环保管理逐渐从末端治理向源头防治转变，从事后整改向超前预防转变，从被动应对向主动谋划转变。

效果二：助推绿企创建，提升社会效益

主要污染物排放持续削减，排放量总量削减 15%，达到国内领先水平。有组织废气排放达标率、外排废水达标率、固体废物合规处置率、装置泄漏检测与修复覆盖率、环保设施投用率、排放合格率等关键指标均为 100%。公司外排雨水河道六米河水质达到地表Ⅴ类，首个光伏电站并网运行。成为国内炼化行业唯一一家重污染天气应急绩效评级 A 级企业，中国石化首批 10 家绿色企业之一，荣获国家“石油和化工行业绿色工厂”称号。

效果三：加速绿色理念深入人心，企业员工实现双赢

“绿水青山就是金山银山”在天津石化深入人心，并已深度融入生产经营全过程。公司近两年累计获得集团公司、地方政府给予的安全环保奖励 3300 多万元，职工不仅从“蓝天碧水”中收获了美丽和谐的家园环境，也获得了丰厚的物质奖励。公司安全环保连续9年获集团公司环保工作先进，117次各级环保检查实现零处罚，绿色竞争优势已成为天津石化核心竞争力。

原创单位感悟体会

天津石化作为京津冀地区特大型炼油化工企业，在安全生产、环境保护方面压力巨大，企业迫切需要强化绿色环保竞争优势，提高全要素生产率，实现本质安全。公司通过管理体制机制改革，搭建了数字化管理团队，建立了“安全风险、环保监控”两图管理机制，具备了数字化转型软实力。通过安全环保关键项目建设，具备了适应数字化转型硬基础。通过组建视频监控室，集成环保大数据信息平台，构建安全环保“天眼”网络，具备了数字化转型的技术支撑。通过强化大数据分析等数据驱动，实现数字化应用。

专家点评

天津石化围绕企业绿色发展，以信息化建设为手段，以数字化转型为引领，创新安全环保监督管理模式。通过搭建数字化管理团队，建立“安全风险、环保监控”两图管理机制，构建安全环保“天眼”网络，实施预警应急响应等措施，实现了安全环保管理从末端治理向源头防治转变，从事后整改向超前预防转变，从被动应对向主动谋划转变，为企业推进绿色低碳发展提供了参考。

第十章

党建与人力资源管理

案例一　中国石化海外人力资源管理与收入分配制度改革创新的实践

内容提要：2019年，党组组织部（人力资源部）按照集团公司深化改革的总体要求和“问题导向、系统设计、突出重点、综合治理”的总体思路，首次组织构建了中国石化海外人力资源管理与收入分配“3+*N*”制度体系，标志着中国石化海外人力资源管理工作步入制度化、规范化、系统化、集约化治理的新阶段。

一、需要解决的主要问题

问题一：海外人力资源管理的系统性不强，难以形成有效合力

海外人力资源管理制度仅覆盖外派员工薪酬福利等少数环节，海外人力资源、人工成本管理等方面制度缺失，尚未形成完备的海外人力资源管理制度体系，占比近70%的当地员工和国际员工未纳入制度范围，相关管理无“法”可依。

问题二：海外人力资源管理的规范性不足，难以防范法律风险

部分单位在选聘海外员工过程中把关不严、随意性强，甚至存在违法违规用工风险，导致相关纠纷诉讼增加；部分单位在海外人工成本列支、薪酬福利项目设置等方面打擦边球、搞变通，影响了集团公司海外收入分配秩序，依法合规管理方面存在隐患。

问题三：海外人工成本管理的计划性不强，难以发挥牵引作用

虽然以年度为周期编制海外人工成本预算，但预算的准确性、协同性、约束力不足，对海外效益提升、用工优化、收入分配等工作的牵引作用不明显，部分单位主动优化人工成本的意识淡薄。

问题四：海外薪酬福利制度的适用性不强，难以体现企业特点

海外收入分配实行“四统一”管理模式（总部统一薪酬结构、统一分配关系、统一分配方式、统一薪酬标准），“统”的过多、规定过细，与企业实际“咬合度”不高，难以体现不同功能定位、不同业务类型、不同发展阶段海外单位之间的差异。部分海外单位薪酬福利与功能定位不匹配。

问题五：海外收入分配的市场化程度不高，难以凸显效益导向

没有建立员工薪酬福利水平随国内外劳动力市场价位、供求关系等因素联动调整机制，与单位效益、个人绩效挂钩幅度较小，外派员工绩效薪酬平均占比显著低于国内员工绩效奖金平均占比，导致通过考核拉开收入差距、实现能增能减的政策空间不足。

问题六：海外人力资源管理的基础工作薄弱，难以实施有效监管

中国石化海外业务不断向集约化方向发展，但海外人力资源管理信息化建设滞后，海外人力资源统计分析、业务共享无法有效实现，与计划预算、财务核算等工作没有形成监管合力。

二、解决问题的主要措施

措施一：首次构建中国石化海外人力资源管理全流程分类闭环管理体系

为国际化经营单位规范海外人力资源管理行为、提升海外人力资源管理效能提供了制度依据和指引，中国石化海外劳动用工、人工成本和薪酬福利管理的规范性全面提升。见图 1。

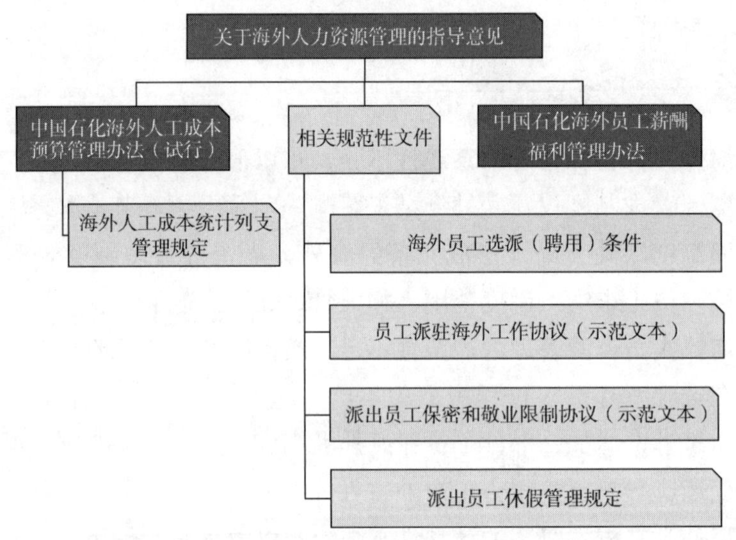

图 1　中国石化海外人力资源管理制度体系示意图

一是在海外员工选派与聘用管理方面，首次建立了派出员工选派和当地员工(国际员工)聘用 2 个“负面清单”，为严把海外员工“入口关”、保障海外人力资源队伍质量、防范海外劳动用工风险构筑了制度“防火墙”。

二是在派出员工劳动关系管理方面，首次引入了“一合同两协议”管理模式，并根据我国和驻在国家(地区)相关法律法规，结合国际化经营单位前期实践，制定了《员工派驻海外工作协议》和《派出员工保密和竞业限制协议》2 个示范文本，解决了派出员工国内劳动合同对员工海外工作行为缺乏约束力的难题。

三是在派出员工休假管理方面，首次制定了完整独立的派出员工休假管理规定，建立了派出员工法定休假、回国休假并行管理模式，解决了派出员工休假管理与我国及驻在国家法定休假制度无法有效衔接的难题。在此基础上，按照不同驻在国家(地区)艰苦程度分类确定派出员工回国休假天数，解决了同一国家(地区)不同海外单位之间员工休假天数不平衡的问题。

措施二：首次构建海外人工成本“零基”预算管理体系

按照海外主营业务和人工成本形成机制不同，将海外单位分为经营投资类、工程建设类、销售贸易类、科研开发类、管理平台类，分类明确了各类海外单位人工成本预算编制方法和管理流程，突出效益导向和价值引领，建立海外人工成本与经济效益、人工成本利润率相挂钩的总量决定机制，牵引海外单位严控人工成本、提高人工成本投入产出率，实现管控模式由直接管理员工薪酬向管理人工成本总量转型。首次明确了海外人工成本构成和列支渠道，解决了海外人工成本统计口径不一、列支管理不规范的难题。

措施三：首次建立海外员工市场化薪酬福利管理机制

赋予国际化经营单位充分的海外薪酬制度制定权、薪酬结构调整权和激励方式选择权，实现了海外员工薪酬随国际化经营单位效益、海外效益、国内外市场因素动态调整、能增能减。

一是在薪酬福利制度设计方面，首次将当地员工、国际员工薪酬福利管理纳入制度范围，为海外员工薪酬福利全口径管理奠定了基础。

二是在派出员工补偿型薪酬设计方面，首次采用了国际通行的“平衡表法”设计理念和权威中介机构市场调查数据，建立了派出员工补偿型薪酬水平随国内员工薪酬水平、市场因素动态调整的机制，使补偿型薪酬项目及水平更加契合派出员工的实际情况，更加客观地反映我国及不同驻在国家(地区)之间的差异。

三是在派出员工个人所得税管理方面，首次引入了“税负平衡”机制，在实现派出员工与国内员工纳税公平的同时，有效降低了税务合规风险。

四是在派出员工补充福利管理方面，首次引入补充福利“分层次”提供机制，派出员工住房、伙食、交通、通讯等补充福利项目按照“单位统一提供—凭票限额报销—发放现金补助”的顺序安排，在保障派出员工良好生活条件的前提下，避免重复享受，有效节约人工成本。

三、实施效果

效果一：为各单位提供规范性指引

各国际化经营单位按照集团公司 3 个制度要求，结合实际编制各自海外人力资源管理与收入分配制度体系，形成了覆盖全部海外单位、全体海外员工和人力资源管理全流程的“3+N”制度治理体系，为海外人力资源管理效能提升奠定了坚实的制度基础。

效果二：海外用工管理的规范性显著提升

相关单位对前期存在的海外违规用工行为进行了整改规范，并按照新的用工分类和岗位分类，建立了海外岗位管理体系，海外用工管理的制度化、规范化程度显著提升。

效果三：海外人工成本管理的科学性显著提升

各单位根据集团公司海外人工成本预算管理办法，进一步明确和细化了所属海外单位人工成本预算编制方法与管理流程，海外人工成本管理的科学性、规范性显著提升，海外单位严控人工成本的意识显著增强。

效果四：海外薪酬福利管理的市场化程度显著提升

各单位制定了海外员工薪酬福利改革方案，在实现新旧制度平稳转换的基础上，派出员工薪酬结构显著改善，浮动部分薪酬占比显著提升，调整后未出现大部分员工绩效奖金占比畸高畸低的情况，新制度为海外收入分配制度改革、建立能增能减的薪酬福利管理机制提供了较为充足的政策空间。

效果五：为集团公司深化人力资源管理制度改革提供有益实践

集团公司海外人力资源管理与收入分配“3+*N*”制度体系建立以来，各单位在市场化、国际化人力资源管理方面开展了一系列探索与创新，为集团公司深化人力资源管理制度改革注入了丰富内容，提供了有益借鉴。

原创单位感悟体会

国际化经营，人才先行。在培育世界一流企业目标感召下，中国石化如何坚持问题导向，将国际化经营管理理念与自身实际紧密结合，切实打造国际竞争力？我们认为，需要走一条制度牵引、系统变革、持续优化的管理提升之路。应当紧紧围绕效益效率提升这一核心目标，一方面广泛学习借鉴先进实践中所蕴藏的管理智慧，用好“他山之石”，另一方面也应结合自身实际，做好传承、衔接与配套，使管理制度能够真正“落地生根”，取得实效。

专家点评

实施海外人力资源与收入分配制度改革，是健全中国石化海外人力资源管理体系的迫切需要，是推进海外人力资源管理机制变革的迫切需要，是助推中国石化海外业务高质量发展的迫切需要。党组组织部（人力资源部）以制度建设为引领，通过构建“3+*N*”制度体系，系统提升中国石化海外人力资源与收入分配管理的制度化、规范化、市场化、国际化水平和海外人力资源治理能力，有助于实现中国石化国际化业务高质量发展，有助于支撑集团公司构建“一基两翼三新”产业格局，有助于为中国石化打造世界领先洁净能源化工公司提供坚强的制度和人才保障。

案例二　大型国有企业基于全面创一流的“党建力量”体系建设

内容提要：深入学习贯彻党中央要求，大力推进党建工作与中心工作深度融合，推动企业党建工作创新，不断提升党建工作质量，是国有企业党的建设的重要责任和使命。为此，作为国有企业中国石化的直属大型骨干企业的九江石化，坚持把党的建设放在更加突出的位置来抓，作为最大的责任来落实，对进一步提升党建工作标准化、规范化、科学化进行深入思考、统筹谋划，探索构建“党建力量 12345”模型，将其形象化为“高铁动力”模型，架设“党建力量”体系的四梁八柱，初步打造完成“党建力量”核心优势，以理念引导行动，在企业发展中汇聚党建力量优势，以高质量党建推动企业高质量发展，引领企业全面创一流。

一、需要解决的主要问题

问题一：企业党建工作还不适应新时代党的建设总要求

党的十九大确定了中国特色社会主义进入新时代的新历史方位。深入贯彻习近平新时代中国特色社会主义思想，贯彻落实新时代党的建设总要求和新时代党的组织路线，坚持和加强党对国有企业的全面领导，创新与发展提高国有企业党建质量的重要举措，对于国有企业具有十分重要的意义。这就要求九江石化进一步提高政治站位，强化政治意识，把党建放在更加突出的位置来管，作为最大的责任来抓。2017 年以来，作为国有企业的中国石化，先后组织召开了基层党支部建设工作会议、“党建质量提升年”推进会等多个会议，要求大抓基层，建强支部堡垒，大力实施基层党组织“组织力提升工程”。为贯彻落实党中央、中国石化党组关于党建工作重要指示精神，细化落实党建工作，切实提升党建工作质量，“党建力量”体系建设势在必行。

问题二：经过“十二五”大规模建设，进入“十三五”，企业如何实现全面创一流这一目标

九江石化历经“十二五”期间的卧薪尝胆和艰苦努力，经济效益、竞争能力逐年进步，但是还处于爬坡过坎期，距离一流的标准还存在较大的差距。与此同时，进入“十三五”，干部员工“松口气”“歇歇脚”的心态，在不同层面不同程度地显露出来。站在新的历史起点，机遇和挑战并存。基于此，九江石化将“全面创一流”作为“十三五”时期的工作目标。如何实现全面创一流这一目标？九江石化党委深入思考，从工作实际出发，探索大型国有企业基于全面创一流的“党建力量”体系建设，汇聚形成“党建力量”核心竞争优势，并将其转化为推动企业生产经营发展的强劲动力，推动企业迈向高质量发展。

二、解决问题的主要措施

措施一：把握时代主题，确立“党建力量”体系思路

2018 年 2 月，九江石化党委按照新时代党的建设总要求，把党建放在更加突出的位置来抓，作为最大的责任来落实。对进一步提升党建工作标准化、规范化、科学化等重点工作进行深入思考、统筹谋划，对着力发挥好党委“把方向、管大局、保落实”作用，进一步提升党建工作质量的实践进行总结提炼，将党建工作以直观、形象地的模型展示出来，架设“党建力量”体系的四梁八柱，以系统性思维构建较为完善的“党建力量”理念体系。自此，九江石化党委正式提出构建“党建力量”体系思路，并努力将其打造为企业生存发展的核心竞争优势，助推企业实现高质量发展。

措施二：把握核心要义，丰富“党建力量”体系内涵

为了形象、直观地阐述“党建力量”内涵与核心要义，加深对“党建力量”的理解，突出新时代党的建设总要求的具体内容、国有企业党建地位、作用和具体工作，形成了“党建力量 12345”丰富内涵。“1”指实现一个目标。即全面创一流企业。“2”指把握两个定位。即党建工作的政治属性和保障功能。“3”指发挥三个作用。即党委领导作用、党支部战斗堡垒作用和党员先锋模范作用。“4”指增强四种能力。即政治领导力、思想引领力、组织凝聚力、发展推动力。“5”指抓好五项建设。即政治建设、思想建设、组织建设、作风建设、纪律建设，把制度建设贯穿其中，深入推进反腐败斗争，推进“五项建设”抓实落地，不断提高党的建设质量。

措施三：注重神形合一，搭建“党建力量”体系模型

为了方便对“党建力量”体系的理解，企业将“党建力量 12345”模型形象直观地设计成为动力无限、勇往直前、安稳可靠的“高铁动力”模型（图 1），寓意企业党建工作力量强劲，以超乎寻常的状态引领全体党员干部员工，在企业全面创一流的道路上快速前行。

党建力量 1：高铁——一个目标：全面创一流企业

党建力量 2：轨道——两个定位：政治属性、保障功能

党建力量 3：车头——三个作用：党委领导作用；党支部战斗堡垒作用；党员先锋模范作用

党建力量 4：电力——四种能力：政治领导力、思想引领力、组织凝聚力、发展推动力

党建力量 5：车体——五项建设：政治建设、思想建设、组织建设、作风建设、纪律建设。

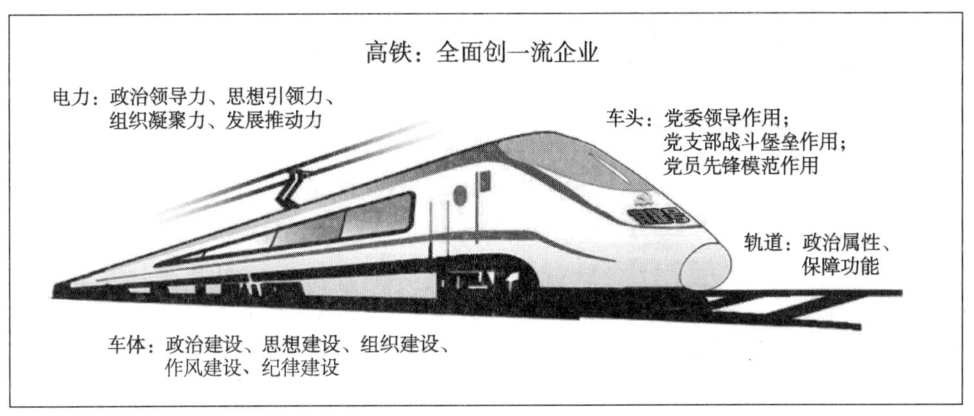

图 1 “高铁动力”模型

措施四：把握工作主线，在“大政工”格局中凝聚特色亮点

九江石化党委在探索构建“党建力量”体系时，始终将党委部署，党群部门深化，党支部落实，党员示范，全员行动等五个方面结合起来，提出在企业党建、宣传、纪检、工会、共青团等党群工作自上而下、自成一体的“线性”工作格局基础上，构建起纵向到底、横向到边、全面覆盖的“网状”党建工作新格局，形成了党委统一领导、党政工团齐抓共管的“大政工”格局。同时，从“五项建设”出发，总结提炼出“两单三书”、形势任务教育“千百十”“五化”工程、“大监督”等 16 个党建专项特色工作，指导基层党支部，在实际工作中用好“党建力量”，形成 24 个基层党组织实践案例和经验做法，并将其纳入企业一体化管理体系，形成了近 90 个专项制度。见图 2。

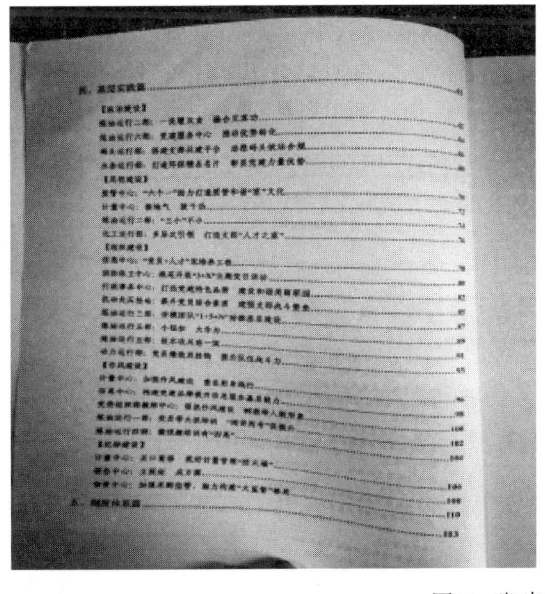

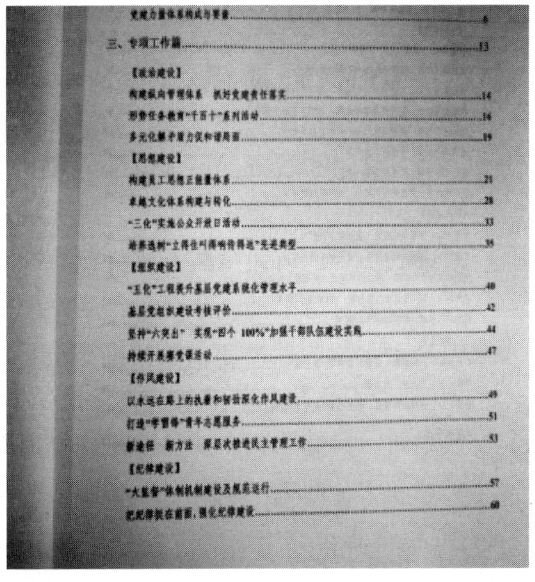

图 2 党建专项特色工作

措施五：致力四个融合，扭住“党建力量”体系建设的关键点

高铁之所以快于一般火车，“自动力”是核心要素，通俗来说就是不仅仅依靠火车头的带动，而是发挥每节车厢的力量，将各个部件融合起来，共同推动列车前进。“党建力量”体系“高铁动力”模型搭建完善后，党委扭住“党建力量”体系建设的关键点，提出并践行四个融合，即致力体制深度融合，塑造特色管理模式；致力制度深度融合，完善一体化制度体系；致力文化深度融合，努力实现思想同心；致力工作深度融合，确保党政行动同步。通过打通“党建力量”“高铁动力”模型各部分之间的联系，在实践中确保“党建力量”产生“自动力”见实效，焕发国企党建工作生机与活力，汇聚形成九江石化的独特优势。见图3。

图3　九江石化“党建力量”核心优势体系手册

三、实施效果

效果一：生产经营绩效实现突破

“十三五”期间，公司累计加工原油3678.80万吨，实现利润58.72亿元，上缴税费578.17亿元，连续五年为江西省第一纳税大户，在企业的持续健康发展中，焕发了国企党建工作的生机与活力。

效果二：发展建设质量得到显著提高

公司发展建设取得丰硕成果，800万吨/年油品质量升级改造工程获国家优质工程，苯乙烯项目获评中国石化优质工程；公司芳烃项目被列入国家石化产业规划，截至目前，该项目已正式获批，正全力推进项目建设；配合国家“一带一路”倡议，公司海外哈萨克斯坦项目开工及技术服务圆满完成。

效果三：企业成为全国石化行业首家智能工厂

公司初步打造了一个集绿色、高效、安全和可持续发展于一体的智能化工厂，成功入选国家工业和信息化部首批智能制造试点示范企业；完成全国首批“两化”融合管理体系贯标；“石化行业信息物理系统测试实验平台项目”入选国家试点示范企业。

效果四：打造国有企业党建工作样板效果好

公司基于全面创一流的“党建力量”体系建设情况，得到了社会各界的广泛好评，值得推广。《思想政治工作研究》杂志以及人民网、中华网等中央媒体广泛报道企业党建成果。基层党组织书记评价，建设“党建力量”体系后，产生了四大变化，一是把各级党组织的力量更加凝聚起来了；二是党委抓党建更加理直气壮，导向更加明确；三是党群部门资源实现共享；四是党建力量更加集中。

效果五："党建力量"进一步提振干部员工的精气神

根据近年来的员工思想问卷调查数据显示，九江石化员工思想正能量大幅提升，进一步提振了干部员工的精气神。如，作为九江石化员工的自豪感上升了近50个百分点，是六年前的3.5倍，没有自豪感的降低了2.4倍，等等。

原创单位感悟体会

党建工作抓细了就是凝聚力，抓实了就是生产力，抓好了就是竞争力。九江石化党委深入思考，从工作实际出发，探索大型国有企业基于全面创一流的"党建力量"体系建设，充分体现双向融合，努力将国有企业的党建工作与中心工作深度融合，通过共定目标、共聚力量、共促发展等途径，将党建责任落到实处，确保党建工作与企业中心工作同频共振，打造"党建+"特色模式，汇聚形成"党建力量"核心竞争优势，并将"党建力量"核心竞争优势转化为推动企业生产经营发展的强劲动力，对推动国有企业特别是炼化企业迈向高质量发展有很好的借鉴意义。

专家点评

此案例围绕企业党建工作如何适应新时代党的建设总要求和全面创一流目标破题，对提升党建工作标准化、规范化、科学化进行深入思考，探索构建了"党建力量"体系模型及支撑体系。视角独到亦颇具新意，融入新的管理理念，突破了传统抓党建思维模式、路径依赖，焕发了国企党建工作的生机与活力。值得借鉴。

案例三　党建共建与重点工程项目同频共振的探索与实践

内容提要： 中科炼化党委坚持“务实、创新、融合”的党建工作思路，在项目建设中以目标为指引，以问题为导向，以党建共建为抓手，做到党组决策部署在哪里，思想行动就跟进到哪里；项目建设瓶颈在哪里，“红色引擎”就驱动到哪里；项目建设战斗在哪里，服务保障就到哪里；项目建设廉情在哪里，监督防范就到哪里，在推动项目全面建成投产过程中实现了党建工作与中心工作的深度融合。

一、需要解决的主要问题

问题一：项目建设进度严重滞后

中科炼化项目自2018年1月全面实质性动工以来，一度面临设计出图滞后、土建沙石价格飞涨、施工力量不足、物资供应到货不及时、施工队伍不稳定等困难，严重制约着项目建设进度。项目中炼油和化工装置同步建设，各套装置多、建设难度大、建设工期紧，而参建的80家总承包单位和138家施工分包单位等各自为战、没有形成合力。

问题二：疫情防控导致项目复工困难重重

2020年春节后，项目进入最紧张的施工收尾和投料试车阶段，而此时“新冠”疫情的暴发，给来自全国各地的施工单位组织力量复工带来了巨大的困难。党中央、国务院要求，国资央企要在国民经济稳增长中充分发挥“稳定器”和“压舱石”作用。尽快复工复产，早建成、早投产、早出效益，成为中科项目最大的政治任务。

问题三：党建工作融入中心工作方式方法不多

党务工作者党建工作党务化，工作中存在“两张皮”，党建工作找不准切入点、抓不住着力点，不懂融合、不善融合，党建融入中心、服务大局载体简单、平台少。各参建单位党组织未能打破单位间的行政隶属界限，党建资源未能有效共享，项目现场的党建工作是单个党组织“独唱”，没有形成参建单位党组织“大合唱”的局面。

二、解决问题的主要措施

措施一：“一个目标一盘棋”形成共建共识

紧紧围绕“项目全面建成投产”这一目标，从“中国石化一盘棋”的政治高度，把能否有效推进项目建设进度作为检验“不忘初心、牢记使命”主题教育成效的重要标尺。公司党委以服务项目建设为切入点，与洛阳工程公司党委开展党建共建试点，在取得试点初步经验后迅速推广，向工作量超过百分之九十的系统内参建单位党委发出“携手奋进打造绿色平安工地、塑造优质样板工程、营造阳光廉洁氛围、共建坚强战斗堡垒、共筑文明和谐工地、加快项目建设步伐”共建倡议。通过共建推进会、专题大讨论、深入基层宣讲等形式，营造“一家人一条心、一个目标一股劲”氛围，引导各参建单位把思想和行动统一到“一切围绕现场施工、一切服从现场施工、一切确保现场施工”“工期就是军令状”上，形成上下联动、同心协力、攻坚克难的良好局面。

措施二：“两下移两贴近”搭建共建平台

共建各方党委建立工作联动机制，定期在项目现场召开协调会，及时制定“三重两特”党建保障和促进措施，以党建力量推动现场难题解决。共建单位党群部门组建工作“联合体”，建立“两下移两贴近”工作机制，即工作重心下移、工作力量下移和贴近施工单位、贴近施工现场。建立“问题双向工作表单”（图 1），推动相关参建单位对照具体问题定人、定时间、定措施，将施工统筹计划细化到月、到周、到日，层层压实责任，严格落实考核。共建以来，各方党组织开展现场党建共建 180 多场次，党委层面协调解决安全环保、质量进度、和谐稳定等问题 370 余项，基层党支部层面协调解决现场有关问题 4300 多项。里程碑节点 CFB 锅炉 2019 年 9 月 29 日一次点火成功，标志着项目建设总体统筹进度全面受控。

措施三：“三同步三强化”筑牢共建堡垒

各参建单位坚持“三同步”，即党组织机构同步设置、党务工作人员同步配备、党建工作同步开展，落实“三强化”，即强化责任落实、强化执行力、强化推动力，使“支部建在连上”的优良传统在新形势下得到了继承和发扬。共建过程中，各参建单位在项目现场建立党工委或党支部共 42 个，为做到组织联建、党员联管、队伍共带、管理同抓、资源共享打下良好基础。共建期间，各单位党组织共成立党员突击队 129 支、党员责任区 69 个。通过联合突击，打破专业壁垒，实施“多兵种”作战，攻破土建施工、设备吊装立体交叉作业等困难，较好发挥了基层党组织战斗堡垒作用和党员先锋模范作用，让党旗在项目建设现场高高飘扬。见图 2。

措施四：“四服务四保障”提升共建质量

大型项目建设，施工队伍来自五湖四海，现场施工队伍的和谐稳定尤为重要。共建各方坚持“四服务”，即机关服务基层、党员服务群众、业主服务总包、总包服务现场，落实“四保障”，即思想保障、健康保障、工资保障、稳定保障，从多维度、多层次构建和谐稳定共赢大环境。公司党委推动建设 48 个“施工驿站”供参建人员休息调整，在施工现场设置 8 个凉茶供应点，组织机关党员开展每天送凉茶志愿活动。共建单位建立常态化、全天候服务现场机制，联合组织“感动中科、情暖一线”慰问活动，开展为夜班工人送包子、送红烧肉、冲泡面等慰问活动 120 余次，其中“加一勺红烧肉”成为施工人员最受欢迎的形式和项目现场慰问的品牌。见图 3。

中科炼化党建共建共促工作表单（动力站锅炉项目)		
	共建单位：宁波工程公司党委	共建时间:2019.05.16
工作亮点	1.公司项目管理团队，在项目经理的带领下，整个团队凝心聚力，能够团结进取，克服困难，积极推动项目的各项工作、设计、采购、施工衔接比较紧密。 2.在召开第七次IPMT会议后，按照与总部工程部对接后的实施计划及时调整作业计划。 3.根据对接后的计划，开始陆续增加作业人员，充实现场力量。	
序号	需协调解决的突出问题描述	相关建议和要求
1	动力站统筹计划5月底主厂房交安，汽轮机开始安装；目前主厂房B-D轴38m层浇筑完，A轴24m层柱梁浇筑完，汽轮机尚未开始安装，进度滞后1个半月。进度滞后主要是现场施工组织管理和协调力度不够，对施工单位没有具体制定有效的纠偏措施,人力投入不足，无法满足全面大干快干的需求。	对关键路径针对进度滞后问题制定有效纠编措施，进一步优化施工计划和施工资源。投入足够的施工力量，重点是焊工人员，6月份动力站要求施工作业人员820人，其中焊工60人；目前施工作业人员695人，其中焊工38人。
2	加快动力站详细设计收尾工作，尽快完成详细设计。	尽快完成动力站电信等专业设计存档。
3	1#、2#锅炉的设备、材料等尽快全部到场，必须满足现场施工。	抓好设备材料到货进度，加大催交催运力度。
4	按照与总部对接后的二、三季度实施计划，进一步优化、细化月度和周施工计划，提高计划完成率。	按照第七次IPMT会议要求和对接后的二、三季度实施计划，进一步优化细化月度和周计划，加强组织和资源保证，确保目标实现。6月份计划主厂房结构封顶，2台汽轮机安装就位。

中科炼化党建共建共促工作表单（污水处理场)		
	共建单位：洛阳工程公司党委	共建时间:2019.06.19
工作亮点	1.组织土建单位(中原建设）对现场的任务进行全面布置，采取赶工措施追赶进度计划，目前已经完成15个水池主体，3个建(构)筑物已经主体封顶; 2.组织安装单位（中原油建)加快人员到位和施工组织，目前已经完成地管安装3900m，预制完成6000m未安装；储罐完成4台主体，剩余6台正在施工; 3.中原油建在施工驿站循环播放安全视频，对职工进行教育和警示，得到HSE部加分表扬。	
序号	需协调解决的突出问题描述	相关建议和要求
1	污水处理场统筹计划5月底中交，目前土建完成74%；共25个池子，已完成15个池子，共14台罐，已完成4台；进度滞后约3个月。进度滞后主要是现场施工组织管理和协调力度不够，对施工单位没有具体制定有效的纠偏措施，人力投入不足，无法满足全面大干快干的需求。	要求对关键路径进一步优化施工计划和施工资源，进度滞后的，制定有效的纠偏措施。投入足够的施工力量，重点是焊工人员，6月份污水处理场要求施工作业人员561人，其中土建400人；目前施工作业人员436人，其中土建250人。
2	按照与总部对接后的二、三季度实施计划，进一步优化、细化月度和周施工计划，提高计划完成率。	要按照第七次IPMT会议要求和对接后的二、三季度实施计划，进一步优化细化月度和周计划，加强组织和资源保证，确保目标实现。6月30日计划所有池子主体施工完成（除低浓度生化池外)，土建施工基本完成。
3	再生水厂房土建施工人力不足，整体滞后约1个月。目前主体结构施工中，预计6月底封顶，设备安装未开始。	要求根据9月30日计划需先期投用部分督促增加施工人力，同时落实相应设备管道等材料到货。
4	高浓度生化池5月底开始闭水试验，6月底开始水池防水、防腐施工;目前水池试水堵漏正在进行。相关布水管等材料未到货。	请督促严格按相关要求保证水池堵漏质量及进度。

图1　问题双向工作表单

图 2　大件设备吊装作业、项目工程交接仪式

图 3　党建共建主题党日活动、现场送红烧肉活动

措施五：“五教育五转变”促进共建廉洁

工程建设领域，历来就是腐败易发、多发领域，确保“工程上马，干部不落马”是一场硬仗。公司纪委抓实“五教育”，即理想信念教育、党纪党规及制度教育、典型示范教育、案例警示教育、职业道德教育，实现“五转变”，即教育对象从注重党员领导干部向关键岗位人员并重转变；教育范围从内部人员向公司项目参建单位人员延伸转变；教育内容从侧重党纪党规向中国石化规章制度并重转变，教育方式从灌输式集体学习向互动启发式学习转变，教育资源从立足内部为主向利用好内外部两种资源转变。共建期间，开展现场警示教育大会 8 场次，与 9 家系统内参建单位共同制定《构建项目建设“大监督”格局实施方案》，梳理项目建设 100 个廉洁风险点，制定高中低三个层级廉洁风险岗位人员“权责清单”，建立覆盖项目建设各环节的监督网络，做到抓住关键人、抓好关键事、抓在关键时，项目建设全过程未发生职务违法案件。

措施六：“六比六看”激发共建活力

以“两士两星两优”“双百会战”主题劳动竞赛和“百日攻坚创效”行动等为载体，开展“六比六看”活动：比态度、比干劲、比创新、比作风、比奉献、比团结，看谁工作更积极、看谁完成任务更快、看谁解决问题更多、看谁形象树得更好、看谁更能吃苦耐劳、看谁大局意识更强。“六比六看”吹响了追赶进度的“集结号”，在 540 名“两士两星”先进个人、37 个“两优”先进集体、75 支青年突击队的引领带动下，2019 年 9 月、10 月连续两月焊接量超 200 万吋径，在中国石化建设史上非常罕见。见图 4。

图 4　集团公司领导“五四”青年节视频连线公司项目现场青年突击队

三、实施效果

效果一：党建工作质量持续提升

党建共建架构起党建工作融入项目建设的桥梁，以党建资源和力量促进项目建设瓶颈问题解决，使党建工作成为企业价值链上重要环节和推动力，探索出“党建搭台，参建单位唱戏，多方共赢”的党建工作新模式、新途径，有效提升了党建工作质量，实现与中心工作同频共振。

效果二：项目如期建成投产

开展共建以来，制约工期的主要问题得到有效解决。2019 年 12 月项目全面建成中交，2020 年 6 月拉开了各套装置投产序幕，9 月各套装置打通全流程，开创了中国石化炼油、化工装置同步建设、同期投产的先河，以项目如期建成投产检验了党建共建的成效。

效果三：经济效益显著

项目建成投产后，每年可实现销售收入 600 多亿元、利税 260 多亿元，成为中国石化利润新的增长点，成为当地经济发展的“新引擎”。在项目投产过程中节约开工费用 1.68 亿元，持续攻坚创效达 7.39 亿元，超额完成集团公司下达的攻坚创效目标任务。

效果四：社会效益良好

在中美贸易摩擦不断升级并叠加疫情防控的大环境下，积极响应国家复工复产的号召，在疫情最严峻的 2020 年一季度，短短 1 个月内组织返场 2 万多人的情况下，实现疫情“零感染”，项目全面建成投产为保障国家能源安全增添了新动力，成为国家“六稳”“六保”的亮丽风景线。

效果五：生态效益凸显

项目投资 440 多亿元，其中环保设施投入高达 36.88 亿元，节能减排、环保设计执行国际最先进标准，环保各项指标均处于国内同行业领先水平，打造了绿色低碳循环经济新标杆。

原创单位感悟体会

中科炼化公司党委和各参建单位党组织联合开展党建共建活动，并不是“另起炉灶”，更不是“新壶装老酒”，而是通过相互开展深层次、多方位党建共建共促活动，共同探索出一条有效促进项目建设的党建工作新路子，彰显了“两手抓、两手硬”的新生机和新活力。在共建过程中尤其要注意不能让广大员工感受到党建共建是做“无用功”，而是让大家真实看到通过党建共建确实可以推动问题的解决。“融入中心抓党建，抓好党建促发展”不仅仅是一种理念，更应是各级党组织、广大党员的自觉行动。党建工作融入中心过程中，必须找到切入点、瞄准关键点、抓住着力点，以目标为指引、以问题为导向，建载体、搭平台，把能否促进中心工作作为重要检验标尺，只有这样，才能使党建真正成为企业核心竞争力关键因素和企业价值链上的重要环节。

专家点评

该成果针对工程项目建设的特点和主要问题，找准切入点，抓住关键点，探索“党建搭台，参建单位唱戏，多方共赢”的党建工作新模式、新途径，党建共建与重点工程项目同频共振。总结提炼的“一个目标一盘棋”形成共建共识、“两下移两贴近”搭建共建平台、“三同步三强化”筑牢共建堡垒、“四服务四保障”提升共建质量、“五教育五转变”促进共建廉洁、“六比六看”激发共建活力，在党建与中心工作融合中形成了鲜明的特点。

案例四　推进项目高质量发展的境外党建工作机制的创新与实践

内容提要：广州(洛阳)工程公司科威特项目党工委融合项目情况、当地特点、文化习惯及合作方人文和管理差异等因素，改进方式方法创新党员教育管理机制，找准融合点创新党建工作融合项目执行机制，丰富活动载体创新跨文化管理机制，拓宽传播途径创新品牌形象宣传机制，加强和改进境外党建工作，提升了境外项目党建工作质量，推动了境外项目高质量发展。

一、需要解决的主要问题

创新推进项目高质量发展的境外党建工作机制，是对境外党建工作的时代要求，更是解决境外项目存在问题的自身需要。

问题一：理论学习需要进一步加强

由于境外项目所处的环境特殊，加之工程项目建设任务重、时间紧，极易产生重视项目管理，放松理论学习的现象。

问题二：国际化人才队伍数量不足和结构不合理

公司国际化人才的质量和数量明显不足，既通晓国际标准又具有较强项目管理能力和较高外语水平的复合型、国际化人才短缺。

问题三：项目团队需要深度融合

境外项目团队一般来自五湖四海，员工结构复杂，其信仰、作风、文化、素质也都不相同，存在较多的不稳定因素。

问题四：所在国政党政策要求项目党建工作必须创新

受所在国政党政策的影响，党组织开展活动必须创新方式方法，使党建工作和项目中心工作深度融合。

二、解决问题的主要措施

措施一：创新党员教育管理的工作方式，发挥示范引领作用

科威特项目党工委坚持“境外不例外”原则，创新学习、教育、活动的方式，以加强政治领导推进项目高质量发展。

1. 创新学习方式，丰富学习内容。充分利用媒体公开资料，定期组织政治理论学习。以座谈讨论、专题研讨、现场实践、同事互评等多种形式开展“三会一课”，教育党员在政治上发挥示范引领作用。

2. 创新教育方式，紧扣教育主题。结合“不忘初心、牢记使命”主题教育、庆祝新中国成立70周年等，开展爱国主义教育。深入用身边的典型激励员工，开展了向“时代楷模”陈俊武院士学习活动。通过谈心谈话，做好思想工作，教育党员在思想上发挥示范引领作用。

3. 创新活动方式，注重活动实效。建立境外党建工作制度，在内部开展了示范创建、廉洁教育承诺、劳动竞赛等活动，教育党员在行动上发挥示范引领作用。

措施二：创新服务项目运行的融合点，发挥促进生产作用

科威特项目党工委坚持“融合生产”原则，重点开展了“五个融合”创新活动，以提升基础工作推进项目高质量发展。

1. 党建工作与项目管理制度建设深度融合，保证项目依法合规。结合项目特点，组织制定了一套符合项目运行实际的管理制度体系，包括项目公共安全管理、合同管理、财务管理、行政管理、人事管理、外事管理、党建工作等内容，使项目工作有章可循，有法可依。

2. 党建工作与境外公共安全管理深度融合，防范风险维护安全。通过组织应急演习、防恐培训、交通安全教育、斋月和高温安全教育、EAP心理辅导等，提升员工的HSSE意识；组织配备了视频监控系统、卫星电话、医药箱、防毒面罩等应急设备和物资等，为境外员工的人身和财产安全提供了保证。

3. 党建工作与新冠肺炎疫情防控深度融合，保证员工身心健康。成立了抗疫领导小组和突击队，组织制定了防控方案和应急预案；对现场、营地、车辆、人员等各方面采取了严格的防控措施；组织现场员工收看疫情防护知识和心理疏导讲座；储备了必需的疫情防护物资和生活物资，保证了项目现场中外员工的身心健康。

4. 党建工作与培训和基本功训练深度融合，提升团队整体素质。利用业余时间，组织开展了专业知识、财务管理、公共安全、外事管理、领事保护等领域的系列培训活动。围绕境外项目管理平台建设，开展了设计各专业间研讨、施工管理经验交流等基本功训练活动。

5. 党建工作与项目行政管理工作深度融合，凝聚人心稳定队伍。项目党工委书记积极履行“一岗双责”，担负了项目汇报材料审核、使馆联络、网络维护、营地建设、食宿管理、团组接待等统筹协调工作，切实为项目解除了后顾之忧。

措施三：创新跨文化管理的活动载体，发挥凝心聚力作用

科威特项目党工委坚持“务实重效”原则，重点加强“三方面的沟通与交流”，以增强团队凝聚力推进项目高质量发展。

1. 加强联合体团队之间的跨文化沟通和交流，增强团队协同作战能力。联合体总承包管理团队通过统一的项目管理规定、管理流程和管理平台协同工作。通过座谈研讨、生日PARTY、团队联谊等形式，开展跨文化交流活动，增进了友谊，大家相互配合，共同做好项目管理工作。见图1、图2。

图1　科威特项目党工委召开境外员工恳谈会

图2　科威特项目部境外员工在营地欢度春节

2. 加强与国外分包商间的跨文化沟通和交流，提高分包商的工作效率。要求中方员工在与国外员工沟通和交流时不卑不亢，积极宣传中国，宣传中国石化。同时充分发挥属地员工和代理公司的优势，为项目稳定运行提供了良好的当地资源。

3. 加强我方项目员工之间的文化沟通和协调，提升境外员工的幸福感。我方项目管理团队结构也很复杂，项目党工委深入宣贯中国石化企业文化理念，建立了健身活动场所，组织开展了丰富的文化体育活动，给海外员工建立一个温馨的“家”。

措施四：创新项目好声音的传播途径，发挥品牌引领作用

科威特项目党工委坚持“内外有别”原则，积极做好文化宣传和品牌建设，以提升品牌形象推进项目高质量发展。

1. 利用“互联网+”模式做好日常宣传，维护好项目和中国石化的品牌形象。加强项目文化建设，统一项目 PPT 模板和标识系统；通过互联网中英文宣传项目建立了项目微信公众号和电子杂志《NEW ROAD》；同时在《中国石化报》等主流媒体发表了宣传项目的多篇文章，起到了良好的宣传效果。

2. 邀请主流媒体对项目进行集中报道，扩大项目和中国石化的品牌美誉度。在项目全面竣工之际，以宣传“一带一路”重点项目为着力点，在总部支持下邀请央视、新华社、石油 LINK 等媒体记者深入现场，对项目全面竣工进行了集中报道，取得了非常好的宣传效果。

3. 在过程中树立良好形象，提升项目和中国石化的品牌影响力。项目建设过程中，充分展示了中国炼化工程公司的国际项目管理水平、工程设计能力、优质高效的施工能力和中国工人的良好形象。通过国际采购，在项目中展示了中国制造业的品牌形象。项目党工委申报了国资委国有企业海外形象建设案例；向大使馆报送了践行“一带一路”倡议的专题材料等。

三、实施效果

效果一：有力推进了项目的顺利进展

积极践行合作共赢、互利互惠的“中国理念”，2019 年 12 月项目率先实现了全面机械竣工，受到了业主、PMC 的高度赞扬。

效果二：培养了一大批国际化人才

一批能够适应境外项目管理、设计、采购、施工等各方面工作的国际化人才得到了锻炼，形成了一支具有国际项目执行经验的团队。

效果三：取得了良好的经济效益

近三年来，项目收入和利润基本占公司整体的半壁江山，为公司圆满完成生产经营目标做出了突出贡献。

效果四：展示了中国企业和工人的良好形象

在钢管、管道配件、压力容器、加热炉等采购中为中国产品提供了展示的舞台。三家中国施工单位表现出色，多次受到表彰和奖励。

效果五：境外项目党建工作得到充分肯定

项目党工委被评为“中国石化先进基层党组织”，党工委书记被评为“中国石化优秀基层党支部书记”，项目经理被评为集团公司“优秀党员”。

原创单位感悟体会

广州(洛阳)工程公司积极践行“一带一路”倡议，努力打造中国炼化工程技术国家新名片，在境外项目上健全党群机构，选派了经验丰富的党务工作者，公司主要领导定点联系，为境外党建工作机制创新提供了坚强保障。科威特项目党工委坚持创新思维，强化“提升质量，增强实效”意识和发展理念，把握“守法+基本+创新”原则，通过创新境外党建工作机制，充分发挥党建工作的政治领导、品牌引领、凝心聚力、促进生产的作用，推进了项目的高质量发展。科威特项目团队在这片热土上，辛勤挥洒智慧和汗水，默默奉献青春和力量，用“严细实”的作风和精湛的技术，在波斯湾畔为中国石化树起了一座炼化工程的丰碑，奋力谱写了“一带一路”建设的新篇章。

专家点评

该境外党建工作机制的亮点有三：一是方式方法新，充分利用新媒体开展线上学习交流活动，确保理论学习不打折扣；二是业务融合准，以项目管理中的重点难点为切入点，推动党建与业务深度融合；三是和谐氛围浓，发挥文化润心作用，促进项目相关方之间的心灵沟通，实现合作共赢。该案例对国有工程企业开展境外党建工作具有较强的参考价值。

案例五　以新发展理念引领企业人才机制的创新与实践

内容提要：新发展理念是习近平新时代中国特色社会主义思想的重要组成部分，对企业人才工作同样具有战略性、纲领性和引领性作用。催化剂公司深刻领会新发展理念的时代意义，以加快机制创新、提升人才效能为重点，以壮大人才规模、提升人才质量、强化人才作用发挥为突破口，统筹规划、配套推进，努力打造具有国际竞争力的高素质人才队伍。

一、需要解决的主要问题

问题一：支撑国际化战略及新兴业务发展的人才资源规模不足

具备国际视野、专业能力、外语水平、跨文化沟通能力的复合型人才明显短缺，贵金属贸易、制备技术研发、废剂回收等新兴业务人才极度缺乏，急需加快储备和培养。

问题二：适应转变发展方式、提高发展质量的人才结构需要进一步优化

公司三支队伍呈“人力密集型”结构(1∶3∶6)，与“专业技术型”(1∶5∶4)结构目标相比差距较大；引领产业发展和新技术领域开发的领军人才还比较缺乏；基层一线结构性缺员和技能操作人才接替问题不同程度存在。

问题三：保持并扩大企业竞争优势的人才队伍素质需要进一步提升

员工队伍整体素质较“十三五”初已有明显提升，但高水平创新人才数量不足，特别是科技领军人才匮乏，与公司打造世界领先的发展要求还有距离。

问题四：充分激发人才创新创造活力的体制机制有待进一步完善

人才工作的系统性研究与规划不足，人才成长通道不够畅通，引才力度不够大，人才培养针对性不够强，考评体系有待完善，骨干人才激励约束力度仍需加大。

二、解决问题的主要措施

措施一：坚持新发展理念，引领新形势下企业人才工作

1. 用“创新”理念激发人才工作活力。推进人才机制改革，开展“专家(技师)上讲台”活动，将专家(技师)授课安排纳入公司级培训计划，充分发挥高层次人才在理论与实践结合方面的优势，以讲促学、学用结合，有效增强培训的吸引力和针对性。见图 1。

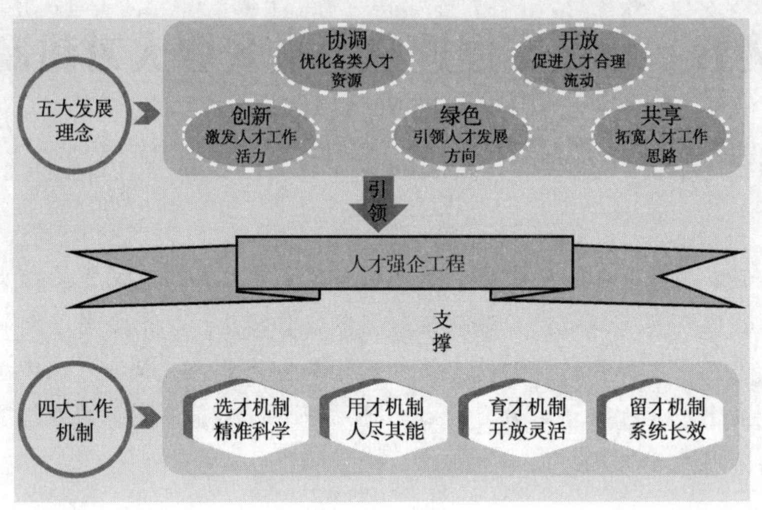

图 1

2. 用“协调”理念优化各类人才资源。结合部分单位退出现职基层领导、转任协理员中层领导人员逐年增加，以及部分公司专家(主任师、主任技师)作用发挥不足等工作实际，组建专家服务团队，依据其特长优势，采取借用或阶段性调动方式，参与项目管理、技术把关和人才培养等工作。

3. 用“绿色”理念引领人才发展方向。积极搭建竞赛练兵平台，组织 HSSE 业务竞赛，有效推动公司 HSSE 体系建设，提升全员 HSSE 意识；举办创新创效竞赛，激发科研工作者的智慧潜能和创造活力，使广大人才成为引领绿色发展的主力军和先锋队。

4. 用“开放”理念促进人才合理流动。搭建分(子)公司之间、机关与基层之间的干部交流、挂职锻炼等多种形式的双向选择平台，促进内部人才流动和能力提升。

5. 用“共享”理念拓宽人才工作思路。一是创新人才工作机制。高层次人才认定期内可享受科研津贴、专项补助、激励性年金、专项培训经费等待遇，充分共享企业优惠政策。二是改变传统用人思路。与有关高校、科研院所共建联合培养研究生工作站及联合实验室，柔性使用高校的人才资源和实验室资源，发挥各方优势，共享研究成果。

措施二：聚焦“选用育留”，积极创新企业人才发展机制

1. 加快培养引进，建立精准科学的“选才”机制。制定《专业技术和技能操作职位选聘管理细则》，明确专家(技师)管理关系、职责及相应权利；科学设置选聘条件，畅通专业技术和技能操作人才晋升渠道。对高校毕业生实行“高看一眼”的职位初定及薪酬激励政策，《新入职毕业生实习管理细则》规定毕业生实习期满转正定级时，可根据其学历初定相应职位层级，其中硕士可直接定为主办，博士可直接定为副主任师。

2. 量化考核评价，完善人尽其能的“用才”机制。分类建立人才评价标准，制定《专业技术和技能操作职位考核评价管理细则》，采取年度考核和聘期考核相结合的方式，从智囊参谋、决策支持、创新攻关、技能推广、人才培养等方面进行综合评分。年度考核结果与年终兑现奖、高技术(技能)津贴挂钩，年度、聘期考核结果与职位聘任挂钩，实现竞争择优、能上能下、动态管理。

3. 优化流动配置，健全开放灵活的“育才”机制。积极贯彻“培训是员工最大的福利”理念，依托系统内外优质资源，与专业培训机构签订框架协议、建立合作机制，全面实施了重点人才、重点项目人员和全员素质提升三大培训工程。深化人才成长通道建设，多形式多渠道搭建内部人才市场，有效促进人才流动和能力提升，为人才脱颖而出提供舞台。

4. 加强激励保障，构建系统长效的“留才”机制。面向急需引进的“高精尖缺”人才，遵循“搭平台、给名利、解后忧”的指导思想，出台《高层次人才引进管理办法》，制定人才特别补助、弹性工作、科技成果提成奖励、就医绿色通道等“引才新政 15 条”，确保人才引得进、留得住、用得好。面向在岗合同制员工，且为公司科技进步、技术创新、生产发展、管理创新等做出突出贡献的专业技术和技能操作人才，制定《高层次人才管理办法(试行)》，并及时落实人才待遇。

措施三：创新工作方法，精准施策出实招见实效

针对近年来人才流失较多的现象，实施毕业生“1×4”融入计划，即：关注毕业生感知公司的第一面(招聘阶段)，增强对企业的认同感；关注毕业生进入公司的第一周(入职阶段)，完善入职课程体系，增强融入企业的使命感；关注毕业生顶岗实习的第一年(见习阶段)，全面实施“导师带徒”制度，增强与企业共成长的仪式感；关注毕业生工作履约的第一期(首份合同履行阶段)，帮助其制定职业规划，明确发展路径，开展提升素质能力轮训，增强扎根企业的归属感。

建立专家积分制考核制度，与聘期考核双轨运行，强化专家自主管理和结果应用。公司专家承担公司或所在单位安排的专项任务以及聘期内取得的成果奖项、专利著作等，可根据重要程度获得相应分值，聘期结束前分值累计超过一定分数的，视同聘期考核为 A，分值累计低于一定分数的，视同聘期考核为 C。

三、实施效果

效果一：管理者的人才意识显著增强，有利推动人才强企工程落地见效

将集团公司人才工作战略思想和公司人才管理有关政策，纳入公司各级管理人员培训内容，及时更新人才管理意识、理念和思维。组织开展人才强企工程专题培训班，切实提高人才工作者的理论素养和专业能力。

效果二：企业人才发展环境显著优化，有利集聚壮大科技领军人才队伍

加大人才发展环境建设，着力加强人才激励关怀力度，提升人才管理服务水平。对引进人才，建立党委联系重点人才制度，不定期组织座谈交流，及时了解掌握人才的思想动态和工作生活状况，有效帮助他们解决好现实问题，有效增强人才归属感，并以他们为桥梁，形成“海潮”效应。

效果三：各类重点人才作用显著发挥，有利激发广大员工创新创效活力

对于专家、首席技师、主任技师等重点人才，一方面结合单位需求以及本人专业、能力等特点，指导其编制《聘期责任书》《年度任务书》，为每一名人才制定一份“使用说明书”，让人才最大限度地发挥作用；另一方面，不断健全完善人才评价考核机制，科学设置评价标准，坚持凭能力、实绩、贡献评价人才，树立“能者上、平者让、庸者下、劣者汰”的用才导向。

效果四：员工队伍能力素质显著提升，有利将人才优势转化为发展优势

加快选聘制备工程技术、市场营销、技术服务等主营业务领域的领军人才，全面覆盖公司各领域各专业。通过评比(选)发现好苗子，将优秀青年人才纳入科技领军后备人才库。构建以优秀班组长、高级技师为后备的“人才池”，培养一批能够解决企业关键技术和工艺操作难题的“工匠”；推进公司级技师工作室建设，引领集智攻关。

效果五：人才机制建设取得显著进展，有利推广应用促进管理效能提升

以实现人才开发与企业需求深度融合为目标，创新工作思路，加快人才机制建设，形成了一套可复制推广的管理架构体系，真正做到“让人才脱颖而出、人尽其才、才尽其用”。

原创单位感悟体会

企业的竞争，某种程度就是人才的竞争。催化剂公司深刻把握新发展理念的内涵要求，将“创新、协调、绿色、开放、共享”理念贯穿于企业人才工作的全过程，有效发挥了人才对生产经营的支撑作用，人才优势逐步转化为企业发展优势；围绕制约人才发展的突出矛盾和问题，着力在“选用育留”四个方面下功夫，深入推进以培养引进、评价使用、流动配置、激励保障等为重点的人才机制改革创新，印发实施了高层次人才认定办法、专家管理办法、“引才新政 15 条”等一系列人才制度，有效释放了各类人才的创新创造活力。结合人才成长规律和企业实际，研究实施毕业生“1×4”融入计划、专家积分制考核等一批特色做法，对系统内其他单位有较好的借鉴意义。

专家点评

人才兴，企业兴。催化剂公司以新发展理念统领人才工作，通过在“选才、用才、育才、留才”方面的制度设计和工作实践，实现了人才机制创新的多点突破。专家积分制考核、“引才新政 15 条”等一批富有特色的创新做法，比较符合当前形势下系统内各企业人才工作的实际需求，可以在其他企业进行复制推广。

案例六　特大型炼化企业“四优”劳动管理体系的构建与实施

内容提要：茂名石化以“夯实四个关键节点，整合一套基础管理体系”为主线，以组织架构为基础，业务流程为依据，构筑覆盖全面、相互支撑、协调配套的“四优”劳动管理体系，涵盖定员优化、机构优化、岗位优化、定价优化四大部分（图1），推行实施后，进一步激发员工活力、提高企业管理效率。

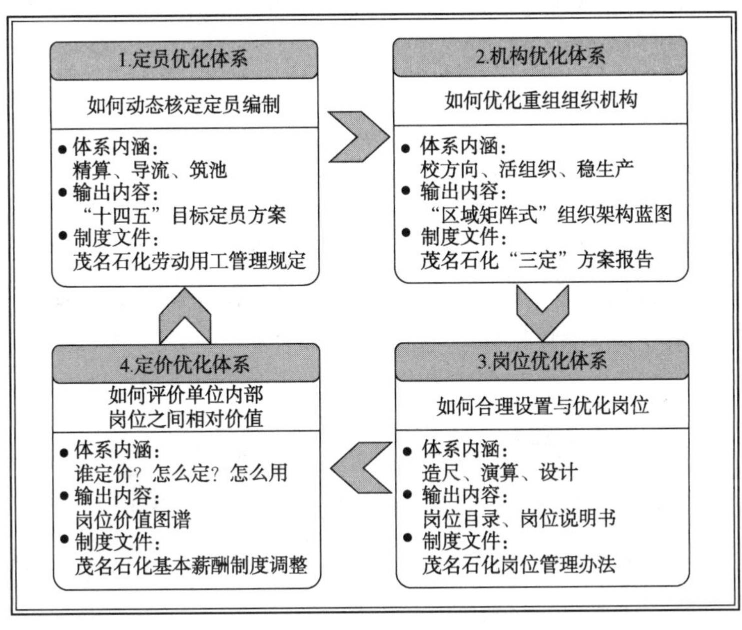

图1　“四优”体系架构

一、需要解决的主要问题

问题一：整体劳动用工相对“肥胖”

用工总量大、劳动生产率低，在总部排名还不够先进。人员结构性余缺矛盾突出，主体装置人员紧缺，辅助后勤单位人员富余、年龄偏大，转岗难度较大。2019年茂名石化公司在岗管理技术人员同口径对标，富余15%，辅助生产业务技能操作人员同口径对标，富余17%。

问题二：部分组织结构相对“僵化”

机构多、科室多、班组多现象突出。由于公司实行三级管理模式，导致管理机构设置过多、管理链条过长、管理效率不高、管理人员偏多。公司组织机构经同口径对标，富余20%左右。专业管理上存在“大而全”等现象，部分二级单位专业齐全，造成了辅助生产业务机构、班组偏多。

问题三：岗位业务运转相对“迟钝”

岗位职责不够清晰，导致业务运转“迟钝”，工作流程不顺。业务流程“缺位、错位和越位”现象较普遍，岗位间协同出现推诿扯皮；岗位设置不科学，设置标准尺度差异较大，忙闲不均常有发生；岗位说明书不规范、内容不全面、应用性不强，岗位人员难以对照标准工作。

问题四：岗位价值局部相对“失衡”

岗位价值排序缺乏市场化对标，部分岗位价值核定经验性大于科学性，与岗位价值挂钩的薪酬分配激励导向不够鲜明，内部公平性和外部竞争性不够强，以岗位价值激发员工活力的动力不足。

二、解决问题的主要措施

措施一：构建“定员优化体系”，破除用工冗余“肥胖症”

基于人均利润、人均成本、用工分布等模型，形成“总量框定+细化分解”与“推动人员有序流动”同步的定员优化模型。见图2。

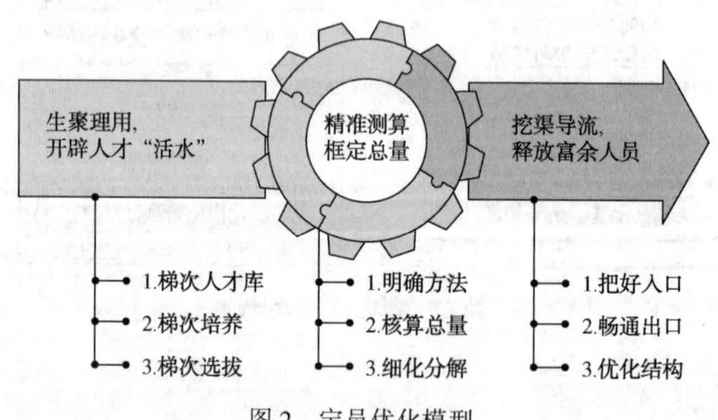

图2 定员优化模型

一是精准测算，框定用工总量。综合运用标杆对照、劳效分析定编，框定公司“十四五”末定员总量，再针对公司布局和长远发展要求，采用混合定编模型细化分解单位定员，首先满足一线岗位定员，再核算公司管理技术人员总量，确定“保证基层生产、保证主责主业、机关精简高效、辅业逐步退出。

二是挖渠导流，明晰富余人员流向。结合公司机构岗位定员，针对结构性余缺的现象实施精准招聘，同时用定员倒逼“出”，用“外包”推动“出”，用优秀人才支援“出”，优化内部用工结构，通过建立转岗氛围、分批梯次转岗、探索灵活用工机制盘活内部人力资源。

三是生聚理用，定位人才源头活水。提出了以培育“雏鹰、精鹰、雄鹰”为主要内容的“三鹰”人才储备计划，同步推进人才梯队建设，加强人才梯队培养，大力培育支撑企业安稳长满优生产的基础人才，加强高端科技研发人才引领，实施“相赛”相结合的管理人才、全面竞聘的专业技术和技能操作人才晋升制度，确保把优秀人才选出来、用起来。

措施二：构建“机构优化体系”，破除管理围墙“僵化症”

针对机构多、职能重叠问题，构建包含把握调整方向、激活组织调整、稳定生产运行的机构优化子体系，构建“区域矩阵式”组织架构愿景。

一是聚焦主责主业，确保改革方向“准”。利用三分一定框架对公司现有业务进行分析，对业务进行诊断，从产业链、资源利用率、装置结构上分析研判，按“基础+高端+精细”的发展模式，深度优化做大液体化工板块，非核心业务通过业务外包、退出方式逐步分离。见图 3。

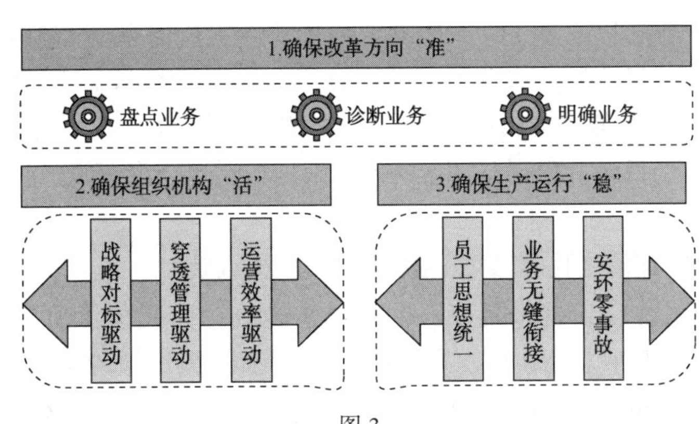

图 3

二是强化业务驱动，确保组织机构“活”。对标集团公司发展格局、公司战略导向，重新界定机关职能，对照分析、分门别类明确具体职能定位，对关联性强、流程衔接紧密的职能模块进行整合、归并；对不属于管理范畴的职能进行剥离、分开，划转相应的专业单位。按照部门涵盖的职能模块和细分的基本业务，结合公司发展规划，通过集成各个模块的共性及个性特点，分别划定部门职责。在一线机构推行“区域矩阵”式改组和运行部整合，按照“类型相似，工艺相近，位置相邻，物料相关”的原则，结合控制集中情况，分批对炼油化工的生产车间进行优化整合，稳步组建运行部。

三是夯实精益管理，确保生产运行“稳”。通过宣传引导，确保干部员工“思想统一”，渐次优化，确保业务运营“无缝衔接”，严抓细查，确保安全生产“零事故”。

措施三：构建“岗位优化体系”，破除责权不清“迟钝症”

针对岗位责权不清、流程不顺，引发工作冲突、流程冗余，增加管理内耗、拖慢业务运转等突出问题，我们以岗位分析“刻度尺”、岗位合并“方法论”、岗位优化“设计图”为抓手，建立“定岗位”管理。见图 4。

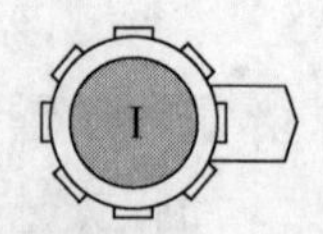

☑ 梳理建库,打造岗位分析“刻度尺”
· 任务梳理
· 职责递推

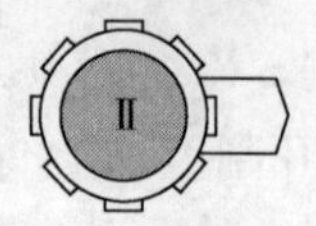

☑ 双向优化,实践岗位合并“方法论”
· “自下而上”岗位诊断倒逼流程优化
· “自上而下”流程再造重塑岗位职责

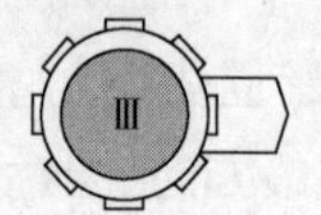

☑ 输出目录，绘制岗位优化“设计图”
· 输出岗位目录
· 输出岗位说明书

图4　定岗位管理

一是梳理建库，明确岗位分析标准。突出“人人参与”。围绕实际工作任务，全员参加，进行岗位工作写实，递推出“岗位职责清单、业务清单，逐级提炼递推出相对应的“业务名称”及“业务板块大类”。

二是双向优化，实施岗位合并调整。通过“自下而上”岗位诊断倒逼流程优化。针对大部分基层、一线岗位，基于任务梳理、提炼建库，按需运用ESIRA、ARPCI，倒逼岗位流程优化，优化再造后，反作用于岗位合并；针对管理人员及部分机关专业岗位，采取“自上而下”流程再造重塑岗位职责，推动岗位压减合并。

三是制定出岗位目录。根据集团公司“统一岗位分类分级框架”优化岗位目录和配套的岗位说明书。

措施四：构建“定价优化体系”，破价值错位“失调症”

针对“人越来越少、活越来越多、要求越来越高，而岗位价值多年未进行系统测评”的矛盾，以岗位测评为突破口，在集团人力资源部岗评组的指导和帮助下，以“严格合法授权、精确校准测评、科学对标分级”为抓手，建立岗位“定价值”管理。

一是严格合法授权，明确岗位定价合法程序。为保证公司岗位价值测评工作公平、公正、有序进行，首先成立公司岗位价值测评委员会、岗位测评陈述代表组。

二是精确校准测评模型，做好岗位测评。同过“规定+自选”遴选测评要素。在IPE、SPE模型基础上，扩展因素池，明确“17+3”为测评因素维度。在正式测评阶段，采取封闭式实名制打分，岗评培训师全程现场指导专家组打分，并提醒大家独立完成自己的打分过程，测评后做好数据处理。

三是科学对标分级，做好岗位价值薪酬对套。结合岗位层级划分，参照各岗位市场定位，确定各岗位等级薪酬宽带幅度，分别确定好宽带上线限值、宽带重叠度、宽带薪挡数，建立好市场化的薪酬体系，做好“岗变薪变，易岗易薪”。

三、实施效果

效果一：劳动组织用工进一步得到精简

“四优”劳动管理体系的构建与实施，通过“倒逼式”措施，为公司做细机构“瘦身”

和员工能进能出寻找到了突破口，把握好业务方向，按管理平台集中化、资源集约化的机关管理模式，推进机关部门整合，减少管理层次，缩短管理流程，业务中心逐步由“服务实施型”向“服务管理型”转变，实现生产基层的管理幅度与管理深度有效契合。

效果二：干部员工活力得到进一步激发

“四优”劳动管理体系的构建过程，是真刀实枪的改革过程，增强了公司员工适应改革、参与改革、在改革中赢得自己“主人翁”地位的紧迫感，激发了广大员工履职尽责的自觉性。通过改革，公司人才流失率明显降低，尤其是高素质本科及以上学历人员人才流失数量占比由55%降至29%，公司人力资源管理先进模式拴心留人作用更加显现。另外，通过改革，公司搭建了干部员工成长进步的广阔而公平公正的平台，促进了优秀干部脱颖而出，年轻干部比例显著提升，年轻干部的加速成长，带动了公司整个干部队伍的整体活力。

效果三：企业竞争实力得到进一步增强

“四优”劳动管理体系的构建发挥了人力资源管理在企业管理中的核心战略作用，公司人力资源管理水平大幅提升，人力资源在公司整体管理中的核心作用得到充分发挥，以激发员工活力、提高管理效率促进企业管理水平迈上了更高台阶，公司竞争实力得到提升。

原创单位感悟体会

三项制度改革一直是国有企业的老大难问题。但从何入手？如何破解？为此我们进行了积极探索实践，总结出了“一个四优管理体系+N个配套工具”工作法，成为国有企业破解三项制度改革难题的行之有效的突破口。从优化目标定员入手，以事前算赢为原则，深入思考“以公司现在的盈利能力能养活多少人”“对标先进同行、对照总部标准能够定多少人”的问题，确保企业存活，再由业务发展方向和目标定员，倒逼组织机构优化，进而倒逼岗位体系优化及岗位价值体系优化，即“先定员、倒逼定机构、定岗、定价”。根据企业实际，优化改革模式，取得了良好的效果。

专家点评

茂名石化以破解国有企业“三项制度”改革难题为突破口，构建了涵盖定员优化、机构优化、岗位优化、定价优化的“四优”劳动管理体系，创建*N*个配套工具，以定员倒逼组织机构优化，进一步激发员工活力，有效缓解了用工冗余、管理围墙、责权不清、价值错位等矛盾，提高了管理效能，对国有企业深化“三项制度”改革有较好的借鉴意义。

案例七　以价值创造为核心的“经营绩效+管理绩效+党建质量”考核体系构建与实施

内容提要：2017 年以来，胜利油田突出价值引领和效益导向，建立完善了“经营绩效+管理绩效+党建质量”绩效考核体系，并配套完善“1+2+2”绩效考核办法，完成目标保基本薪酬、多创效益挣绩效工资，以价值量化推动效益化考核，促进各类要素资源优化配置，引导一切工作向价值创造聚焦，一切资源向价值创造流动，让每个单位都成为利润中心，每个班组都成为创效单元，每名员工都能创造价值，全力推进油田高质量发展。

一、需要解决的主要问题

问题一：价值创造责任没有落实到位

低油价形势下，油田面临的效益压力加大，创效基础薄弱。单位效益优化意识不强，效益导向不突出，被动接受各项指标的考核，管控思维没有根除，重生产、重指令、少算账、少经营，强调成本管控多、体现价值创造少，经营创效责任没有落实到位。

问题二：经营创效动力没有充分激发

油田对各单位考核兑现绩效工资中，增效创效奖励占比偏低；有的单位担心鞭打快牛，缺乏经营目标中长期规划，导致超额完成目标多创效益的主动性不强、积极性不高。

问题三：人员、资产配置没有充分优化

各单位普遍存在人员较多、劳动效率偏低的问题，存量资产不能在单位间进行有效的流动，造成折旧折耗逐年攀升，高成本和成本结构不合理问题日益凸现，限制了老油田有效投入和油田持续发展能力。

问题四：风险管控责任体系还需完善

油田对各单位风险管控考核主要包括安全环保、质量节能、信访稳定、财经纪律、廉洁从业、内部控制等，各业务部门各自为政，没有形成风险管控合力，注重结果考核，忽视了过程监督监控，各层级的风险管控责任不能全面落实。

二、解决问题的主要措施

措施一：突出顶层设计，搭建“1+2+2”绩效考核架构

突出价值引领和效益导向，以效益稳产 2340 万吨和盈亏平衡点持续降低为目标，以经营业绩考核为中心，以防范风险管控为支撑保障，以人力资源和存量资产优化配置为突破口，健全“经营绩效+管理绩效+党建质量”考核引领机制，并配套完善“1+2+2”绩效考核体系(图 1)。

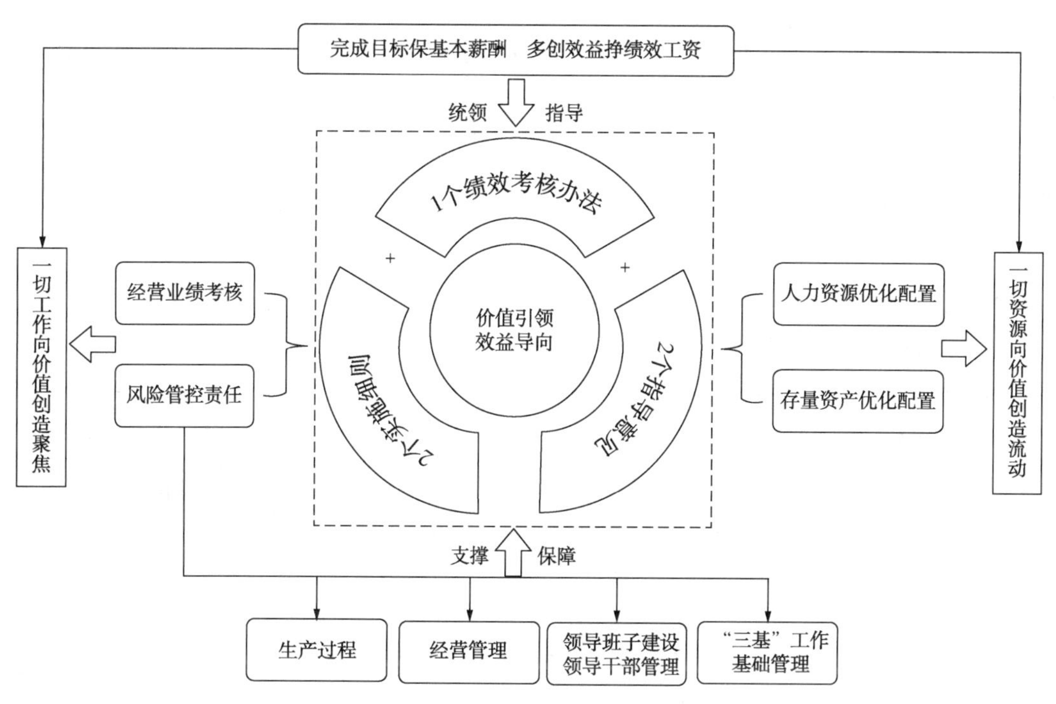

图 1　油田“1+2+2”绩效考核体系架构

措施二：突出价值引领，构建经营绩效考核体系

1. 经营理念上，注重价值引领，以价值量化考核评价经营业绩，对原来工作指标、工作量进行价值量化，促进各单位由花钱向挣钱转变，以效益为中心，积极优化措施，强化市场经营主体地位，推进各类要素资源按市场化原则有序高效流动。

2. 经营导向上，聚焦效益目标，实行经营目标管理，经营业绩考核主要考核单位利润目标，将过去的上级指标管控转变为各单位经营目标管理的自觉行为，拓展创效路径，多创效益，充分调动各单位增收创效的自主性和积极性。

3. 考核激励上，建立“完成目标保基本薪酬、多创效益挣绩效工资”的正向激励机制。各单位完成经营业绩基本目标，油田核发单位基本薪酬；超过经营业绩基本目标多创效益部分，按 50%的比例考核奖励。按单位创效增效额度进行总量考核、兑现绩效奖励，挣回来的绩效工资人多就少分、人少就多分。

措施三：突出资源优化，构建人力资产配置体系

1. 搭建人力资源一体化统筹配置平台。配套人力资源优化激励政策，油田承担业务承揽、外闯市场输出人员的相关人工成本，考核视同成本节约额，鼓励内部统筹配置、积极开拓外部市场等措施，促进人力资源“动起来”“走出去”“强起来”。

2. 搭建存量资产优化配置平台。运用市场化激励政策，调动各单位盘活存量资产积极性、主动性，推动内部资产借入借出、内部运营提供专业化服务、闲置土地退出、长期无动态资产处置，加快无效资产及时有序退出，促进资产优化配置，降本增效。

措施四：突出风险管控，构建管理绩效考核体系

管理绩效评价主要是加大安全环保、经营风险、党建廉洁、基础管理等风险管控等考核力度，系统梳理把握国家法律法规、安全生产制度以及上级的要求，将原来考核的 20 多项约束性及专项考核指标统一纳入四大风险管控责任体系。一是生产过程风险管控，包括安全、环保、质量、节能等，在考核直属单位事故事件、行政处罚、年度重点指标完成、体系审核、年度综合检查的同时，将基层单位的达标情况作为直属单位的评价依据；二是经营管理风险管控，包括效能监察、内部审计、内控、财务稽核、合同、法律等；三是领导班子建设和领导干部管理风险管控，包括决策制度、议事规则、党风廉洁建设、信访稳定、综合治理、一岗双责、遵纪守法等；四是三基工作风险管控，重点突出党建“三基本”工作手册、基层管理“三册”、油田基础管理提升指导意见的执行落地，包括党建引领、素质提升、管理规范、业务创效等内容。

四大风险管控体系明确每个层级管控的要点、内容，分为过程性指标和结果性指标，采取千分制赋分考评，评定先进单位、达标单位和不达标单位，并与单位领导班子工作业绩挂钩。以上 4 项风险管控考核与单位领导班子挂钩，单位员工主要与生产过程风险管控挂钩考核。

措施五：突出引领支撑，构建党建质量考核体系

1. 党建考核体系。围绕抓班子、带队伍、强管理、保稳定、促发展“五项任务”架构考核体系(图 2)。“五项任务”既各有侧重，又内在统一，抓班子、带队伍的成效最终体现在强管理、保稳定、促发展上，实现强管理、保稳定、促发展任务必须要抓好班子、带好队伍，树立融入中心抓党建、抓好党建促发展，以改革发展成效体现党建质量的鲜明导向。

2. 党建考核重点。主要对落实上级和企业党委重要部署、完成党建工作重点任务、抓好内审外查问题整改等方面进行考核，既要考核各单位党建工作发力准不准，又要考核各单位党建工作成效实不实。同时，党建考核主动回应解决企业改革发展中遇到的新情况新问题，加大对屡查屡犯问题督导整改，督促引导各直属单位党委着力补短板、固底板、强弱项。强化考核结果运用，根据考核情况对各直属单位党委进行排名划档，与班子绩效考核挂钩。

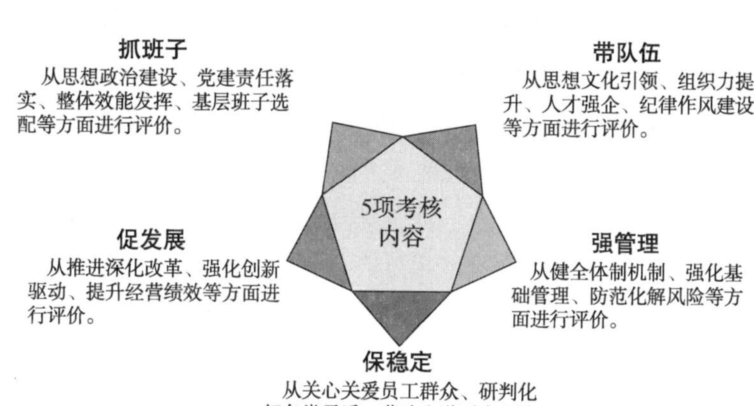

图 2　党建质量考核体系

三、实施效果

效果一：生产经营创效能力持续增强

各单位坚持算清效益账、多干效益活、多产效益油，产能建设水平和开发运营质量显著提升。2020 年，分公司新建产能 152 万吨，百万吨产能建设投资由 57.5 亿元降至 50.4 亿元，生产原油 2340.1 万吨、商品量超总部计划 13.55 万吨，如期实现同口径条件下盈亏平衡点降至 50 美元/桶目标；管理局有限公司实现利润 3.7 亿元，全面完成集团公司下达的各项生产经营目标。

效果二：经营优化规模效益再创新高

各层级内挖潜力、外闯市场、多创效益的动力持续激发，资源资产整体运营效能持续提升，2020 年盘活内部用工 1.14 万人、外闯市场 2.51 万人，外部市场签订合同额 22.7 亿元，盘活闲置资产净值 1.2 亿元、清理无效负效资产 1.3 亿元，扩大自营降低外委费用 5.1 亿元。

效果三：风险管控责任进一步夯实

完善 QHSSE 管理、监督、督查、考核“四大体系”，以质量进步标准提升推进本质安全绿色发展。2020 年，油田氮氧化物、二氧化硫主要污染物排放总量分别下降 6.29%、8.44%，能耗总量及强度同比下降 10.02%、10.3%，新发布 138 项企业标准均达行业先进水平。

原创单位感悟体会

“经营绩效+管理绩效+党建质量”绩效考核体系是引导干部员工转观念、转方式、转作风，推动油田一系列改革发展的推进器，是激发油田创新创效、价值创造的指挥棒，取得了显著成效，主要表现为“四个转变”：一是员工思想观念从“怕走出去、等着安排活、工作清闲是好岗位”向“争着外闯市场、抢着多干活、能创效才是好岗位”转变，创效氛围更加浓厚，创效动力明显提升。二是考核方式由指标控制型向经营目标型转变，“经营绩效+管理绩效+党建质量”考核体系在各层级推进落实，强化了经营意识、创效意识、市场意识。三是经营方式由油藏开发向油藏经营转变，行政性、指令化管理逐步弱化，算清效益账、多干效益活、多产效益油的独立经营核算逐步强化，夯实了各层级油藏经营管理主体责任。四是绩效工资由“分奖金”向“挣绩效”转变，从过去的如何“分蛋糕”变为如何“做大蛋糕”，绩效考核指挥棒作用更加凸显，员工绩效与单位效益、干部绩效与员工绩效紧密挂钩，构建出风险共担、利益共享的良好格局，形成了凝心聚力、共谋发展的强大合力。

专家点评

绩效考核是企业管理中的一个重要内容。本篇成果聚焦价值引领和效益导向，紧紧围绕“五个突出”，构建了“经营绩效+管理绩效+党建质量”绩效考核体系，配套完善了“1+2+2”绩效考核办法，强化了个人利益与企业发展的紧密度，细化量化了风险管控责任，打破“人均奖励”概念，激励各单位多创价值、多创效益，形成了“一切工作向价值创造聚焦、一切资源向价值创造流动”的良好态势。

案例八　以“三挂钩”考核撬动内部体制机制改革的创新实践

内容提要：2017~2019 年，面对国际油服市场量价齐跌的行业寒冬，石油工程技术服务公司以“三挂钩”考核为契入点，深入推进内部体制机制改革。以市场为导向，开展分配、用工、人事“三项”制度改革，压减管理机构、优化业务结构、推行辅业承包经营，建设项目管理及对标提升机制。聚焦效益，增活力、降成本、控风险、提效率，以破釜沉舟的勇气，大力破解管理积弊。实现了从 2017 年亏损 106 亿元到 2019 年盈利 13.5 亿经营业绩的转变，圆满完成了“扭亏脱困保市”的任务目标。

一、需要解决的主要问题

问题一：绩效考核激励不足，难以适应市场变化

2017 年以前，公司沿袭传统的薪酬分配管理机制，仅将工资总额的 10%~15%作为绩效工资考核浮动分配。绩效考核指标十余项，效益考核指标少、管理类指标多，导向不清晰明确，导致地区(专业)公司聚焦效益不够、创效动力不足，工程项目应收账款回笼慢，经营现金流与自有现金流捉襟见肘，绩效考核机制对市场形势变化反应不够、激励不足。

问题二：“三能”机制尚未完全建成

部分地区(专业)公司存在劳动用工“铁饭碗”、人事管理“行政化”、薪酬分配“大锅饭”的旧观念。劳动用工方面，人浮于事、效率低下；收入分配方面，“干与不干一个样”“干多干少一个样”的现象依然存在；人才培养方面，高端人才短缺和队伍结构不合理的矛盾长期并存，这些矛盾问题严重制约人均劳效提升。

问题三：业务结构不合理，盈利能力不强

由于历史原因，各地区(专业)公司业务趋同，资源布局小而全，行业资源跨地区统筹优化能力不足、效率不高；中低端业务占比偏高、高端业务发展滞后，整体盈利能力偏低；新旧体制机制相互交织，机构重叠、合力不足；效益增长主要依靠投资与实物工作量的外延式增长拉动，抗风险能力不强、发展质量不高。2017 年以前，该公司技术服务、海上业务等高端收入只占总收入五分之一左右，利润率明显低于行业先进水平。

问题四：管理粗放，部分项目亏损总额大

部分项目出现巨额亏损，短期难以化解，暴露出风险及成本管控不到位等管理粗放问题，对公司改善经营状况、履行对投资者承诺都造成极大不利影响。

问题五：管理提升缺乏持续动力

自我内部管理进步动力不足，满足于完成上级管理任务，缺乏内部竞争及学习交流机制，虽然各种评先推优评比多，但指标重复，导向不一，作用发挥有限，管理持续提升机制亟待建立。

二、解决问题的主要措施

措施一：聚焦效益，上下联动，实施“三挂钩”绩效考核

1. 出台“三挂钩”绩效考核办法。将地区(专业)公司工资总额分成基础工资与绩效工资两部分(比例分别为40%、60%)，绩效工资部分与企业(单位)收入、利润、账款回笼三大关键指标挂钩联动、考核浮动，突出市场、效益与账款回收导向，充分发挥绩效考核对生产经营的牵引导向作用。

一是将工资总额与营业收入挂钩，激励地区(专业)公司拓市增收。将绩效工资的30%为基数，从营业收入指标完成情况和人均营业收入两个维度进行考核评价、同升同降，引导各层级牢固树立“挣钱发工资”“创效发奖金”的市场化薪酬理念，变“坐等靠要工作量”为“千军万马闯市场”。

二是将工资总额与利润总额挂钩，激励地区(专业)公司降本增盈。以绩效工资的40%为基数，从利润指标完成情况和人均利润两个维度进行考核评价，真正体现盈利、亏损不一样，盈多、盈少不一样，引导各单位把创效作为核心目标。

三是将工资总额与账款回收挂钩，激励地区(专业)公司应收快收。以绩效工资的10%为基数，依据工程款项结算回收情况奖惩激励，引导地区(专业)公司加强账款清收，降低“两金”余额。

2. 健全“三挂钩”绩效考核过程管控机制。

一是严谨考核设计，一把尺子、一个标准衡量约束所有单位。结合各地区(专业)公司市场、队伍、装备结构情况，分年度测算确定收入、利润、应收账款等考核指标，签订目标任务书，每月考核排名，鼓励先进、激励后进。

二是严把过程管控，以指标完成情况决定绩效工资总额增减。采用基础工资一次性下达、季度考核兑现、年终审计清算、发现问题追溯考核的方法，建立形成以月保季、以季保年的考核管理机制。

三是严格考核兑现。每年年初，对上年目标任务完成情况开展年度审计，根据审计结果进行考核清算。对以前年度影响损益的问题实行追溯考核；对违规违纪、弄虚作假，影响损益指标的，按照相关金额的50%加计扣减清算兑现额度，真实体现经营业绩。

措施二：以考核分配撬动“三项制度改革”，激发活力

一是以“三挂钩”考核撬动分配制度改革，实现收入能增能减。将绩效工资在公司工资总额占比由10%提高到60%，全面推广中原工程分层级联动绩效考核成功经验，以区域市场为单位搭建尺度统一、公平合理的考核平台，建立形成各层级与一线挂钩联动、与单位经营管理难度、绩效考核指标完成情况挂钩联动的绩效考核体系，打破工资总额“大锅饭”，建立完善以效益定绩效、以贡献论英雄的市场化分配机制，实现收入能增能减。

二是以“三挂钩”考核撬动人事制度改革，实现干部能上能下。制定《领导人员能上能下实施意见》《项目负责人选聘管理办法》，以干部绩效评价为基础，推广项目部分类定级，探索职业经理人选聘措施，推进干部管理去“行政化”、转“契约化”，以“协议契约”破除“终身任职”，实现干部能上能下。

三是以“三挂钩”考核撬动用工制度改革，实现用工能进能出。坚持绩效分配“三个倾斜”不动摇，利用收入梯度引导机关后勤人员向一线正向流动；对一线用工阶段性短缺，通过业务(服务)外包、职业雇员社会化引进、现有用工合理调整职业雇员等方式进行有效弥补，实施主辅分离，显化富余人员，鼓励富余人员培训转岗或劳务输出，实现员工能进能出。

措施三：以考核分析撬动体制机制改革，优化公司组织及业务结构

公司充分发挥考核分析的管理价值，拓展分析深度广度，开展业务结构盈利能力分析及管理机构费用分析，并以分析结果为引导，促进体制机制改革向纵深推进。

一是深化体制改革，优化管理架构。制定实施河南与华北、江苏与华东区域公司整合重组方案，压减地区公司 2 个；推行“大部制”管理、“小机关”运作，压减公司机关部门 4 个，人员减幅 20. 3%；推进专业经营单位优化整合，减少中层单位 20 个、减幅 21. 6%；推行项目化管理，基层单位减少 492 个、减幅 38%；着力压减低效产能，减少专业施工队伍 552 支、处置报废设备 7. 69 亿元。

二是推进辅助业务专业化整合，辅助业务单位全部实施承包经营，充分激发经营活力。整合优化辅助业务基层单位 25 家，压减辅业基层单位 191 个、减幅 64. 97%。2019 年底公司辅助业务单位累计实现利润 3. 1 亿元，同比增效 4. 32 亿元，扭转了长期以来辅助业务一直亏损的局面。

三是聚焦高质量发展，做强主业。以集团公司中长期发展战略规划为指引，编制实施“石油工程公司战略规划行动方案暨三年滚动计划”，分单位、分专业明确技术发展方向，科学确定技术发展定位，引导人才、技术、装备资源向优势产业聚集、向特色业务发力，有效提升核心竞争力。

四是瞄准行业领先，发展难动用储量开发等技术服务新产业。充分发挥多专业优势，多渠道、多层次、多形式整合科技资源，建设科技研发体系，发展新兴技术服务业务，延伸技术业务产业链，培育新效益增长点。

措施四：以考核细化撬动项目精细管理机制建设，推进管理精益化

公司将考核最基本单元细化延伸至单井单项目，并以降成本、控风险为出发点，开展单井单项目全生命周期过程管控。

一是建立单井单项目“项目决策、生产运行、预算核算、经营分析、绩效考核、责任追究”六大制度体系，本部层面出台 9 项项目管理专项制度，组织所属企业查缺补漏，共计梳理项目相关制度 5185 项，组织完成了 8 个专业的《项目管理手册》模板的编制工作。设立项目管理通用型流程 27 项、关键节点 70 个；实现各专业经营单位“一企一册”，为项目管理流程化、制度化建设奠定了基础。

二是严格实施项目亏损问责制，12 个特大项目按规定被严格问责，共扣罚责任单位工资总额4486万元，堵住了风险损失点，初步建立了对项目全生命周期过程管控的制度体系。

三是构建项目三级决策体系，修订内控手册权限指引，调整分级决策额度，下放具体的项目运行管理权，减少对项目的日常经营性管控的干涉。开展“放管服”改革，强化协调服务，提高服务效率，引导各级机关从“管”项目向“服务”项目转变，提升项目运行效率。

措施五：以考核评价撬动对标管理体系建设，建立管理持续提升长效机制

为弥补绩效指标抓关键难以顾及全面的不足，发挥客观评价的正向激励作用，建立内部对标竞赛机制，精简检查评比，实现一套评价指标满足多项评比的需求，公司开展了对标管理体系建设。

一是建立了一套覆盖公司各层级、各专业的对标评价指标体系。以对标国际一流为核心，建立起石油工程公司、地区(专业)公司、专业经营单位、基层队上下联动的一体化对标评价指标体系，统筹考虑各项评比活动，以一套指标体系支撑多项评比要求，在开展对标评比的同时，也有效精简了多头评比。

二是建立了石油工程公司对标评比、对标学习、对标分析、短板改进、对标帮扶、激励约束对标管理基本制度，注重过程管控、激励到位。设置了公司比学赶帮超专项奖励基金，每季度下发对标评比通报，并进行季度及年度奖罚兑现，抓实过程管控和即时激励，极大激发了各级单位对标竞赛的积极性和主动性，促进了指标的提升。

三是研发了公司对标评价信息系统，实现了对标数据采集、审核、评价、结果查询全过程在线运行，建立对标数据分析模型，实现多层次、多角度分析，进行指标预警和反馈处理。定期收集分析国内外同行一流企业与内部一流单位的先进经验方法，开展同业外部对标评价，更新阶段目标，找出短板弱项，以管理改善促进效益提升。

三、实施效果

效果一：创效盈利观念深入人心

自下而上、分层级联动的绩效考核理念深入人心，以业绩论英雄的氛围日益浓厚，以考核促扭亏增盈成效显现。通过实施工效挂钩考核，各单位逐步由向上级要总额、争增量转为向市场要效益、挣工资，各层级员工逐渐由向上级要奖金转为向市场要效益、降成本，责任压力进一步夯实，管理运行更加高效。2019年，该公司营业收入同比增加114亿元，利润同比增加12.5亿元，“两金”余额同比减少30.97亿元，期末余额降至253.24亿元。

效果二：“三能”机制基本形成

推广实施任职协议书和目标任务书，去“行政化”、转“契约化”、破除“终身制”，干部上下的渠道基本打通。建立市场化用工机制，合理使用项目化用工，员工进出的通道基本形成。构建完善分层级联动绩效考核体系，强化各层级与基层一线创效情况挂钩联动，以单位效益决定收入增减成为全员共识。

效果三：体制机制改革见到实效

各地区（专业）公司主动优化机构设置、压缩管理层级、控制队伍规模，法人总数从成立初期的90户压减至64户，减幅29.9%；专业经营单位从97家减少到76家，减幅21.6%；本部机关部门由16个减至12个，减幅25%；各级机关人员占比从13.8%降至8.1%；主要专业队伍总数从2351支压减至1799支，减幅23.5%；辅业基层单位从294家减至103家，减幅64.97%。

效果四：项目创效能力及企业管理能力得到提升

通过以项目管理体系建设，公司亏损项目大幅减少，2019年较2018年比亏损项目占比下降了6.49个百分点，项目利润率提高了1.85个百分点，创效能力进一步增强。对标管理工作的全面开展，建立起企业内部同业竞争机制，各层级单位对标先进、找短板、补差距、创一流，你追我赶，形成了浓厚的"比学赶帮超"氛围，有利促进了管理能力的持续提升。

效果五：扭亏脱困保市任务圆满完成

经过持续深化改革、优化管理，石油工程公司管理机构更加精干、队伍规模得到有效控制，发展基础更加坚实。2019年实现收入699亿元、利润13.6亿元，10家地区（专业）公司、76个专业经营单位、103个辅助单位全部实现盈利，圆满完成扭亏脱困保市任务。

原创单位感悟体会

市场导向的分配、人事、用工制度，以及市场导向产业结构优化、管理体制、优化提升机制是市场化体制机制建设的核心内容。石油工程公司以"三挂钩"考核为主线，推动内部体制机制改革，有效扭转了干部员工的"等靠要"思想，激活了大家的增收创效热情，增强了地区（专业）公司的创效盈利能力。目前，各层级主动把市场当"晴雨表"，把效益当"指挥棒"，实现了从"重生产、轻经营"向"聚焦经营管理"的转变；"挣钱发工资、创效发奖金"的绩效分配理念深入人心，"三能"机制基本形成，机构压减成效显著，各级机关精干高效，企业治理能力与盈利水平大幅提升，基本建成了高质量发展相适应的管理架构与管理体系。

专家点评

该成果突出利润（利润完成、人均利润）、收入（收入完成、人均收入）、账款回收三项指标与企业工资总额挂钩考核，抓住了企业经营的关键点和着力点，促进企业围绕增收增效、提高人均劳效、深化改革、优化管理，精简机构、压缩队伍、精干人员，有效发挥了绩效考核激活力、增动力的导向激励作用，较好地解决了大型企业内部薪酬分配的"大锅饭"矛盾，对加快实现高质量发展具有积极的推动作用。该成果对于国有特大、大型企业开展绩效考核、推动管理提升具有一定的借鉴意义。但受指标测算准确性影响，考核时可能存在不合理、不公平等问题需要改进完善。

第十一章

品牌建设与社会责任履行

案例一　大型石化企业以公众开放日平台为载体提升品牌管理的探索与实践

内容提要：为减轻“邻避效应”对石化产业的冲击和影响，中国石化通过不断探索和实践，创建“公众开放日”平台，邀请政府官员、社区居民、媒体记者、行业专家、学生群体、意见领袖等社会公众走进企业，构建“8 个一”运营体系，创新企业与社会公众的沟通载体，内部改进工作、改善管理和改良文化，外部化解矛盾、消除误解、赢得认同，助力企业拓展了生存发展空间，提升了企业声誉和品牌价值。

一、需要解决的主要问题

问题一：品牌声誉等软实力与硬实力不匹配

在 2018 年 7 月发布的《财富》世界 500 强排行榜上，中国企业共有 120 家进入其中，说明我国企业硬实力已经走在世界前列。但 Brand Z 发布的 2018 最具价值全球品牌百强榜中，只有 22 个中国品牌入选。这种反差反映出我国企业在品牌建设上还远落后于世界一流公司。

问题二：石化企业与公众的沟通渠道不通畅

重工业“邻避效应”时有发生，这使得石化行业被妖魔化，已经严重影响企业生存发展。长期“少说多做”使石化行业被神秘化。因此，只有打通企业与公众的沟通渠道，才能破解妖魔化和神秘化，为企业发展拓展空间。

问题三：央企需要改善严峻的舆论环境

近些年，中国石化一直处在社会舆论的风口浪尖，舆情压力居高不下，影响了公司生产经营效益，压缩了发展空间，伤害了百万员工的自尊心和自豪感，更严重损害了品牌形象，急需改善公共关系，为企业发展营造良好舆论环境。

二、解决问题的主要措施

措施一：深入调研，明确平台体系整体框架

通过对内部企业和外部伊利集团的深入调研，明确了平台的总体目标、主题定位、指导原则和主题架构。

1. 总体目标。通过搭建邀请政府官员、社区居民、媒体记者、行业专家、学生群体、意见领袖等社会公众走进企业的沟通平台，改善公众对中国石化的认知，树立创新、精细、责任的企业形象，力争通过五年时间，打造成为独一无二、影响深远、具有里程碑意义的中国石化与社会沟通的标志性品牌沟通项目，提升公司品牌美誉度和品牌价值(图 1)。

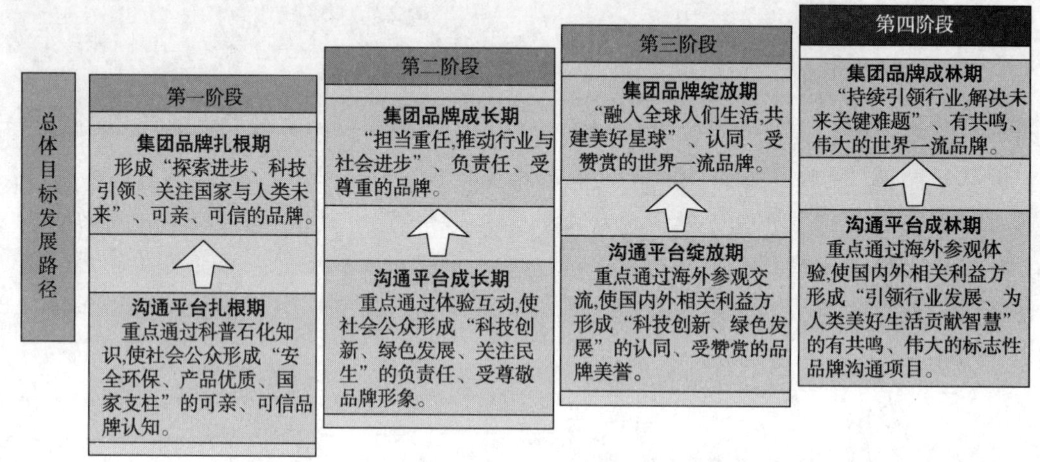

图 1　中国石化“公众开放日”平台总体目标发展路径

2. 主题定位。主题定位为“探秘智慧能源”，主题内涵为“创新、绿色、民生”，以体现中国石化以科技创新支撑一体化业务发展、安全生产、绿色环保、服务民生等企业形象。

3. 指导原则。指导原则有六项(图 2)，分别是平台品牌化、概念体系化、受众扩大化、标准统一化、流程差异化、传播多样化，以此引领项目执行实施。

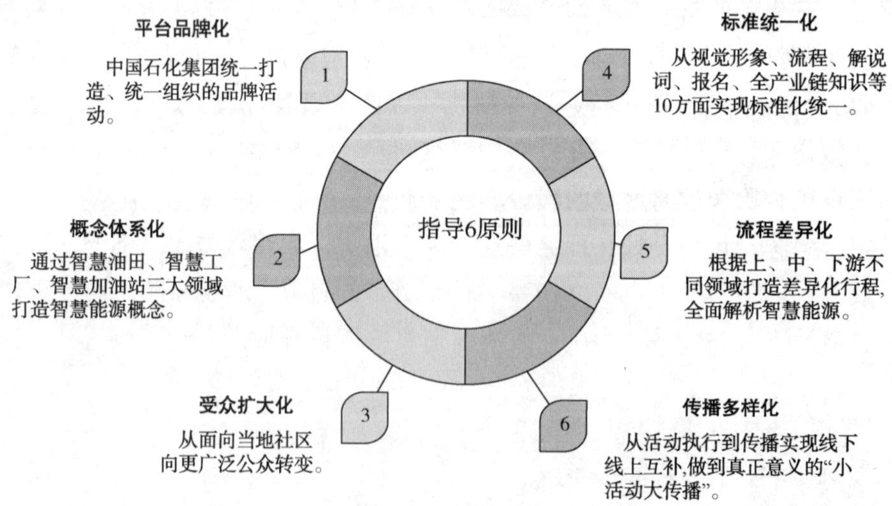

图 2　中国石化公众开放日品牌沟通平台指导原则

4. 主题架构。在“探秘智慧能源”的统一主题下，针对上、中、下游不同产业领域的特点，分别设计“智慧油田”“智慧工厂”“智慧加油站”三大概念。见图 3。

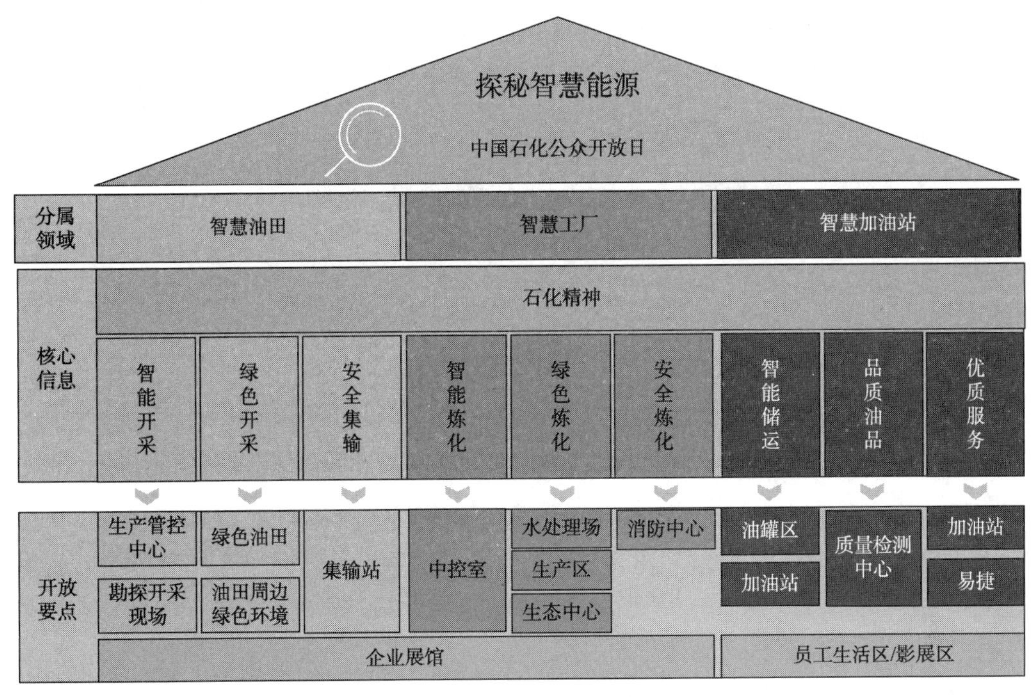

图 3　平台主题架构

措施二：搭建平台，做好“8 个一”顶层设计

为把统一的主题融合在众多企业的持续开放实践中，中国石化加强顶层设计，把复杂问题程序化，把简单问题精细化，构建了“8 个一”规范。

1. 制定标准流程，规范平台体系。

考虑到企业全产业链业务的不同，为兼顾标准化和个性化的需求，提出“1+3+*X*”品牌沟通平台流程体系(图 4)。

[1+3+*X*]品牌沟通平台体系				
1=标准化 权重：60%	3=差异化 权重：30%			*X*=特色化 权重：10%
品牌活动Ⅵ系统 报名与邀约管理	【智慧石化学前班】 KM：石油及勘探开采知识科普	【智慧石化科学班】 KM：石油及炼化知识科普	【智慧石化乐活班】 KM：石油、安全储运及节油知识普及	特色油井、油田周边自备工厂、民生成果
安全机制管理 公众参观接送管理 石化全产业链认知	【勘采实践小队】 KM：实践参观，认识新科技、新环保、新传承的智慧油田。	【炼化实践小队】 KM：实践参观，认识新科技、新环保、新安全的智慧工厂。	【乐活实践小队】 KM：实践参观，认识新体验、新品质、新安全的智慧加油站。	生态中心、工厂辅助性设备、民生成果
统一宣传视频 活动反馈体系	参观项目：展厅、生产指挥中心、油井	参观项目：展厅、中控室、工厂、消防中心、污水处理中心	参观项目：质检室、油罐区、加油站	员工生活区、影展区

图 4　标准化品牌沟通平台体系

2. 设计统一视觉，强化品牌印记。

设计了一组标准的主视觉体系(图 5)，将平台理念、平台主题、平台内涵、平台意义等抽象概念转化为具体的、可识别的视觉符号。

图5　中国石化公众开放日主视觉

3. 卡通形象代言，拉近公众距离。

设计了形象“代言人”——“油迪”（“油滴”的谐音），赋予其绿色、环保、科普的特性内涵，并将其制作成毛绒玩具、人偶服装等，应用于活动现场、礼品赠送、品牌宣传和传播等环节，促进公众对企业品牌产生亲近感和认同感。

4. 制作主题歌曲，主打线上传播。

制作了一首公众开放日主题曲——《SINOPEC OPEN DAY》，配合动画MV，一经推出就在网络上迅速流行，被网友称为开放日“神曲”。

5. 上线官方平台，整合集中入口。

充分运用“互联网+新媒体”传播优势，开办了公众开放日品牌沟通平台官方微信——“中国石化公众开放日”，将所属分公司公众报名通道进行整合。

6. 打造解说队伍，展现优良服务。

不断完善解说员队伍管理与建设，组织各企业招募形象好、气质佳、沟通能力强的员工志愿者，组建兼职解说员队伍，利用工余时间参与平台讲解服务。他们既是平台的偶像、代言人和名片，也是策划组织网络直播的主力军。

7. 编制指导手册，快速复制操作。

编制了《中国石化公众开放日品牌活动指导手册》（图6），从平台理念、活动筹备、接待、流程、话术等方面进行规范，企业根据指导手册，可以快速复制活动的组织实施各项操作。

8. 指定主题日期，同频共振发声。

中国石化将每年4月22日指定为公众开放日主题日，当天（或前后），中国石化所属企业同时开门迎客，形成规模化传播效果。

措施三：推动落地，统筹推进实施策略

1. 组织保障，奠定平台基础。

中国石化建立“横向联动，纵向联通”的公众开放日品牌沟通平台组织机制（图7），各部门密切配合，为平台高质量开展提供组织保障。

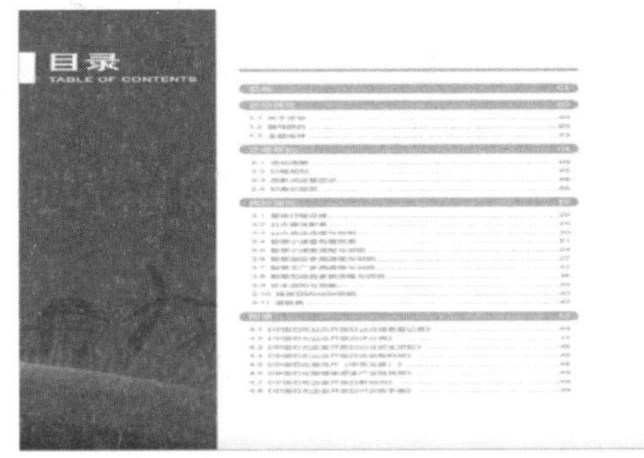

图 6　中国石化公众开放日品牌活动指导手册

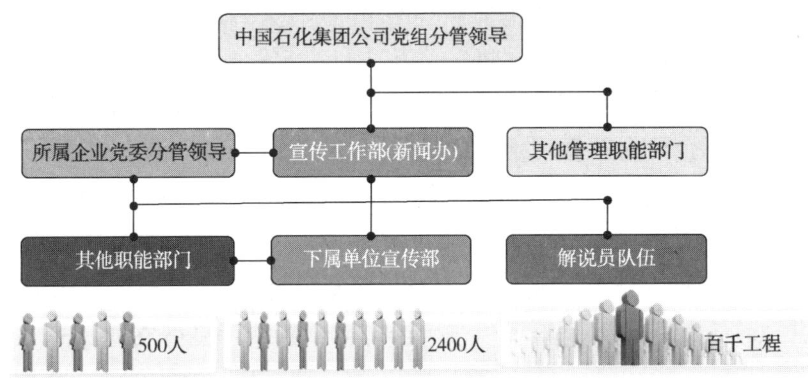

图 7　中国石化公众开放日平台组织构架

2. 多轮测试，确保实施效果。

在正式启动对外开放前，中国石化组织相关企业根据各自筹备情况分别进行多轮测试运行，并总结测试运行情况，制定整改方案。评估成熟的企业每月至少一期的开放频率持续组织，不断完善改进。

3. 试点先行，系统梯次开展。

实施“分步走”策略，通过试点企业先行开展，形成经验后再逐步扩大开放规模。如第一季精选全系统 12 家基础雄厚的所属企业作为中国石化公众开放日示范单位，第二季增加到 30 家单位，第三季继续增加到 50 家单位。

4. 充盈完善，不断提升影响。

各所属企业举行公众开放日活动后，分别组织开展社会公众调查问卷，对活动进行总结分析，并将总结报告及时汇报至集团公司宣传工作部，由宣传工作部统一评价，给予活动改善建议，指导建议落实落地，进而有效改良活动。

三、实施效果

效果一：开创了中央企业品牌沟通新模式

沟通平台形成了规模化传播效果，获得各方认可。据统计，社会公众表示通过活动对中国石化有了深入了解的占到受访者的73%，表示愿意邀请亲朋好友参加后续活动的占84%，愿意成为活动传播者的占85%。国资委宣传局局长夏庆丰、副局长刘福广评价其为“央企标杆”。

效果二：提升了集团公司品牌美誉度和品牌价值

随着平台的持续推进，中国石化的舆论生态有了明显改善，负面信息报道量占比实现“六连降”，品牌价值和品牌美誉度逐年提升。2018年9月，荣获被称之为公关界“诺贝尔”奖的国际公共关系界最高奖项——SABRE亚太区域品牌和声誉管理杰出成就金奖。

效果三：拓展了重化工业发展新空间

沟通平台有效消减了公众对石化企业的偏见和误解，为行业发展赢得了宝贵的舆论支持。镇海炼化一体化项目六年后获重生，九江石化芳烃项目成为国内首个成功取得环评批复的芳烃项目。这些项目成功推动的背后，都有公众开放日活动的助力。

效果四：推动了企业内部管理水平的提升

公众开放日是对企业经营管理的常态化“现场直播”，这种监督倒逼企业要改进工作、改善管理、改良文化。部分企业增加了安环投入，有些企业党政一把手亲自督战“花园式工厂”整改设计，还有些形成了安环、消防、生产调度等多部门联动参与的工作机制，提升现场管理水平，改善了生产生活环境，营造了良好文化氛围。

原创单位感悟体会

公众开放日平台，是石化企业与社会公众沟通方式的一个重要载体，更是沟通上的重要转变。虽然在从调研、顶层设计、建立体系、再到推动落地的探索过程中，困难重重，但整体策划团队特别欣喜地看到，经过大家的共同努力，企业确实在活动中受益。目前所有生产企业都已经实现开放，共有17万人次走进中国石化，增进了了解，消减了误解，赢得了共识。平台也兼具开放性，可以和诸多活动结合，与中心工作链接，服务中心工作。在后续策划中，我们计划打造精品路线、精品项目、精英宣讲员，使公众开放日成为经久不衰的品牌项目，使企业基地成为社会了解中国石化不同气质的窗口，一起为美好生活加油。

专家点评

此案例是一个从无到有、从无序到规范较为经典的管理创新范式。从减轻“邻避效应”对石化产业的冲击和影响入手，就如何有效树立央企品牌形象，系统阐述了“公众开放日”平台建设的总体目标、指导原则和主题架构。亮点集中于“8个一”顶层设计，程序化、精益化相应工作流程，以及相对应的实施路径和推进策略，极具示范意义。